教育部高等学校旅游管理类专业教学指导委员会规划教材

体育赛事管理

TIYU SAISHI GUANLI

◎主 编 李 海 姚 芹

◎副主编 张 莹 丁 一 杜 江

重庆大学出版社

内 容 提 要

《体育赛事管理》以体育赛事的基础理论以及体育赛事各环节的实际操作管理为内容核心,运用文献资料法、个案分析法等研究方法,对体育赛事管理中涉及的相关基础理论和核心操作进行了阐述和分析。内容包括:体育赛事的起源与发展、体育赛事的基本理论、体育赛事产业的发展趋势、体育赛事的选择与申办、体育赛事的策划、体育赛事市场营销、体育赛事赞助与财务管理、体育赛事的供应链、体育赛事竞赛管理等。

本书可作为旅游管理类专业学生学习体育赛事管理的教材,也可作为体育赛事管理专业学生、从事体育赛事管理工作人员的专业参考书籍。

图书在版编目(CIP)数据

体育赛事管理 / 李海,姚芹主编. -- 重庆:重庆大学出版社,2018.1
教育部高等学校旅游管理类专业教学指导委员会规划教材
ISBN 978-7-5689-0622-7

Ⅰ.①体… Ⅱ.①李… ②姚… Ⅲ.①运动竞赛—组织管理—高等学校—教材 Ⅳ.①G808.22

中国版本图书馆 CIP 数据核字(2017)第 152023 号

教育部高等学校旅游管理类专业教学指导委员会规划教材
体育赛事管理
主 编 李 海 姚 芹
副主编 张 莹 丁 一 杜 江
策划编辑:尚东亮
责任编辑:陈 力 版式设计:尚东亮
责任校对:刘志刚 责任印制:赵 晟

*

重庆大学出版社出版发行
出版人:易树平
社址:重庆市沙坪坝区大学城西路 21 号
邮编:401331
电话:(023) 88617190 88617185(中小学)
传真:(023) 88617186 88617166
网址:http://www.cqup.com.cn
邮箱:fxk@ cqup.com.cn(营销中心)
全国新华书店经销
重庆升光电力印务有限公司印刷

*

开本:787mm×1092mm 1/16 印张:14 字数:323千
2018 年 1 月第 1 版 2018 年 1 月第 1 次印刷
印数:1—3 000
ISBN 978-7-5689-0622-7 定价:35.00 元

总序

一、出版背景

教材出版肩负着吸纳时代精神、传承知识体系、展望发展趋势的重任。本套旅游教材出版依托当今发展的时代背景：

一是世界旅游产业发展强劲。旅游业已经发展成为全球经济中产业规模最大、发展势头最强劲的产业，其产业的关联带动作用受到全球众多国家或地区的高度重视，促使众多国家或地区将旅游业作为当地经济的支柱产业、先导产业、龙头产业，展示出充满活力的发展前景。

二是我国旅游教育日趋成熟。2012 年教育部将旅游管理类本科专业列为独立一级专业目录，下设旅游管理、酒店管理、会展经济与管理、旅游管理与服务教育四个二级专业。截至 2016 年年底，全国开设旅游管理类本科的院校已达 604 所，其中旅游管理专业 526 所，酒店管理专业 229 所，会展经济与管理专业 106 所，旅游管理与服务教育 31 所。旅游管理类教育的蓬勃发展，对旅游教材提出了新要求。

三是创新创业成为时代的主旋律。创新创业成为当今社会经济发展的新动力，以思想观念更新、制度体制优化、技术方法创新、管理模式变革、资源重组整合、内外兼收并蓄等为特征的时代发展，需要旅游教材不断体现社会经济发展的轨迹，不断吸纳时代进步的智慧精华。

二、知识体系

本套旅游教材作为教育部高等学校旅游管理类专业教学指导委员会（以下简称"教指委"）的规划教材，体现并反映了本届"教指委"的责任和使命：

一是反映旅游管理知识体系渐趋独立的趋势。经过近 30 年来的发展积累，旅游管理学科在依托地理学、经济学、管理学、历史学、文化学等学科发展基础上，其知识的宽度与厚度在不断增加，旅游管理知识逐渐摆脱早期依附其他学科而不断显示其知识体系成长的独立性。

二是构筑旅游管理核心知识体系。旅游活动无论其作为空间上的运行体系，还是经济上的产业体系，抑或是社会生活的组成部分，其本质都是旅游者、旅游目的地、旅游接待业三者的交互活动,旅游知识体系应该而且必须反映这种活动的性质与特征,这是建立旅游知识体系的根基。

三是构建旅游管理类专业核心课程。作为高等院校的一个专业类别,旅游管理类专业需要有自身的核心课程,以旅游学概论、旅游目的地管理、旅游消费者行为、旅游接待业作为旅游管理大类专业核心课程,旅游管理、酒店管理、会展经济与管理、旅游管理与服务教育4个专业再确立3门核心课程,由此构成旅游管理类"4+3"的核心课程体系。确定专业核心课程,既是其他管理类专业成功且可行的做法,也是旅游管理类专业走向成熟的标志。

三、教材特点

本套教材由教育部高等学校旅游管理类专业教学指导委员会组织策划和编写出版,自2015年启动至今历时3年,汇聚了全国一批知名旅游院校的专家教授。本套教材体现出以下特点:

一是准确反映国家教学质量标准的要求。《旅游管理类本科专业教学质量国家标准》既是旅游管理类本科专业的设置标准,也是旅游管理类本科专业的建设标准,还是旅游管理类本科专业的评估标准,其重点内容是确立了旅游管理类专业"4+3"核心课程体系。"4"即旅游学概论、旅游目的地管理、旅游消费者行为、旅游接待业;"3"即旅游管理专业(旅游经济学、旅游规划与开发、旅游法)、酒店管理专业(酒店管理概论、酒店运营管理、酒店客户管理)、会展经济与管理专业(会展概论、会展策划与管理、会展营销)的核心课程。

二是汇聚全国知名旅游院校的专家教授。本套教材作者由"教指委"近20名委员牵头,全国旅游教育界知名专家和教授,以及旅游业界专业人士合力编写。作者队伍专业背景深厚,教学经验丰富,研究成果丰硕,教材编写质量可靠,通过邀请优秀知名专家和教授担纲编写,以保证教材的水平和质量。

三是"互联网+"的技术支撑。本套教材依托"互联网+",采用线上线下两个层面,在内容中广泛应用二维码技术关联扩展教学资源,如插入知识拓展、听力音频、视频、案例等内容,以弥补教材固化的缺陷。同时也启动了将各门课程搬到数字资源教学平台的工作,实现网上备课与教学、在线即测即评,以及配套老师上课所需的教学计划书、教学PPT、案例、试题、实训实践题,以及教学串讲视频等,以增强教材的生动性和立体性。

本套教材在组织策划和编写出版过程中,得到了教育部高等学校旅游管理类专业教学指导委员会各位委员、业内专家、业界精英以及重庆大学出版社的广泛支持与积极参与,在此一并表示衷心的感谢!希望本套教材能够满足旅游管理教育发展新形势下的新要求,能够为中国旅游教育及教材建设开拓创新贡献力量。

教育部高等学校旅游管理类专业教学指导委员会
2017年7月28日

前言

体育赛事一直是体育产业皇冠上的明珠。2014年国务院发布了《加快发展体育产业促进体育消费的若干意见》，其明确要求："丰富体育赛事活动。以竞赛表演业为重点，大力发展多层次、多样化的各类体育赛事。"随着体育赛事审批制度的改革，越来越多的体育赛事应运而生。体育赛事这颗明珠不但在体育领域闪闪发光，其显著的影响力也受到了其他行业的关注。2016年12月国家发展和改革委员会、国家旅游局联合发布了《实施旅游休闲重大工程的通知》，明确指出加快旅游产品开发，进行新兴旅游业态培育工程。体育旅游正是旅游产品和新兴旅游业态的重要组成部分，而体育赛事则是体育旅游的核心内容之一。

本书的出版正是顺应了体育产业高速发展的现状和旅游产业对体育赛事管理的实际需求。本书旨在向旅游专业的学生以及其他从事体育赛事管理的读者提供体育赛事管理所必备的系统理论知识及实践技能。本书以编者在体育赛事管理中的多年积累为基础，积极借鉴和吸收国内外先进的体育赛事管理的理念、观点和方法，结合中国体育赛事管理实际情况，将管理理论与管理实践融为一体，引用与分析大量体育赛事各个环节的案例来阐释如何进行体育赛事管理，从而力求使本书具有一定的开拓性、系统性和应用性。

本书由上海体育学院组织编写，上海体育学院体育休闲与艺术学院李海教授与上海体育学院经济管理学院姚芹博士担任主编，共同完成了拟订提纲、组织编写并统稿、修改和最后的定稿，上海体育学院何俊毅协助完成本书的编辑整理工作。全书共分12章，其中上海体育学院体育休闲与艺术学院张莹编写第1章、第2章；上海体育学院赵阳编写第3章；何俊毅编写第4章；沈阳体育学院体育经济管理学院杜江编写第5章、第7章；上海体育学院经济管理学院丁一编写第6章、第9章；上海体育学院巢旭编写第8章、第10章；姚芹编写第11章、第12章。在此一并致谢。

在本书的写作过程中，受编者水平及所掌握资料所限，加之时间仓促，瑕疵粗陋在所难免，恳请广大读者、专家批评指正，使得本书能不断修正和完善。

李 海

2017年3月

目　录

第1章
体育赛事的起源与发展

近年来体育产业快速发展,深入人们的日常生活和娱乐中,成了第三产业不可缺少的部分。现代经济社会中,举办体育赛事已成为发展体育产业的重要方式。因此,追溯体育赛事的渊源,分析体育赛事产生与发展的过程,全面认识体育赛事的性质和作用,对于揭示其在现实发展中的问题与未来发展趋势具有十分重要的现实意义。

【本章学习目标】

1.了解体育赛事的起源。

2.了解体育赛事的发展历程。

3.掌握体育赛事的发展形势。

【关键术语】

体育赛事　奥运会　体育竞赛　特殊事件

体育赛事管理者的困惑——体育赛事怎么开始和发展?

1.1 体育赛事的起源

1.1.1 体育赛事起源于生产劳动

在人类社会发展的早期,生存环境十分恶劣,由于生产力发展的落后,迫使人类一切活动都必须以满足人类基本生存为最终目的。因此,在早期人类实践活动中,劳动就成为这一时期最主要,甚至是唯一的活动形式。同时,在劳动的过程中,为了争夺最有利的生存条件,包括生存环境、劳动成果、社会地位等,竞争与对抗就成了早期人类在恶劣的自然环境下生存和发展的必要手段。正是这种竞争和对抗意识的出现,为体育赛事的产生奠定了思想基础。从本能的攻击动作到防卫动作,以至到掌握最有效的使用武器的经验,在漫长的岁月中经历了充满无数艰难困苦的历程。此时,以传授生产、生活技能经验为主要目的的早期教育活动从直接的生产劳动中逐渐剥离出来。于是,诸如短距离跑、跳跃、舞蹈和投掷运动的综合形式出现了(李燕燕和祝杨,2015)。

1.1.2 体育赛事起源于宗教祭祀活动

古代奥运会的产生是体育赛事起源的一个重要标志,其产生与希腊当时社会的政治、经济、文化和宗教有着密切的关系。古希腊人信奉多神教,每逢重大的祭祀节日,各城邦会举行盛大的宗教集会,以舞蹈、竞技和唱歌等方式来表达对诸神的敬意,并且古希腊人民厌恶连年不断的城邦战争,渴望和平,希望在奥运会举办期间,以神的名义实行休战,以达到减少战争、摆脱灾难的目的。由此可见,体育赛事是在战争背景和祭祀形式中产生的,但它又表达了人民对和平的美好愿望,这种互相矛盾又互相制约的关系,使体育赛事产生并延续下去。

1.2 体育赛事的发展历程

1.2.1 古代体育赛事

1)古希腊荷马时期的体育竞赛

古希腊荷马时期(公元前11—前9世纪)的体育竞赛,是人类社会早期的产物,它虽然十分简朴,但在竞技方面已具雏形,其竞赛形式和丰富的内容被奴隶制的希腊体育所继承。对后世体育竞赛的发展具有深远的影响,在运动竞赛史上占有极为重要的地位。

（1）古代体育竞赛的形式和项目

古希腊荷马时期，希腊处于从原始社会向奴隶社会过渡阶段。社会状况决定了身强力壮、武艺高强的人才能得到一切，而竞技是体现一个人能力的绝佳形式，因此，荷马时期的体育多以竞赛的形式出现。主要表现形式是宴乐竞技和葬礼竞技，主要竞赛项目是战车赛、掷标枪、赛跑、掷石饼、摔跤、投石、武装角斗、跳高和拳击等，其丰富的内容和形式为后世运动竞赛的发展奠定了基础。

（2）古代体育竞赛的特点

该时期的体育竞赛，既是原始社会体育竞赛的承续和发展，又是繁盛的古希腊体育的前奏，闻名于世的古希腊奴隶制体育的某些特点已开始形成。历史资料表明，荷马时期竞赛的特点大致为：一是古希腊人喜爱运动竞技，荷马时期就有了属于纪念和娱乐活动的葬礼竞技和宴乐竞技，但尚未形成独立的体系。二是荷马时期的体育竞赛方法简单，无固定的场地和日期，无明确的规则，只用一些习惯的方法评定胜负。三是由于战争频繁，与军事相关的体育项目，成了体育竞赛的主要内容。四是因社会的阶级性，体育竞赛也带有等级的烙印，参加竞赛者多为社会地位较高者，奴隶根本无权参加竞技。五是由于原始社会末期男子占据统治地位，为此妇女地位低下而不能参加竞技，甚至被当成竞技优胜者的奖品。

2）古代奥林匹克运动会

在人类社会发展的历史进程中，有着极其丰富多彩的体育竞赛活动。在古希腊，有大地神、太阳神、大力神、海神的四大祭礼竞技赛会，其中以祭祀众神之主——宙斯神的奥林匹克运动会规模最大、延续时间最长、影响最广。

（1）古代奥运会的起源

关于古代奥运会的起源时间观点不统一，但大多数学者认为古代奥运会起源于公元前776年，每隔4年在夏天召开一次。根据古希腊传说，大约在公元前8世纪时，艾立德国的国王赫克力斯为了平息城邦间的冲突，向女祭司黛芙问卦。女祭司建议他以颂扬宙斯为名举办运动会，使各城邦和平相处。因此，公元前776年赫克力斯选择在奥林匹亚这个地方举行了第一届古代奥林匹克运动会。古代奥运会的产生与希腊当时社会的经济、文化、政治和宗教有着十分密切的关系。当时的希腊战争连年不断，各个城邦为了取胜都利用体育运动来培养身强力壮的武士，体育运动就在这种情况下发展起来，逐渐形成了有组织的体育竞赛（黄海燕和张林，2011）。

（2）古代奥运会的盛况

古代奥运会不仅是一种竞技大会，实际上也是古希腊人的一个全国性节日。奥运会期间实行"神圣休战"，成千上万的人涌向奥林匹亚，在那里可以按照各自的意愿做各自的事情，如各城邦的代表参加祭祖活动和游行、艺术家展出作品、学者和教师研讨学术、雄辩家发表演说、商人展售商品、政治使节缔结条约等。各城邦派出的优秀选手则在竞技场上奋勇拼搏，他们赤身裸体进入赛场，向神和观众展示他们健美的身体和良好的素养。奥运会的盛况大大超出了竞技比赛的范围，它是古希腊政治、经济、文化和宗教的重要组成部分，起到了推动政治交流、促进贸易发展、繁荣希腊文化和凝聚民族情感的作用,成了全古希腊最盛大的节日。

(3)古代奥运会的衰落

古代奥运会衰落的原因是多方面的,其中最为主要的原因是社会政治原因和竞技的异化。就政治原因而言,公元前5世纪,古希腊奴隶社会进入了鼎盛期,但随后不久,内部战争,社会矛盾加剧。公元4世纪末,统治希腊的罗马皇帝狄奥多西一世宣布基督教为国教,因此把祭祀宙斯神的古代奥运会当作异教活动。就竞技异化原因来说,战争使经济萧条,社会风气低下,运动竞技失去了原来的意义,逐渐成为人们追求财富的手段,运动会上出现了营私舞弊、损人利己的不良倾向,奥运会的崇高理想受到扭曲,从而使人们推崇的促进和平、增进友谊、公平竞争的高尚精神发生了异化,主要表现为过度的商业化、过分的职业化、手段的残忍化、教育的软弱化。公元前2世纪,罗马征服了希腊,闻名于世的古代奥运会走向全面衰落。为了维护罗马对希腊的统治和巩固基督教的地位,公元393年,狄奥多西一世下令终止了古代奥运会。至此,举办了293届、历时1170年的古代奥运会从此销声匿迹了。

1.2.2 近代体育赛事

1)近代体育赛事的发端

(1)基督教封建文化统治下的体育赛事

欧洲封建社会的早期和中期(公元5—15世纪),基督教统治了社会的一切领域。为使其教义神圣而专制,教会将一切古代文明加以诋毁,在这近千年的历史中,运动竞赛活动呈现出一种全面衰退的状态。欧洲黑暗的封建社会,使禁欲主义的影响渗透到社会的各个领域,人们不仅放弃了运动竞赛,而且还以身体的衰弱和憔悴为美德。为了达到禁欲主义的最高境界,教会号召人们摧残身体以便完美灵魂。教会反对竞技集会,规定参加竞技比赛和表演的教徒不准参加圣餐仪式,竞技者和角斗士不放弃自己的职业便不能接受洗礼。在禁欲主义的束缚下,除骑士教育中保留了某些运动竞赛项目外,整个社会的运动竞技水平是低落的,呈现出一种全面衰退的状态。

(2)近代新体育思想影响下的体育赛事

14—18世纪,欧洲出现了文艺复兴、宗教改革、启蒙运动三次大规模的思想文化运动。由于受三大思想文化运动的影响,随之出现了新的体育思想,即近代体育思想。

文艺复兴运动中发掘和整理了古希腊体育的丰富遗产,为近代体育思想和实践提供了可以借鉴的模式,促进了近代体育思想的萌芽。宗教改革和启蒙运动使近代体育思想的萌芽得到了更大发展,从而形成了较为完善的体系。这一时期著名的夸美纽斯、洛克、卢梭等思想家和教育家,在谈论教育时都论述了有关体育的观点,从而确立了近代体育的地位,为体育竞赛的发展奠定了理论基础。

从文艺复兴到启蒙运动的400年间,在西方各国相继出现了许多有地区代表性的体育运动,其中最具影响的是德国体操、瑞典体操和英国的户外运动及游戏,它们构成了近代西方体育的三大基石。随着近代体育思想的发展,一些具有竞赛意义的竞技项目开始在学校和民间出现。15 世纪在维多里诺的新式学校"快乐之家"中,学生参加了击剑、射箭、赛跑、角力、游泳和球类游戏等竞赛活动。网球、足球、射箭比赛在民众中逐渐开展。在罗马的狂欢节上,有赛跑、赛马等比赛活动。新兴资产阶级也普遍喜爱体育竞赛,由他们组织的城市之间的比赛活动吸引了越来越多的人投身其中。

2) 近代体育赛事的兴起

(1) 近代英国的体育赛事

英国当时具有强大的生产力和军事力量,随着它在世界各地的殖民扩张,有些运动项目也传遍了世界各地,对世界近代体育赛事的发展产生了深远的影响。

①良好的体育赛事环境。英国人自古就喜爱带有竞赛和娱乐性质的户外体育运动,资本主义的自由竞赛和繁荣的经济使近代英国人更加热衷于体育竞赛和娱乐活动。优美的自然环境、温暖的气候、和平的生活和较短的工作时间是英国人从事这类活动得天独厚的条件。英国近代体育竞赛的组织形式是"俱乐部"。早在中世纪晚期,英国就出现了各种业余运动俱乐部,由热心者组织,自愿参加。到了近代,俱乐部组织非常广泛,其成员包括社会各阶层人士,并经常得到政府和知名人士的经费支持。俱乐部制订并逐渐统一规则,组织比赛,推动了体育赛事的广泛开展。

②学校组织的体育赛事。体育竞赛在英国是作为业余消遣娱乐活动进行的。19 世纪初,拉格比公学校长阿诺德首先将体育竞赛引入学校,并使其成为学校体育主要内容。他重视体育竞赛的教育作用,通过让学生自己管理和组织比赛,培养学生勇敢、团结、竞争、自治、公正和守纪等品质。拉格比公学有学生自治的俱乐部和运动队并定期举行校内和校际比赛,成了英国各学校效仿的榜样,使英国学校体育生动活泼、别具一格。

③主要体育赛事项目。英国近代竞赛和娱乐项目的内容较为丰富,主要有足球、橄榄球、网球、高尔夫球、保龄球、帆船、田径(赛跑、竞走、跳远等)、游泳、滑冰、摔跤、拳击、击剑、曲棍球、板球、地滚球、水球等。英国近代体育赛事大多有组织、有规则,已经发展到了比较高的规范化程度。

(2) 近代美国的体育赛事

美国于 1783 年独立后,经过资产阶级革命,成为一个后起而又发达的资本主义国家。大量的英国、德国、荷兰等地的移民,把欧洲大陆的科学文化和体育赛事方式带进了美国,从而使美国成为欧洲文明和体育的融合之地,使美国具备了成为体育先进国家的最初条件,并使近代体育赛事有了较大发展。

①建立体育赛事组织。1840 年以前,美国已经开展了丰富多彩的体育竞赛,但大多是自发组织进行的,并没有统一的竞赛规则。为了组织竞赛和统一规则,19 世纪中叶出现了运动协会和俱乐部等组织。在这些组织统一管理下,推动了各种运动竞赛向规范化方向发展。

②学校开展的体育赛事。因为体育竞赛能使人身心得到较好的锻炼,所以在学校受到了人们的普遍欢迎,大学生在业余时间就经常进行各类运动项目的竞技和游戏。19 世纪中

叶开始了大学的校际比赛,其主要项目是划船和棒球。1880年以后,在大学开展的竞技运动较为普遍,各种形式的比赛也迅速增多。为了比赛需要,大学修建了大型的体育场馆,大学生的竞技比赛水平越来越高,吸引了大量观众。之后,各类中学也深受其影响,从而使体育竞赛逐渐成为美国文化的重要组成部分。

③发明新的运动项目。19世纪后期,美国盛行球类比赛,为了弥补足球、棒球、垒球比赛季节之间的时间空当,美国麻省春田青年会体育干事奈·斯密斯受少儿投桃游戏的启发,于1891年发明了篮球运动。1892年,奈·斯密斯又制订出了不准带球跑、不准用脚踢球等简单规则,从而使篮球运动步入正轨。美国的大学和中学首先开展了这项运动,之后很快推向了社会。1895年,美国麻省霍利约克城青年会体育干事威廉·摩根综合了网球和手球项目的特点,创造出了一项比篮球运动更温和、运动量适中的球类游戏——排球。

④基督教青年会对体育赛事的作用。在北美乃至世界范围内近代体育的传播中,美国基督教青年会起到了非常重要的作用。这个青年组织十分重视文化教育和体育活动,其中篮球、排球等项目就是由青年会人士发明并推广到世界各地的。在许多殖民地和半殖民地国家,青年会是近代体育竞赛的传播者和组织者,20世纪初在亚洲兴起的远东运动会,就直接得力于美国基督教青年会成员的推动。

(3)近代中国的体育赛事

中华民族有悠久的历史文化,在古代就有了丰富多彩的体育竞赛形式,但1840年鸦片战争之后,中国由一个闭关自守的封建社会逐步沦为半殖民地半封建社会,随着帝国主义的入侵和西方文化的输入,中国近代体育赛事的内容和形式与古代相比发生了巨大变化,主要特点是西方各种运动项目开始传入中国,并逐渐占据了统治地位。

①教会学校。19世纪后半叶和20世纪初,美、英等国在中国开办的教会学校,一般无正式的体育课,但在课外开展了田径、球类等运动项目,并组织了运动队和体育赛事。1900年以后,教会学校组织了较多的以田径、球类为主的校际运动会,有的教会学校还与外国人进行比赛。在中国近代早期的大型运动会上,教会学校成绩最好,并成为参加国内、国际运动比赛的主力。

②基督教青年会。20世纪初,基督教青年会组织遍布中国大、中城市,该组织在中国近代体育赛事的历史上占有一定地位。首先其推动了篮、排球在中国的开展,天津青年会于1896年举办了近代中国最早的篮球比赛。1912年,现代篮球运动创始人奈·斯密斯的学生蔡乐尔到天津青年会任体育干事,他曾训练过中国篮球队,并组织篮球比赛,对中国篮球运动的发展起到了推动作用。1911年,加拿大人柯乐克到上海青年会工作,他开辟了运动场,并组织了上海最早的排球赛,对华东地区排球的发展起到了推动作用。其次是修建早期体育场地,为吸引青年参加体育活动,青年会组织积极修建体育场地。1909年,上海青年会购地5亩修建了上海最早的运动场。一些青年会还建有体育馆和游泳池,为近代体育赛事的开展提供了物质条件。再次是组织并操纵中国早期体育赛事,1910年,旧中国第1届全运会就是由上海青年会发起和组织的,并由该会体育干事、美国人爱克斯纳任此次运动会"全国委员会主席"。第1—7届远东运动会的筹备、比赛等一切工作都由青年会的外国体育干事所把持。直到1924年中国人自己的体育组织"中华全国体育协进会"成立,这种现象才告

结束。

教会学校和基督教青年会的体育赛事，其主要目的是利用体育进行文化侵略，但在客观上却促进了中国近代体育赛事的开展。

1.2.3　现代体育赛事

体育是时代发展的产物，与社会的经济、政治、文化、教育等方面有着千丝万缕的联系。在西方工业革命的影响下，现代体育运动得以出现，其间体育赛事也得以迅速发展，其作用和影响力也不断扩大，并得到各国政府的重视，体育赛事已成为富有丰富价值内涵和文化教育意义的社会文化活动形式。

1）现代奥林匹克运动会

1894年6月，在法国巴黎，经过顾拜旦等人的不懈努力和各种因素的推动，举行了恢复奥林匹克运动代表大会，会上决定复兴奥运会并且成立了国际奥林匹克委员会。现代奥运会的产生标志着体育运动进入了一个崭新的时代。自1894年国际奥委会成立至今已有百余年历史，奥林匹克运动的发展大体上可以分成4个阶段。

（1）现代奥林匹克运动的发展初期（1894—1914）

首先，在奥运会项目设置上，人们已经注意到要尽量符合现代社会的需求，所以，虽然在初期几届奥运会上看出其项目的增减具有不一致性，有些甚至有很大的随意性，但确有不少项目已相对稳定，如田径、游泳、体操、击剑、网球每次都在奥运会上出现，射击、自行车、足球、划艇、拔河则在前5届奥运会中有4届设置。这些相对稳定的项目，对于推进奥运会在世界范围内的普及和发展起到了促进作用。

其次，在奥运会的场地设施上，应修建什么样的场地才符合现代社会的需要，才能充分发挥运动员的潜力，这也是奥林匹克先驱者们需要解决的问题。初期的奥运会场地设施条件具有明显的滞后现象，如第1—5届奥运会的跑道周长不一致，最短时为333.33 m，最长时为536.45 m；设计也不合理，如首届奥运会运动场建成"U"形，直道为192 m，弯道弧度小，不仅不利于运动员跑速的发挥，而且容易发生事故。游泳比赛场地更是五花八门，第1届安排在雅典海港；第2届安排在巴黎塞纳河；第3届则在圣路易的人工湖里圈出一片水域进行，出发台是临时置于水中的浮排；第4届是在运动场内的草坪上挖出一个长100 m、宽17 m的游泳池，陆上项目与水上项目在同一场地进行。

再次，在比赛时间安排上，这一时期，奥运会没有固定期限，会期长短不定，从10天到6个多月，举办时间比较分散，春、夏、秋三季均有，有较大的随意性。此外，在初期的奥运会上，比赛规则也很不健全，如马拉松的比赛距离每届都不一样；举重和摔跤比赛，既无体重级别的区分，也无比赛时间的限制，1912年奥运会的一场摔跤比赛进行了9小时。比赛的度量制选择也不一致，有用英制（码制）的，也有用公制（米制）的，这给奥运会的记录带来很大的困难。对参赛者的资格要求也不明确，最初的几届奥运会没有报名截止日期。给优胜者的奖品也经历了一个变化的过程。在1896年首届奥运会中，只有冠亚军才可获奖，冠军奖为证书、银牌和橄榄枝冠；亚军奖为证书、铜牌和月桂枝冠；第三名则没有奖。到了1908年第4

届奥运会才第一次有了金牌。

(2)现代奥林匹克运动的形成阶段(1914—1945)

从奥林匹克的思想内容看,这一时期产生了著名的奥林匹克格言:"更快、更高、更强。"这个格言的出现也是奥林匹克思想的一个发展,是对"重要的不是取胜,而是参加"的补充。

从奥林匹克的竞技模式看,这一时期形成了一个能普遍为人们所接受的相对稳定的奥运会模式。首先,奥运会的竞赛项目有了明确的规定。1930年,国际奥委会执委会与国际单项体育联合会代表理事会协商后决定,奥运会的正式比赛项目为:防御性项目(拳击、击剑、摔跤、射击)、水上运动(赛艇、游泳)、体操、艺术比赛(建筑、文学、音乐、绘画、雕塑)、全能(现代五项)、自行车、帆船、田径、举重和马术;组委会可选择的项目有回力球、手球、草地网球、冰球、篮球和水球;除集体项目外,每个项目一个国家只能派3名运动员参加比赛;女子项目为田径、游泳、击剑和体操。

从奥林匹克运动的文化形态看,在这一时期开始出现了奥林匹克文化标志。如著名的奥林匹克五环旗,于1920年第一次正式升起在奥运会会场。在奥运会的开幕式上运动员庄严的宣誓仪式、颁奖仪式和放飞和平鸽活动都是从1920年开始的。由国际奥委会委员莱瓦尔德提出的奥林匹克圣火传递仪式的建议,即从奥运会发祥地——希腊奥林匹亚的赫拉神庙前点燃圣火,以接力的方式穿越沿途国家,在开幕时到达奥运会主会场的建议,虽然在1928年的第9届奥运会即被采用,但由于技术上的困难,未能从奥林匹亚取火,奥林匹克圣火传递仪式一直到1936年第11届奥运会才将这一建议全部付诸实施。

(3)现代奥林匹克运动的发展阶段(1945—1980)

第二次世界大战后,体育运动在世界范围内获得了空前广泛的发展。首先是欧美各国加强了对体育的重视。特别是1957年苏联成功发射人造卫星,导致欧美各国对教育和科学政策进行反省,因而更加重视体育。如美国卫生、体育与娱乐学会在总统的支持下,积极推行美国青年体格健全计划,对青少年进行广泛的体能测试。各国也陆续推行了体能测试制度。其次是社会主义国家体育运动的活跃。第二次世界大战后建立的各社会主义国家,大都仿效苏联模式建立集中的体育体制,这种体制有利于更快地发展体育,特别是竞技体育。最后是第三世界国家争得了自主发展体育的权利。这些国家大都成立了全国性的体育管理机构,对旧的体育体制进行了改革,使体育获得了很大的发展。从20世纪60年代起,第三世界国家开始在国际体坛上崭露头角,并逐步形成了自己的优势项目。

(4)现代奥林匹克运动的改革阶段(1980年至今)

1980年西班牙人萨马兰奇接替基拉宁,出任国际奥委会主席。萨马兰奇审时度势,开始了全面的改革。这场改革的核心内容是变封闭为开放,使奥林匹克运动跟上社会前进的步伐。国际奥委会一反过去视商业化为洪水猛兽的陈腐观点,充分肯定它对体育的积极作用,大胆引进市场经济的机制,积极而又控制对奥运会进行多种商业开发,为奥林匹克运动建立了一个坚实的经济基础。1984年洛杉矶奥运会的组委会对举办奥运会的经济运作机制进行了大胆改革,变沉重的包袱为可视的经济效益。国际奥委会敏锐地觉察到这一事件的重大意义,对洛杉矶的经验进行认真总结,设计出一整套规范而有效的奥运经营的做法,如"奥林匹克计划"等,从而为奥林匹克运动提供了坚实的物质基础。1992 年国际奥委会已拥有资产 125 亿美元,1993—1996 年整个奥林匹克运动从商业开发中获得 23 亿~25 亿美元的总收入。国际奥运会本着取之于奥运、用之于奥运的原则,通过奥林匹克团结基金组织,对整个奥林匹克运动,特别是发展中国家的奥林匹克运动提供了积极的援助。

2) 亚洲运动会

亚运会是亚洲地区水平最高、规模最大的综合性运动会。早期的远东运动会以中、日、菲为主并在 1913 年成立了远东奥林匹克协会,后改为远东体育协会。远东运动会主要竞赛项目有田径、游泳、篮球、排球、足球、棒球、网球 7 个项目。1934 年举办了历史上唯一一届西亚运动会。远东运动会和西亚运动会共同促进了体育赛事的发展。1949 年,在印度成立了亚运联合会,决定每 4 年举办一届亚运会且竞赛项目不少于 11 项,亚运会由此诞生。截至 2016 年,亚奥理事会共举行了 17 届亚运会,竞赛项目也较之前增多。

3) 其他体育赛事

除了奥运会外,影响力较大的有世界单项体育组织举办的世界锦标赛、世界杯赛等世界性大赛。同时,随着社会的发展,各项世界体育组织还举行了多种多样的系列比赛、冠军赛、大奖赛、积分赛、邀请赛等规格较高的比赛。各洲、各地区之间也定期举办综合性体育赛事和单项体育赛事。

1.3　体育赛事的传统形式

1.3.1　体育赛事的传统形式

由于各个运动项目的游戏性和趣味性较强,有较好的健身作用,所以人们便在游戏的基础上很快充实运动内容,制订了某些限制性规则,并不断改革比赛方式,从而逐步从体育赛事的萌芽阶段——体育游戏,过渡到其传统形式——体育竞赛。体育竞赛与体育游戏的一个最大区别在于,体育竞赛较体育游戏在规则和竞赛方法上更加合理,它已成为人们主动安排的按一定规则所进行的竞技较量活动(黄海燕和张林,2011)。体育竞赛是一个系统,其成功举办涉及诸多要素,主要由参赛活动人群、竞赛活动物质条件及竞赛活动组织管理这 3 个系统所组成(田麦久,2002)。

1) 体育竞赛的特征

长期以来,对体育竞赛的认识主要局限于竞技、健身等方面,随着社会经济、文化的发展,体育竞赛呈现出与社会发展相适应的特征,发挥新的、更多的功能和效益。体育竞赛以运动竞技为载体,提供竞赛产品及相关服务,以此满足个人和社会发展的多元化需要。体育竞赛的规模和形式受到社会发展的制约和影响,与社会经济和文化各个领域有着密切联系,活动形式和内容呈现出下述特征。

(1)竞争性

体育竞赛是不同的个人、团队之间竞技能力的较量,参与竞争的个人和团队总是力求最大限度地发挥自己的潜能去战胜对手,从而赢得比赛的胜利。随着体育运动的不断发展,运动技战术水平的飞速提高,参赛者之间竞争能力的差别逐渐缩小。因此,为了获取优胜,赛场上的竞争性更为突出。

(2)公正性

体育竞赛的公平性主要表现在裁判员执法的公正性和参赛条件的等同性两方面。在竞赛过程中,参赛者应遵循统一的规则要求,在同等条件下,充分地发挥智力与能力,去争取比赛的胜利。另外,裁判员执法的公正性和一致性,是保证体育竞赛公平性的另一个重要条件。公正性是体育竞赛实现公平并赖以存在的基本要素,是体育竞赛过程顺利完成的前提和保证。

(3)公开性

从近代竞技运动到现代奥林匹克运动的体育竞赛,不同时期和类型的体育竞技都采用公开竞争的形式。现代信息、传媒技术迅速发展,使体育竞赛活动能够最大限度地展现在世人面前,尤其是一些重大的体育竞赛,如奥运会等,已经为数以亿计的各国民众所瞩目,竞赛的过程和结果可以在第一时间内昭告各个国家和地区的观众。

(4)观赏性

以现代奥林匹克运动为代表的现代体育竞赛所表现的"更快、更高、更强",大大增强了体育竞赛的可观赏性。运动员在竞赛过程中展现出的精湛技艺、优美动作、健美身姿和协调配合等,不仅给运动员带来展现自我、获得成功的喜悦,而且还能给观众以美的享受。

(5)结果的不确定性

体育竞赛的全过程充满着动态变化,而且这些变化常常是难以预料的。比赛中彼此观察赛场上的形势,采取不同的应对措施,力求在赛场上占领优势,构成了竞赛场上不断变化和发展的尖锐矛盾,使竞赛结果具有不确定性的特征。体育竞赛的不确定性,赋予竞赛以无穷魅力,满足人们探索未知的心理,给人们带来极大的乐趣。这正是体育竞赛在满足人的精神文化生活的需求中,为其他任何艺术种类所不能取代的原因。

2)体育竞赛的作用

通过体育竞赛,可以起到良好的宣传鼓励作用,从而吸引和鼓舞人们投身于体育活动,提高全社会的体育水平;可以加强国内各民族之间的紧密团结,促进与世界各国人民之间的了解和友谊;可以使观众受到运动员在竞赛中所表现出的高尚体育道德和顽强竞争的优秀品质的熏陶与激励,丰富和活跃业余文化生活;同时,由于运动成绩的不断创新,也推动了体育科学的迅速发展。

1.3.2　体育赛事的现代形式

自 1984 年美国洛杉矶奥运会开创市场营销盈利纪录以来,商业营销成为体育赛事运作管理极其重要的内容。体育赛事活动的内涵和外延发生了很大变化,原有"运动竞赛"的概念被打破,体育赛事活动再也不是纯粹由运动员、裁判员参与的活动,观众、媒体、赞助商等其他主体纷纷加入体育赛事活动中。体育赛事已经发展成为集社会、政治、经济、文化等多因素为一体的复杂、综合的特殊活动。体育赛事在现阶段已经发展成为一种提供竞赛产品和相关服务产品的特殊事件(黄海燕和张林,2011)。

1)特殊事件的特征

体育赛事规模和形式受到竞赛规则、传统习俗等多种因素的制约,其主要特征如下所述。

（1）竞赛性

体育赛事的竞赛性是区别其他特殊事件所具有的独特内容。其特征主要体现在通过参赛选手的竞技过程和结果来达到赛事的核心目的,体育赛事的其他构成要素围绕竞赛主题运作,利用成功竞赛达到满足不同的需要和达到不同的诸如推广、市场营销和公关等目的。

（2）文化性

体育赛事具有特殊事件的共同特征,表现在体育赛事具有外在仪式和传统典礼、有目的、目标要求和经历分享等文化特征。

（3）项目性

体育赛事具有项目管理理论所定义项目的所有特征,包括有明确的开始和结束时间,明确的目标,需要资源配备、计划和实施方案。

（4）复杂性

体育赛事的举办地、参加人数、规模水平、类型和项目开展时间长短等都会在某种程度上造成赛事的复杂性,但赛事的复杂性往往表现在构成要素的变化上:新闻媒体的转播报道关注程度的变化,赛事所需资金随环境变化而发生的改变,赞助商赞助意向的改变和人员的变化等。这些都会造成规模不大的赛事变得比较复杂,需要详细计划和精细协调来应对。

（5）目的多样性

由于经济全球化和科技飞速发展,体育赛事处在变化和不确定的环境之中,受社会政治、文化、经济、群体和个人的影响,体育赛事的目的不是简单地完成一项竞赛任务,而要满足不同利益体的要求,加上管理行为的实施,此时体育赛事的目的往往表现出战略高度上的多样化(叶庆晖,2003)。

2)特殊事件的作用

（1）体育赛事对社会和文化的作用

参与和观赏体育竞赛是现代健康文明的生活方式之一。报纸、杂志、广播电视都有大量的体育竞赛新闻、评论和实况转播,在看到运动员完成各种运动技巧时,可以受到美的熏陶,得到美的享受。参与者一方面可以提高身体运动能力,发掘自身的潜能,还可以陶冶情操,愉悦身心,增进交往,提高生活质量;另一方面体育赛事也有消极的方面,其消极影响包括管理不善引起的社会问题和混乱,如滥用物质、人群行为不端以及犯罪活动增长等。

（2）体育赛事对自然和环境的作用

体育赛事对自然和环境的影响在于能够绝佳地显示举办地自然环境的优点,例如澳大利亚悉尼奥运会举办地的优美环境给奥运会增色不少,使人们流连忘返,但同时环境污染等问题也反映出赛事环境脆弱的一面,需要关注和保护。体育赛事对自然和环境影响的重要性已经反映在奥林匹克运动会的操作中,国际奥委会（IOC）及其单项体育组织和国家奥委会在1992年的联合国环境和发展大会之后共同签署了《地球宣言》,使环境主题包含在了奥运会申办手册当中。继运动和文化之后,直至1994年环境主题终于成为奥林匹克运动的第三支柱。

（3）体育赛事对政治的作用

体育赛事与政治不可分离,举办体育赛事能够提升城市和国家的形象。体育赛事能够产生社会凝聚力、信心和自豪,这些是政治力量和影响的基本考虑点,是体育赛事反映政治并与政治相互作用的原因。由于体育赛事能够吸引众多游客,带来经济利益和创造工作的机会,这些会驱使政府全心致力于申办和举办大型体育赛事,现今申办奥运会的激烈竞争程度从某个方面印证了这一点（叶庆晖,2003）。

（4）体育赛事对经济的作用

体育赛事可以促进经济发展。如许多国家的大城市竞相申办奥运会,争取奥运会举办权。获得举办权,是推动经济发展的大好契机。一方面,筹办体育赛事带动了基本建设投资,新建和改建体育场馆、拓宽道路、改善市政基础建设等;另一方面,体育赛事带动了相关产业如旅游观光、娱乐等,推动了第三产业的发展,给举办地带来一定的经济利益。

综上所述,在体育赛事的所有影响中,社会和文化的影响显得突出一些,是赛事整体影响评价的重要方面。赛事管理者应该重视赛事的整体影响,确定和预见这些影响,进行管理,评估和平衡赛事影响,尽量取得对所有个人和群体最好的利益,保证整体上的积极影响。

本章小结

- 古代体育竞赛的主要表现形式是葬礼竞技和宴乐竞技,主要竞赛项目是战车赛、摔跤、赛跑、武装角斗、掷石饼、射箭、掷标枪、投石、跳高和拳击等,其丰富的内容和形式为后世运动竞赛的发展奠定了基础。
- 从文艺复兴到启蒙运动的400年间,在西方各国相继出现了许多有地区代表性的体育运动,其中最具影响的是德国体操、瑞典体操和英国的户外运动及游戏,它们构成了近代西方体育的三大基石。
- 基督青年会是近代体育竞赛的传播者和组织者,在北美乃至世界范围内近代体育的传播中,起到了非常重要的作用。

- 奥林匹克运动的发展大体上可分成 4 个阶段:发展初期(1894—1914)、形成阶段(1914—1945)、发展阶段(1945—1980)、改革阶段(1980 年至今)。
- 除奥运会外,影响力较大的有世界单项体育组织举办的世界锦标赛、世界杯赛等世界性大赛。同时,随着社会的发展,各项世界体育组织还举行了多种多样的系列比赛、冠军赛、大奖赛、积分赛、邀请赛等规格较高的比赛。
- 体育竞赛是一个系统,其成功举办涉及诸多要素,主要由参赛活动人群、竞赛活动物质条件及竞赛活动组织管理这 3 个系统所组成。
- 体育竞赛的特征:竞争性、公正性、公开性、观赏性和结果的不确定性。
- 体育竞赛的作用:通过体育竞赛,可以起到良好的宣传鼓动作用,从而吸引和鼓舞人们投身于体育活动,提高全社会的体育水平;可以使观众受到运动员在竞赛中所表现出的高尚体育道德和顽强竞争的优秀品质的熏陶与激励,振奋精神,丰富和活跃业余文化生活;可以加强国内各民族之间的紧密团结,促进与世界各国人民之间的了解和友谊;同时,由于运动成绩的不断创新,也推动了体育科学的迅速发展。
- 特殊事件的特征:竞赛性、文化性、项目性、复杂性、目的多样性和市场产品性。

复习思考题

1.简述体育赛事的起源。

2.简述古代体育赛事与现代体育赛事的差异性。

3.简述体育赛事的传统形式和现代形式。

第 2 章
体育赛事的基本理论

　　体育赛事是随着社会发展而形成并发展起来的。近年来,体育赛事已逐渐跳出单一的体育范畴,其内容、形式、功能等方面都在不断地发生变化,内容形式更加丰富多样,参与其中的人群不仅包括运动员和裁判员,媒体、赞助商等也纷纷加入体育赛事中,其功能也不仅限于健身和竞技,而且具有了政治、经济、文化的功能,其产生的社会影响和经济影响已经越来越重要。那么明确体育赛事的概念和分类,了解体育赛事利益相关者,对于学习体育赛事具有重要的作用。

【本章学习目标】

　　1.了解体育赛事的基本概念。

　　2.了解体育赛事的分类。

　　3.学习体育赛事利益相关者的内容,了解他们之间的利益诉求与利益冲突。

【关键术语】

　　体育赛事　利益相关者

体育赛事管理者的困惑——关于体育赛事我们需要知道哪些理论?

2.1　体育赛事的定义

2.1.1　体育赛事的概念

体育赛事从其发端和发展来看,是由运动员或运动队和裁判员参加的体育比赛开始的,其核心是体育竞技活动。1984 年美国洛杉矶奥运会之后,对体育竞赛进行商业营销,成了体育竞赛运作管理极其重要的内容。如今,体育运动竞赛也不仅仅是运动员、裁判员参与的比赛,媒体、赞助商等也纷纷加入体育竞赛中,更多人逐渐地将体育竞赛称为体育赛事。特别是现代竞技运动的兴起和发展,以及社会政治、经济、文化、科技等的发展,体育赛事受到越来越大的影响,其活动过程也变得复杂起来,体育赛事被赋予所要达到的目的和目标也日趋多样化。

随着人们对体育赛事认识的逐步深入,对体育赛事的定义也越来越科学合理。人们在对体育赛事定义时,不仅考虑到体育赛事以体育竞技活动为核心的特点,更要体现出体育赛事所包含的时代特征,以及体育赛事所要达到的目标和目标的多样性。因此,人们将体育赛事定义为:以体育竞技活动为核心,规模和形式受竞赛规则等多种因素的制约,能够提供体育产品和相关服务产品的一项特殊事件,并且能够对社会和文化、政治和经济、自然和环境等多个领域产生影响,具有显著的社会效益、经济效益和综合效益。

2.1.2　相关概念的辨析

1) 体育活动与体育赛事

体育活动具有个体和社会(组织)两个层面上的含义。从个体层面上来说,体育活动是指个体以强身、健体、休闲娱乐等为目标进行的活动,或是为了不断发展和提高个体或集体的体格、体能、运动能力、运动成绩等方面而进行的科学系统的运动活动;从社会层面来说,体育活动是指不同层级的社会组织系统为实现其所需要的目标,而进行的以体育活动为中介的组织活动(刘清早,2013)。

从定义上看,体育活动与体育赛事有相互交叉的部分,但不完全重合。两者都包括以体育为活动内容,为实现所需要的目标而进行的社会活动。但体育赛事不包含个体以强身、健体、休闲娱乐等为目标进行的活动,并且体育赛事更加受到规则、习俗和传统的影响,有着更大的市场潜力,能够提供除体育竞赛以外的竞赛产品和相关服务产品。

2) 体育竞赛与体育赛事

王嵘海和刘爱华(2005)将体育竞赛定义为"在规则的统一规定下,采用公平合理的竞赛方法,运用人的体能、智慧及所掌握从事该项运动的技战术能力,按特定的形式进行的,比较位移速度的快与慢,投掷物体和跨越距离的远与近,越过高度的高与低,举起质量的大与小,以及在直接对抗或间接对抗的情况下比完成动作质量的优与劣、准确度的精与误、最后得分的多少等竞技活动的过程。"李艳翎和郭恒涛(2013)认为体育竞赛"是各类体育运动项目比赛的总称。它是参赛双方或多方在特定的场地范围内,在裁判人员的主持下,以增强体质、丰富社会文化生活以及在比赛中夺取优胜为目的,以比赛项目为内容,依据统一的规则要求而进行的个人或集体之间的技能、技艺、心理和智能的较量,是竞技体育与社会发生关联,并作用于社会的媒介。"

从以上对体育竞赛的定义来看,第一个定义只是对体育竞赛的狭义解释,并没有将体育竞赛赛场之外的因素包括进来。第二个定义虽然指出了体育竞赛与社会之间存在一定的联系,但并未超出体育竞技活动的范畴。由以上看出,体育竞赛的定义都强调竞技体育比赛的层面,更关注"竞"的方面,并没有明确体育竞赛与社会之间的相互作用,而体育赛事除了体育竞技的内容之外,更强调对社会、文化、政治和经济的作用。

3)特殊事件与体育赛事

在国外,从奥运会到社区野营烧烤,从国际性的樱桃食品比赛到青少年文化展会统称为特殊事件(Special Event),包括大型会议、娱乐活动、展览与会展、节庆活动等在内的各类事件均归为特殊事件。David C.W.(1998)将特殊事件描述为:"在任何给定时间里能够满足特殊需求的、一次性发生的事情。当地社区事件可以被描述为一个牵涉当地人口分享有利双边利益的活动"。Johnny A.(2002)等对特殊事件的定义表述为:"'特殊事件'用来描述特定的仪式、表达、表演或庆典,其被有意识地计划产生以标志特殊的场合,或取得独特的社会、文化或团体的目的和目标"。Getz and Donald(1997)在类型学研究中突破性地建议特殊事件最好从其所处的上下关系来进行定义。他提供了两个定义:一是从组织者的角度,即"特殊事件是一次性的或很少发生的事件,不同于惯常的节目或赞助商和组织主体的活动;二是从消费者或客人的角度,即"对于消费者或客人,特殊事件是个休闲、社会或文化经历的机会,不同于惯常范围的选择,并超出了日常经历。"

从以上对特殊事件的各种定义来看,特殊事件能够灵活地适用于多种情况,所包括的领域非常广阔。国外学者多将体育赛事归为特殊事件,认为体育赛事是特殊事件的子集。虽然体育赛事与特殊事件有着紧密的联系,但体育赛事也有其自己的特点和要求,所以特殊事件的概念并没有完整表达出体育赛事的核心和特点。

2.2　体育赛事的分类

对体育赛事进行列举、总结和划分,继而科学、合理分类,从中寻找体育赛事的一般规律及特点,是体育赛事研究的前提和基础。根据不同的原则和实际需要,体育赛事可分为不同的类别。本节将从体育赛事包含的运动数量、体育赛事举办的地点、体育赛事的组织竞赛和体育赛事的规模 4 个角度来对体育赛事进行划分。

2.2.1　根据体育赛事包含的运动数量来划分

根据体育赛事包含的运动数量来划分,可以将体育赛事分为综合性体育赛事和单项体育赛事(张林,2011)。综合性体育赛事包含多个运动项目,如奥运会、亚运会、全运会等;单项体育赛事只包含一个运动项目,又可根据运动项目具体划分为足球赛事、篮球赛事、排球赛事等。同等级别的综合性体育赛事一般要比单项体育赛事更加复杂,需要筹备的时间更长,对场馆设施的要求更高,对举办地的影响更大。

2.2.2　根据体育赛事举办的地点来划分

根据体育赛事举办地点来划分,可以将体育赛事分为室内赛事和室外赛事(张林,2011)。室内赛事一般是在体育馆内举行,如羽毛球赛事、乒乓球赛事等。室外赛事的情况则较为复杂,如足球赛事、田径赛事、汽车赛事等,则是在露天的体育场馆内举行;如滑雪、帆船、帆板、马拉松等运动项目的赛事,则需要借助于自然环境和公路等基础设施而进行。通常而言,气候等因素对室内赛事的影响较小,而对室外赛事的影响很大。

2.2.3　根据体育赛事组织竞赛角度来划分

根据组织竞赛角度来划分,可以将体育赛事分为竞争类竞赛项目和对抗类竞赛项目(李南筑和袁刚,2006)。竞争类竞赛项目是以某一静态参数(时间、距离、质量、分数)作为判别准则的比赛,如 110 米栏、跳远、举重、体操等。对抗类竞赛项目是用竞技者相互较量为判别准则的比赛,如足球、篮球、排球等。

2.2.4　根据体育赛事的规模来划分

根据体育赛事的规模来划分,可以将体育赛事分为超大型赛事、大型赛事和一般(规模)赛事(王守恒和叶庆晖,2005)。超大型赛事通常是一个国际性的盛事,可以影响举办地的整体经济,并能够在全世界范围内和广大媒体范围内产生巨大影响的体育赛事,如亚运会、奥运会和世界杯足球赛。这类赛事通常规模大、水平高、参与人数多、媒体高度重视、市场目标广大、具有一定的传统和历史意义、通常有一些文化或展览活动作为补充(黄海燕和张林,2011),对社会、文化、政治、经济、旅游、环境和城市基础设施建设等方面产生深远影响。大型赛事同样可以对举办城市和社区产生较大影响,产生较好的经济效益,并能够引起较多媒体关注,但相对超大型赛事来说能够在各方面产生的影响较小,如世界单项锦标赛、职业联赛、城市运动会等。一般赛事是指除了以上两类赛事之外的其他赛事,规模和水平相对递减,同样可以吸引较多受众和媒体的新闻报道,也具有一定的经济效益,如热身赛、邀请赛等。当这类赛事在举办过程中结合某种社会文化或社会大众的某些兴趣点时,同样会带来巨大的经济效益和社会影响。这类赛事通常形式规模多样灵活、能够吸引广泛的人员参与、在市场中更易被人接受且易于推广、能给举办方带来较大的经济、文化和社会效益。

2.3 体育赛事利益相关者

2.3.1 利益相关者

利益相关者理论的思想由来已久。"利益相关者"这一词最早可以追溯到 1929 年,通用电气公司一位经理在就职演说中提到:"不仅股东,而且雇员、顾客和广大公众都在公司中有一种利益,因此公司的经理人员有义务保护他们的利益"(刘清早,2013)。此后,在以股东利益最大化为目标的"股东至上理念"盛行的同时,不少学者开始提出不同的观点。利益相关者理论极大地挑战了"股东至上理念",认为在任何一个公司的发展过程中,各利益相关者的投入与参与都不可或缺,企业追求的不仅仅是某些主体的利益,还有各利益相关者的利益。随后,利益相关者理论的发展不仅在管理学领域,并且得到了伦理学、法学和社会学等众多学科的关注。

根据弗里曼(1984)的经典定义,"企业的利益相关者,是指那些能够影响企业目标实现或被企业目标实现所影响的人或群体。通常包括员工、顾客、供应商、合作伙伴、政府、公众等。利益相关者研究认为,公司的出资不仅来自股东,而且来自公司的雇员、供应商、债权人和客户,后者提供的是一种特殊的人力投资。因此,为了更好地对企业进行管理,实现企业的发展目标,企业应该了解企业利益相关者的利益诉求,在企业经营和管理过程中,尽量平衡和考虑利益相关者的利益诉求,使利益相关者达到利益最大化,从而实现公司的良性治理和可持续发展。"

20 世纪 90 年代初期之后,利益相关者的研究主体不再局限于企业,政府、城市、社区、社会团体以及相关的政治、经济和社会环境等都成为利益相关者的研究主体,一些会展、旅游和工业项目也纷纷开始使用利益相关者理论分析有关问题。现代体育赛事的发展规模越来越扩大和复杂,对于各方面的要求也越来越高。举办体育赛事除了需要良好的管理运作水平,利益相关者的支持和参与成为体育赛事能够举办成功的重要影响因素。

2.3.2 体育赛事的利益相关者

关于体育赛事的利益相关者问题,马斯特曼(2006)认为,"早期体育赛事的主要利益相关者常常只限定在参加比赛的运动员和裁判员,但随着体育赛事的发展,赛事的消费者逐渐成为体育赛事主要利益相关者",他还进一步列出了体育赛事的主要利益相关者,包括运动员、裁判员、随队人员、供应者、赛事管理者、工作人员、观众、媒体和贵宾(VIP)等。

黄海燕(2008)等人综合国内外不同观点和意见,并考虑中国国情和当前体育赛事运作实际情况,将体育赛事利益相关者作了如下划分:赛事主办组织、赛事所有权人、举办地政府、主办社区、媒体、赞助商、赛事观众、赛事参与者(运动员、裁判员及教练员)。叶庆晖(2003)认为体育赛事包括主办组织、主办社区、赞助商和经费支持者、供应商、媒体(电台、电视和报社)、工作团队(受雇佣职员和志愿者)、参与者和观众等利益相关者。陈存志和刘苹(2011)把我国大型体育赛事利益相关者分为一级利益相关者和二级利益相关者,一级利益相关者主要包括政府、主办组织、赞助商、社区、赛事生产者(运动员、教练员和裁判员)、管理者、媒介、观众等;二级利益相关者是指与赛事的关系在一级利益相关者之后的群体。

　　上述学者都对体育赛事的利益相关者这一问题进行了全面的分析,结合我国体育赛事运作的实际情况,我们可以将我国体育赛事的利益相关者分为:赛事主办组织、赛事所有权人、举办地政府、主办社区、媒体、赞助商、赛事观众、赛事参与者(运动员、裁判员及教练员)(图 2.1)。下面对举办地政府、主办社区、媒体、赞助商、赛事参与者和观众等几个在我国体育赛事中较为重要的利益相关者分别进行阐述。

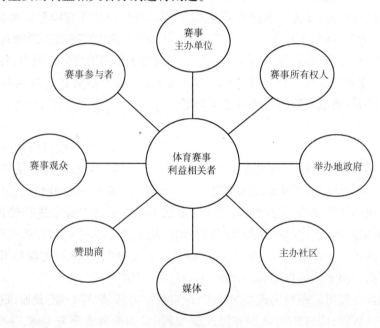

图 2.1　体育赛事的利益相关者

1)举办地政府

　　政府是一个政治体系,作为一种社会组织,有广义和狭义之分。广义上的政府是指国家的立法机关、行政机关和司法机关等公共机关的综合,代表着社会公共权力,其可以视为等同于国家。狭义上的政府是指国家的行政机关,包括中央政府与地方政府,多数情况下是指国家的中央政府。这里的"政府"指的是中央政府与地方政府。要想成功运作一项体育赛事,政府的大力支持和参与必不可少。

　　由于我国体育管理体制的原因,大型赛事的主办权高度集中于政府。《中华人民共和国体育法》第三十一条明确规定:"国家对体育竞赛实行分级分类管理。全国综合性运动会由国务院体育行政部门管理或者由国务院体育行政部门会同有关组织管理;全国单项体育竞赛由该项运动的全国性协会负责管理;地方综合性运动会和地方单项体育竞赛的管理办法由地方人民政府制定。"如全运会、城运会等综合性运动会以及全国各单项体育赛事的所有权几乎都在政府的掌控之中。

政府在体育赛事开发中具有得天独厚的优势。从赛事的实际运营来看,政府在体育赛事运营中某些环节的作用是体育赛事成功举办的必要条件。当前,政府在体育赛事的运营中必须参与的环节主要有赛事的申办和赛事的组织。从赛事申办的角度看,近年来,越来越多的国家都逐渐认识到举办体育赛事对举办地所带来的巨大影响,都将举办大型体育赛事作为提高城市经济水平,提高城市知名度的重要手段。正是由于赛事申办过程的竞争激烈程度加剧,政府与申办赛事的态度就变得尤为重要。在这种情况下,一方面政府的参与在赛事申办的过程中起到了非常重要作用;另一方面,现在国际单项体育组织也越来越看重政府对承办赛事的态度,使得政府在体育赛事的申办过程中发挥了重要作用。从赛事的组织角度讲,中央和地方政府对体育赛事投入了巨大的物力和财力,可以为体育赛事的举办提供一系列优惠政策,例如 2008 年北京奥运会,对企业、社会组织和团体捐赠、赞助的资金物资支出,在计算企业应纳税所得额时予以全额扣除。同时体育赛事的成功举办需要社会各个部门的有效配合,政府可以在各个部门之间起到协调作用。在牵涉交通、公安等一系列公共资源的使用时,则需要通过政府的行政力量来调配。

2)社区

我国社会学界认为社区的含义是指"居住在一定地域的、有一定的社会联系和社会关系、以同质人口为主体的人群生活的共同体,是一个相对独立的地域社会",主要由人群、地域、服务设施、成员认同感四部分组成。这里所说的主办社区是指居住在赛事举办地的共同体,包括主办社区的居民、主办社区的环境和基础设施等。

主办社区的居民是体育赛事运营人员和赛事志愿者的主要力量,他们的支持和参与对赛事的举办起到了很重要的作用,如果没有主办社区居民的参与,体育赛事组织者很难取得成功。主办社区居民可以多种形式参与其中,最直接的方式就是加入赛事组委会,为赛事提供有偿或无偿的服务,同时还可以多种形式参与其中,如赛事志愿者、救护工作人员、宣传者、赛事配套服务的提供者等。2008 年北京奥运会申办成功的一个有利因素就是民众的大力支持。

主办社区的环境是举办体育赛事的有力保障,主要包括社区的基础设施环境和自然环境。其中主办社区的基础设施环境主要由举办体育赛事所需要的基础设施组成,如体育场馆、道路、宾馆、饭店以及一些临时建筑物等。对于一些大型赛事,如奥运会、世界杯等,主办社区还需要新建或改建一批基础设施。主办社区的自然环境也与体育赛事有一定的联系,如帆船、滑雪、山地自行车、攀岩、马拉松等项目,都需要以自然环境为依托。相对来说,自然环境与体育赛事的关联度要比基础设施环境小得多。

3)媒体

奥运会是体育赛事与媒体结合的一个最为典型的案例,奥运会的发展壮大与电视转播权的出售直接相关。从 1980 年奥运会出售全球电视转播权开始,历届奥运会的全球电视转播费用不断上升。2008 年北京奥运会,全球转播电视收入达到 30 亿美元,较 1984 年翻了

30 倍。对 2012 年伦敦奥运会的版权支出,NBC 和欧广联在北京奥运会基础上再涨 35%。在 2013—2016 年这个奥运周期,奥运会的转播权收入达到了 41 亿美元,这个数字比上一个奥运周期增长了 7.1%。并且奥运会电视转播的覆盖面和普及率还在持续增长。在国际奥委会所有的财政收入当中,奥运会的电视转播权收入占到了 74% 的份额。通过出售电视转播权所得收入,国际奥委会给奥林匹克运动和比赛提供了无法预计的财政基础,并且允许国际奥委会给一些在全世界范围内提高体育实践的组织和计划直接的支持,而通过电视转播和媒体报道,使全世界的人们更加关注和了解奥运会。

4) 赞助商

赞助商是体育赛事重要的利益相关者。一方面,成为体育赛事的赞助商对企业来说是企业进行市场营销的绝好机会。体育赛事赞助沟通对象面广量大、有针对性,且广告效果自然、容易被接受,所以,体育赛事的赞助,尤其是奥运会、足球世界杯以及一些大型体育赛事的赞助,已经成为企业提升产品知名度和美誉度的重要手段。另一方面,对于赛事组织者来说,赛事的赞助商既可以提供大量的资金,同时也会投入大量的人力、物力、财力,可用于赛事的宣传和推广。

5) 赛事参与者与观众

在体育赛事中,运动员、裁判员、教练员和观众都是体育赛事不可或缺的主体,也是体育赛事重要的利益相关者之一。运动员是体育赛事的直接参与者,没有运动员,也就谈不上赛事。运动员需要赛事组织者提供良好的赛事保障与服务,通过公平的竞赛,充分展示运动技术水平,从而获得相应的荣誉和经济利益。同时,运动员可以通过企业代言、企业广告的传播,获得商业利益。对于体育赛事来说,知名体育运动员的参与可以使赛事的知名度与关注度得以提升,媒体传播的力度进一步加大,观众的关注度也随之进一步提升。

体育赛事的观众既包括直接到比赛现场观看体育赛事的现场观众,也包括通过电视、网络等媒体观看体育赛事的观众。观众对体育赛事的需求主要是精彩的赛事,良好和安全的服务。体育赛事观众的多少直接影响到赛事组织者的收入,对举办城市的经济也具有直接影响。

2.3.3　体育赛事利益相关者的利益诉求

在体育赛事的运作过程中,各利益相关者的利益诉求不同。人们将体育赛事利益相关者的利益诉求进行总结分析,分为物质(经济)利益、政治利益和精神利益 3 种类型(表 2.1)。

表 2.1　体育赛事利益相关者的利益诉求

利益相关者	主要利益诉求	诉求内容
赛事主办组织	物质(经济)和政治利益	利润回报,组织长期发展
赛事所有权人	物质(经济)和精神利益	体现出其组织实力与服务水平,提高团队知名度和美誉度
举办地政府	物质(经济)和政治利益	对城市相关产业的经济影响,提升城市知名度

续表

利益相关者	主要利益诉求	诉求内容
举办社区	物质(经济)和精神利益	增加经济收入,增加就业,提高居民的凝聚力
媒体	物质(经济)利益	增加收视率,增加广告效益
赞助商	物质(经济)利益	提升企业知名度,进入目标市场,美化企业形象,开展关系营销,增加销售
赛事观众	精神利益	精彩的赛事,休闲娱乐,社交
赛事参与者	物质(经济)和精神利益	商业价值,个人实现价值

1) 赛事主办组织

赛事主办组织的利益诉求主要包括两个方面:一是赛事主办组织通过举办赛事获得的良好名誉和形象,这是赛事主办组织无形资产的利益诉求;二是赛事的经济利益,也就是赛事主办组织举办赛事带来的净收益。除政府外,赛事主办组织一般为商业经营者和经济实体,因此,利润回报是其举办赛事的主要目的(骆雷、黄海燕和张林,2013)。

2) 赛事所有权人

赛事所有权人的利益诉求主要包括两个方面:一是赛事的社会影响力和长远发展;二是赛事的商业价值和经济收益。为了赛事的长远发展,赛事所有权人需要制订赛事的战略发展规划,并依据实际情况调整赛事的规则(骆雷、黄海燕和张林,2013)。例如,国际乒乓球联合会为了提高比赛的精彩程度和适应电视转播需要,将乒乓球由"小球"改为"大球",同时将每局比分由"二十一分制"改为"十一分制"。经济和商业方面,国际奥运会通过开发奥运会的无形资产资源,逐渐实现了奥运会的市场化运作,并获得了巨大成就。

3) 举办地政府

我国现阶段,政府是体育赛事中主要的利益相关者之一,是体育赛事的主要需求者。随着我国社会经济的发展,国内一些较为发达的城市,如北京、上海、广州等,为了提高城市知名度、竞争力和影响力,举办了一批具有国际影响力的体育赛事,一方面这对于城市品牌的提升,城市形象的改善都有促进作用,对城市基础设施建设、旅游业、商业等方面都有着十分重大的影响;另一方面,体育赛事本身可以为政府带来巨大的经济效益,同时赛事的举办对相关产业也具有拉动作用,通过赛事的举办,促进包括城市旅游业、餐饮业、酒店业等相关产业的发展。

4) 社区

主办地社区的利益诉求主要是经济利益。对于一些小型的体育赛事,主办社区已有的基础设施可以满足赛事的基本需要,但对于大型赛事,如奥运会等,则需要新建一批基础设施。当赛事结束后,这些体育设施就成为赛事留给主办社区的遗产(黄海燕和张林,2008)。体育赛事的举办可以促进举办城市的运营水平进一步提高,增加主办城市社区的就业机会,改善社区配套服务,挖掘城市的发展潜力,提高大众健身的意识,增强社区居民凝聚力和有效提升归属感,增强居民在参与赛事过程中形成的社会精神与合作意识。

5)媒体

媒体主要通过对各种赛事的精彩报道,拓宽受众群体,提高发行量,从而带来更多的经济效益。除了赛事的新闻价值外,还包括赛事的转播价值,利用转播体育赛事出售广告等权利,获取经济收益。另一方面,通过电视转播和媒体的报道,能够有效提高受众对于体育赛事的关注程度。随着计算机处理技术和互联网技术的发展,网络媒体、移动媒体等数字化新媒体将为体育赛事的发展带来新的契机,产生不可估量的影响。

6)赞助商

赞助商是体育赛事重要的利益相关者。对于企业来说,成为体育赛事的赞助商可以提升品牌知名度和品牌美誉度,提升公众对于赞助商旗下品牌的认知度,进入目标市场,从而增加销售量。成为体育赛事的赞助商,通过市场营销来塑造企业形象已成为全球范围内的一种普遍做法。

7)赛事参与者和观众

运动员的利益诉求主要体现在 3 个方面:一是希望赛事期间能够取得满意的成绩;二是希望通过企业代言、企业广告的传播,获得商业利益;三是赛事举办期间良好的竞赛环境和服务。

观众的利益诉求主要是体育赛事的观赏价值和娱乐价值。体育赛事的精彩程度决定着观众的数量。通常情况下,体育赛事的项目越普及、级别越高、悬念越强则观众越多。另外,体育赛事也是促进人们之间沟通交流的重要平台。

2.3.4 体育赛事利益相关者的利益冲突

大型体育赛事在开发过程中,由于资源、时间、精力有限,不可能所有利益相关者利益诉求同时实现最大化,并且不同的利益相关者有不同的利益诉求,各利益相关者在追求利益的过程中必然会产生冲突,所以赛事管理者需要做到统筹兼顾,协调好各方利益相关者的利益诉求,弱化利益相关者之间的冲突。本书将从赛事与赞助商、观众、社区 3 个方面进行分析。

1)赛事与赞助商

在买方与卖方市场中,会出现赞助商提供的资金不能满足赛事需要,同时赛事不能很好地回报赞助商的情况。赞助商希望获得最低赞助金额的最大回报,而赛事主办方则希望以较少的赞助回报获取较高的赞助金额。有时,赞助商多样化的需求与赛事提供的单一回报内容之间产生矛盾,也会产生利益冲突。目前,商家不愿意赞助的原因之一是由于赛事本身的影响,我国目前大型综合性赛事在市场开发工作方面没有统一规则。此外,体育赛事的公平性和诚信度、市场开发力度和发展前景及排他性的执行力也是影响赞助商赞助赛事的主要原因。

2)赛事与观众

体育赛事和观众之间的利益冲突一方面表现为体育赛事的精彩程度无法满足观众的需求,除了赛事本身水平的客观原因,赛事进行过程中出现的真实性、公平性等问题不仅影响赛事参与者的利益,也直接影响了观众的利益(李洪梅,2011)。当赛事的质量严重影响观众收看时,观众的行为也会直接反映给赛事,对赛事的正常运行产生影响。赛事与观众之间的冲突还表现在赛事的门票售价方面,如果赛事的门票售价过高,也会影响观众对于赛事的关注。

3)赛事与社区

主办社区在举办体育赛事过程中作出了巨大的经济投入,在另一方面就会缩减在教育、医疗、住房等方面的投入,并且为举办体育赛事而进行的大规模基础设施建设同样也可能带来负面的影响,如社区居民的搬迁、生活便利设施的减少以及自然环境的损害等。如冬奥会的举办对主办社区的自然环境既有积极的影响,同时也带来了一定的消极影响,如破坏了河流和湿地等动物的栖息地,影响了动物季节迁徙的线路,森林面积减少等(黄海燕和张林,2008)。对于在城市社区中举办的体育赛事而言,二氧化碳的排放是对主办城市自然环境影响较大的一个因素,同时还有交通管制、交通拥挤、噪声污染等负面影响。

2.3.5 体育赛事利益相关者的利益协调方式

1)经济协调

经济协调是利益相关者利益协调的首要途径,它能够照顾、协调各方利益,充分体现市场经济的公平性。例如,赛事赞助商和赛事主办方可以通过赞助合同来明确他们之间的经济关系。

2)政治协调

政治协调机制是利用国家和政府的职能、政治制度以及各种政治手段进行利益调节的协调方式(高振宏,2014)。依据目前我国的国情和实际情况,政府在大型体育赛事市场发展中起着关键性作用。例如,政府通过行政手段来协调缓解赛事举办期间的交通拥堵问题。

3)法律协调

体育赛事在申办、筹备和举办等环节中牵涉了众多利益主体,通过法律手段进行利益协调是实现赛事正常运转的重要保障（高振宏，2014）。例如，在赛事工作人员、志愿者等与赛事主办组织之间可通过《劳动法》进行利益协调。

4) 道德协调

道德协调可以在法律协调机制之外作为利益协调的重要补充。在体育赛事市场发展过程中，道德协调的作用和范围十分广泛。例如，赛场上服用兴奋剂问题、赛场观众乱扔垃圾的行为等都是道德协调的对象。

赛事主办组织与举办地政府和举办地社区之间需要相应的政策法规予以协调，赛事的主办机构与赞助商、媒体之间的关系应建立在市场公平的基础上，通过经济协调和法律协调来缓解冲突。主办机构与观众以及赞助商与民众之间应主要以经济协调和道德协调为主。主办机构通过降低门票价格让利于观众，同时观众也主动维护门票市场秩序。赞助商要诚信为本，为受众提供质优价廉的产品和服务。

本章小结

- 体育赛事的定义为：以体育竞技活动为核心，规模和形式受竞赛规则等多种因素的制约，能够提供体育产品和相关服务产品的一项特殊事件。对社会和文化、自然和环境、政治和经济、旅游等多个领域产生影响，具有显著的社会效益、经济效益和综合效益。

- 对体育赛事的分类，可以从体育赛事包含的运动数量、体育赛事举办的地点、体育赛事的组织竞赛和体育赛事的规模 4 个角度来对体育赛事进行划分。根据体育赛事包含的运动数量来划分，可以将体育赛事分为综合性体育赛事和单项体育赛事。根据体育赛事举办地点来划分，可以将体育赛事分为室内赛和室外赛事。根据组织竞赛角度来划分，可以将体育赛事分为竞争类竞赛项目和对抗类竞赛项目。根据体育赛事的规模来划分，可以将体育赛事分为超大型赛事、大型赛事和一般（规模）赛事。

- 我国体育赛事的利益相关者分为：赛事主办组织、赛事所有权人、举办地政府、主办社区、媒体、赞助商、赛事观众、赛事参与者（运动员、裁判员及教练员）。

- 在体育赛事的运作过程中，各利益相关者的利益诉求不同。人们将体育赛事利益相关者的利益诉求进行总结分析，分为物质（经济）利益、政治利益和精神利益 3 种类型。

- 体育赛事利益相关者的利益协调方式包括经济协调、政治协调、法律协调和道德协调。

复习思考题

1.什么是体育赛事？

2.体育赛事如何分类？

3.什么是利益相关者？

4.体育赛事的利益相关者都有哪些？其分别有哪些作用？

【补充与提高】

中国职业篮球联赛的利益相关者

中国男子篮球职业联赛是中国篮球协会所主办的跨年度主客场制篮球联赛，是中国最高等级的篮球联赛。它是在中国政府的委托授权下，由国家体育总局中国篮球运动管理中心代理组织，在中国篮球协会（Chinese Basketball Association，CBA）联赛委员会的管理下，在中篮盈方合资公司的经营下，以中国职业篮球俱乐部为核心企业通过对信息流、物流、资金流的控制，生产和流通中国职业篮球联赛这一特殊产品的职业体育赛事。其过程中涉及投资商、赞助商、广告商、电视转播机构及相关媒体、CBA品牌运营商，以及最终用户等多个利益相关体（刘清早，2013）。

中国篮球管理中心：中国篮球协会成立于1956年6月，简称"中国篮协"。1997年11月24日，国家体育总局实行体育管理体制改革和运行机制转变，成立了国家体育总局篮球运动管理中心，是具有篮球项目行政管理职能的事业单位，又是中国篮球协会的办事机构。

中篮盈方合资公司：CBA的运作模式是合资，2005年中国篮球管理中心与瑞士盈方公司的全资子公司盈方亚洲签署了一份时间长达"7+5"年的协议，双方成立合资公司中篮盈方，中方控股51%，盈方每年提供650万美元作为篮协和各俱乐部的联赛运营经费，包括各俱乐部场馆广告在内的CBA经营权则被统一收归中篮盈方所有（杨涛，2011）。一旦实现盈利，盈利的85%作为篮管中心和俱乐部的联赛收入，其余15%由盈方保留。

CBA联赛委员会：2005年4月28日，由中国篮球管理中心、中篮盈方、各俱乐部负责人、媒体等多方力量构成的CBA联赛委员会正式成立，将各方面的利益捆绑在一起，利润共享，风险同担，开始行使对联赛的管理职能。CBA联赛委员会行使对联赛的管理、商业推广与开发等职责（杨涛，2011）。

中国职业篮球俱乐部：1995年CBA联赛（甲A联赛）创办时有12支队伍参加，每年联赛最后两名降入甲B，甲B联赛的前两名升入甲A。从2014—2015赛季起，CBA球队数量已增加到20支。

赞助商:2013—2014赛季,CBA联赛共有25家赞助商,其中包括战略合作伙伴1家,合作伙伴5家,供应商13家。2012年,李宁(中国)体育用品有限公司以每年4亿元赞助成为CBA新的赞助商,进而成为战略合作伙伴。

媒体:时至今日,中国职业篮球联赛影响越来越大,由于其健康性、规范性和强大的市场发展潜力,为电视转播机构和相关媒体提供了大量的传播素材,满足了广大消费群体的精神需求。由于受场馆座席数量、交通环境、时间等因素的影响,数字电视、报纸、杂志、广播、网络等媒体解决了部分消费者不能到现场观看比赛的矛盾问题,为广大消费者提供了便利。

观众:中国职业篮球联赛的最终消费者是广大的球迷群体,包括现场观众、媒体观众。

第3章
体育赛事产业的发展趋势

产业是指具有某种同类属性经济活动的集合或系统,作为经济学概念,其内含与外延存在复杂性。体育赛事产业是指以运动竞技、表演的方式向市场提供观赏型体育服务产品的组织机构与活动的集合体。

由于全球竞争、经济转型、技术创新和政府权力转移等因素的不断变化,我国体育赛事产业逐渐实现从计划经济向市场经济转变的情况,体育赛事活动的内涵和外延发生了极大的变化,体育竞赛的本质和多元功能不断地更新换代,原有"运动竞赛"的概念被打破,这需要人们在客观上重新认识该事物。

【本章学习目标】

1.了解我国体育赛事产业的环境和发展趋势。

2.参考西方体育赛事产业的发展,思考我国体育赛事产业发展过程中遇到的阻碍。

【关键术语】

产业　体育赛事产业　特殊事件　环境　缺陷

体育赛事管理者的困惑——国内外体育赛事产业的发展有着怎样的轨迹和趋势?

随着1984年美国洛杉矶奥运会开创市场营销赢利纪录,以及菲利普·科特勒的城市营销理论的产生,体育赛事的商业营销成为了体育赛事产业运作管理极其重要的内容。国外体育赛事产业的发展有哪些经验值得我们借鉴?适合我国国情的体育赛事产业应该具备什么特征?

3.1　西方体育赛事产业发展

国外学者普遍将体育赛事纳入特殊事件的范畴。特殊事件形式多种多样,包括宗教仪式、传统仪式、体育赛事、展览和其他活动,体育赛事是特殊事件非常重要的形式之一。体育赛事作为一项产业是随着资本主义生产方式的形成与发展产生和演进的,西方是体育赛事的先发之地,也是当今全球体育赛事最活跃和最发达的地区。可以说体育赛事是伴随着人类的文明进步而不断发展的。

古代奥运会产生于古希腊城邦间的战争之中。现代奥运会起源于 1896 年,目前每 4 年一届的奥林匹克运动会已演变成为拥有高达几十亿美元产值的竞赛表演体育服务业的重要组成部分。到现在,体育产业在市场经济体制下已经运行了几百年的时间。

自 20 世纪以来,特别是第二次世界大战后,西方国家的经济增长持续加速,体育产业的格局逐渐确立,出现了以健身和休闲为主要内容的娱乐体育,同时体育的经济功能被放大。

在国际体育咨询机构 Ark Sports 公布的"2010 年世界都市举办大型体育赛事指数评选"中,排名前 7 位的均为西方发达国家的城市,它们依次是墨尔本、巴黎、悉尼、柏林、伦敦、马德里、纽约。1984 年美国洛杉矶奥运会后,体育赛事在西方发达国家取得了长足发展,它们拥有众多国际知名体育赛事的所有权,定期举办的职业联赛、每年的常规性赛事和综合性的大型赛事均风靡全球。

西方发达国家的职业体育各具特色。美国以其四大职业联赛闻名世界,美国职业橄榄球(NFL)年终总决赛——"超级碗",2016 年丹佛野马和拉罗莱纳黑豹的终极对决以 1.67 亿电视收视人数再次刷新美国电视历史上最高单集电视节目收视纪录;在中国,有 19 家媒体在大年初一全面直播了本届超级碗,收视人数超过了 1 200 万,为上一届的 3 倍。其中,在新媒体平台的收视人数达到 500 万,较上届上涨 85%(腾讯体育,2016)。据权威财经杂志《福布斯》近些年的数据,"超级碗"的商业价值比奥运会和世界杯足球赛相加之和还要高。在美国还有许多其他职业体育联赛,有大量的现场和电视观众,例如美国职业棒球大联盟(MLB)、美国职业篮球联盟(NBA)、美国冰球职业联盟(NHL)。另外,欧洲足球五大职业联赛也风靡全球。欧洲足球五大联赛,是指欧洲的足球联赛中影响力以及竞技水平排名前五的联赛,即英格兰足球超级联赛、意大利足球甲级联赛、德国足球甲级联赛、西班牙足球甲级联赛和法国足球甲级联赛。这些联赛代表了世界足球的顶级水平,吸引了很多实力球员的加入,是世界足球发展的基准。在《福布斯》近些年的足球俱乐部价值评估排名榜上,排名前 20 位的球队均来自欧洲五大职业联赛。

除了各类职业体育联赛之外,西方发达国家每年都会定期举办几乎所有体育项目的顶级赛事,如网球项目的四大满贯赛事、ATP1000 赛事,高尔夫球项目的 PGA 锦标赛、欧巡赛,赛车项目的世界 F1 大赛、达喀尔拉力赛、法国勒芒 24 小时耐久赛、印地车赛,马拉松项目的芝加哥马拉松赛、伦敦马拉松赛、纽约马拉松赛等。此外,西方发达国家对举办各种综合性的大型体育赛事也十分积极,先后举办多届夏季奥运会、冬季奥运会和足球世界杯赛。

西方发达国家的体育赛事和娱乐、商业、媒体呈现一体化,体育和娱乐、媒体紧密联系,通过先进的电视媒体充分展示体育的魅力。例如,福克斯体育电视网、华纳兄弟电影电视、ABC 电视台娱乐频道、盈方体育传媒集团、娱乐与体育节目电视网以及 HBO 频道等机构都创作了大量精彩的体育赛事节目,增强着体育赛事与观众之间的互动。此外,各种提供体育赛事相关服务的专业化公司纷纷出现,如 IEG、IMG、八方环球、瑞士盈方等。IEG(The international Events Group)成立于 20 世纪 80 年代,一直致力于将赞助建设成为除广告、促销和公关活动之外的第四条营销渠道。经过 20 多年的研究与实践,IEG 创造了一套赞助价值评估的方法,其中关于对无法测量的媒体价值的分析方法已经成为目前人们估算赞助价值所采用的主要方法。IMG(International Management Group),又称国际管理集团,成立于 1960 年,是目前全世界规模最大、业务范围最广的体育和娱乐营销管理公司,其优势业务主要集中在体育赛事运作及经营、运动员经纪、体育电视节目和纪录片制作及销售、中介代理及品牌营销、赞助咨询及分销、品牌授权等方面。

近年来,西方发达国家的体育赛事与其举办城市发展之间的结合日趋紧密,体育赛事已经成为许多城市发展战略的重要组成部分。

例如,澳大利亚各州政府纷纷成立事件运作公司,如西澳大利亚的事件公司——Eventscorp、昆士兰的事件公司——QEC、维多利亚的墨尔本大事件公司、新南威尔士州的特殊事件有限公司、南澳大利亚州的澳大利亚大事件公司(英文简称 AME)等,由这些政府控股的非营利性公司对各种体育赛事的引进和运营操作直接负责。不仅如此,澳大利亚还将举办体育赛事同促进旅游业发展紧密结合在一起。每年,澳大利亚网球公开赛都会吸引来自世界各地的超过 55 万名观众前来观战,是澳大利亚观众最多的年度体育盛会。澳大利亚 F1 赛事在维多利亚风景如画的亚伯特公园举行。大赛期间,观众们不仅可以欣赏到全长 5.3 km 的赛车道上展现的一级惊险和刺激,还有机会观赏精美的时装表演,品味美味佳肴,参加各种欢庆活动。由于认识到举办体育赛事不仅能够促进体育赛事业发展,而且能带来巨大的经济和社会效益,加拿大政府有关部门也制订了名为“国际体育赛事申办战略”的计划,对加拿大体育赛事产业进行专门规划,支持地方政府和各类体育组织的赛事申办工作。英国的许多城市,如伯明翰、谢菲尔德、曼彻斯特,出于实现城市的产业结构转型的目的,也相继制定了相关体育赛事产业政策,从而实现城市再造的目的。实践证明,举办体育赛事能够带动英国相关产业的发展。例如,F1 英国大奖赛的举办在以牛津郡为中心的地带逐渐形成了一个赛车产业集群(也被称为“赛车业的硅谷”),这个聚集着成百上千个与赛车有关的公司和组织的地方,俨然已经成为赛车产业的“杰出技术中心”“赛车制造中心”和“人才中心”。这代表了世界上最高水平的汽车制造技术,引领了赛事创新领域的未来趋势。大约 3/4 的世界单座赛车设计和组装在这里进行,大多数最具竞争力的一级方程式赛车和印地赛车联盟的赛车在这里被设计和建造出来。

3.2　我国体育赛事产业发展

3.2.1　我国体育赛事产业发展的历史沿革

我国的体育赛事可追溯到东周战国时代,当时流行的蹴鞠,相当于现代的足球运动。流行于宋、元、明三代的"捶丸"与现代的高尔夫球相似,古代的打擂台与现代的拳击赛和散打比赛相似。

中华人民共和国成立以来,在计划经济体制下,体育赛事基本上由国家投资举办。那时体育赛事比较少,而且主要集中在一些大中城市。由于比赛无利可图,甚至有些体育赛事还要倒贴钱,因此体育赛事的承办者积极性并不高,但是这是必须承担的上级主管部门计划安排的任务。

20 世纪 80 年代末,中国的体育赛事基本上由政府组织实施。政府为竞赛市场的唯一供给主体。那个时期体育赛事均为公益性体育赛事。国家体委每年举办一次运动竞赛招标,招标对象主要为各省、市、自治区体委。虽然单纯由国家投入、统一安排举办体育赛事的旧体制逐渐在改变,但是由于那时的招标只面向体委系统,所以仍然是体委一家独办各种体育赛事,从而造成一些"热门"项目各地争相争办,一些"冷门"项目无人问津。有关资料表明:每年有 1/4~1/3 的运动竞赛无人投标,造成运动竞赛计划和投标不足的矛盾日益突出。

进入 20 世纪 90 年代以来,随着社会主义市场经济体制的逐步建立和体育产业的发展,我国体育赛事产业开始步入市场。由于中国市场经济体制改革的不断深入发展,中国体育竞赛依据竞赛表演的不同属性,逐渐分化为职业体育联赛、业余比赛、商业性比赛等类型。由此,中国体育赛事供给主体也发生了明显变化,即由原来单一的政府体育部门演变为政府体育部门、职业体育俱乐部、体育赛事中介公司等。因此,负责体育赛事管理的组织结构开始改变。第一,管理机构从原来政府体育职能部门转变为各种体育协会或项目管理中心;第二,各种体育中介组织开始出现,并且在体育赛事举办过程中发挥更多更重要的作用;第三,电视机构开始干预体育赛事,其对体育赛事的影响越来越突出。

由于中国仍处于从计划经济向市场经济转型的过程中,新旧体制共存,现有体育行政体制的惯性仍然巨大,在这一阶段,行政权力依然占主导地位。为此,目前阶段的中国体育赛事,从政府与市场之间的关系看,仍然是强政府、弱市场。据调查,目前阶段中国绝大多数体育赛事仍然由政府赞助或承担,这是强政府态势。即使在目前,中国商业化程度比较高的职业体育赛事,如足球职业联赛、篮球职业联赛,其管理权和经营权也主要由政府体育部负责。所谓弱市场是指组织、经营和管理体育赛事的市场力量相对较弱,体现在以下几个方面:参与体育赛事的大企业稀缺,民营企业稀缺,营销手段少,中小企业市场不成熟,中介组织少且实力参差不齐,参与体育赛事的民营企业没有赛事足够的决策权、经营权、收益权和监督权,电视转播市场规模小,消费市场缺乏活力,体育赛事的市场监管制度亟待健全等。

但也应该看到,为了能够适应国内政治制度、经济体制改革和国际体育发展趋势的需要,中国体育体制的改革在不断努力,体育赛事方面,现代大型体育赛事在组织和管理过程,政府逐渐从全能型政府到有限责任政府过渡。所谓有限责任政府,是指政府不再像过去那样,对于体育事务实行全部直接管理,而是做政府应该做的事情,例如制定政策以规范市场竞争等。随着市场力量的逐渐增长,政府职能开始发生变化,逐步放权、让利于民,成为不可抗拒的发展趋势。

目前,在中国的一些经济发达地区,政府体育部门已开始下放举办体育赛事的权利。例如,北京市体育局竞赛管理中心于2004年11月宣布,其不再作为体育赛事的主办方,而是要把赛事主办权完全交给市场,并于2005年在北京市举办中国首届世界职业拳击冠军赛,由中国拳击协会主办、美国电子商务技术公司和北京市体育竞赛管理中心承办,完全是主办单位向社会召集合作合伙、筹集资金完成的。1998年上海市政府出台的《上海市体育竞赛管理办法》,进一步明确了体育主管部门对赛事监督、指导、服务的责任,特别在大力鼓励社会各方办赛方面也给予了较高的政策性支持。通过近几年的实践证明,上海市体育局成功地作出了定位,尤其把赛事市场运作作为重要工作来抓,收获良好成果。2003年广州酝酿出台《广州市体育竞赛表演市场管理办法》。在国内首先实现体育比赛私人化的重大突破,而且投资者兴办体育赛事时只要备案,无须审批。在广州市内,允许以商业方式进行各种体育赛事,民营公司同样享有主办权。

这些事实说明:政府体育部门的职能开始由强政府向有限政府转变,政府只负责公益活动;准公益性体育赛事和商业体育赛事,主要由社会力量承担,甚至对于公益性体育赛事,也实施政府主导、企业参与、市场化经营管理模式。

一些西方学者声称,发展中国家承担体育赛事,特别是奥运会、世界杯等超大型体育赛事是错误的。他们认为,目前发展中国家在硬件和软件方面还没有组织大型体育赛事的条件。为了举办这些赛事,发展中国家将比发达国家花费更多的资源用于建设基础设施和体育场地,这将给赛事带来潜在的风险。然而事实证明,近年来,发展中国家的体育赛事产业发展迅猛。2008年至今,全球举办的前三大体育赛事均在发展中国家举办,例如2008年的北京奥运会、2010年的南非世界杯、2014年的巴西世界杯、2016年的里约热内卢奥运会、2022年北京冬奥会和世界一级方程式锦标赛的阶段站等。

作为发展中国家的代表,2008年北京奥运会的成功使我国成为世界体育赛事产业发展的"急先锋"。亚运会、中国网球公开赛、北京国际马拉松赛、世界游泳锦标赛、意大利超级杯、世界田径锦标赛、NBA季前赛和其他高水平体育赛事相继入驻中国。2014年,国务院颁布实施《关于加快发展体育产业　促进体育消费的若干意见》(以下简称《意见》),《意见》中明确提出要丰富体育赛事活动,以竞赛表演业为重点,大力发展多层次、多样化的各类体育赛事。加强与国际体育组织等专业机构的交流合作,积极引进国际精彩赛事。北京、上海等城市制定了相关战略,以促进体育赛事产业的发展。

上海市为了跻身国际知名体育城市之列,已基本形成了F1赛车中国大奖赛、国际田径钻石联赛、ATP1000 网球大师赛、汇丰国际高尔夫球锦标赛、世界斯诺克锦标赛和上海国际马拉松大赛六大城市品牌赛事。此外,上海各区县体育局也纷纷打造自己的"一区一品"体育赛事项目,如静安区的国际剑联男女花剑世界杯赛,杨浦区的亚洲极限运动锦标赛,徐汇区的国际飞镖锦标赛,卢湾区的国际体育舞蹈公开赛,宝山区的国际篮球邀请赛,金山区承办的世界沙滩排球巡回赛上海金山公开赛,崇明县的环崇明岛男子、女子国际公路自行车赛,长宁区的体操健美国际大赛等体育赛事,形成了上海一道道亮丽的风景线。

随着国内许多高级别体育赛事的举办,为体育赛事服务的体育经纪公司也在蓬勃发展。瑞士盈方、八方环球、国际管理集团等国际知名体育经纪公司涌入中国,东亚体育文化发展有限公司、上海九事国际赛事管理有限公司、上海国际田径黄金大奖赛有限公司等一批国内体育经纪公司也逐渐成长为中国体育赛事产业发展的中坚力量。

3.2.2　我国体育赛事产业发展的环境趋势

1) 体育赛事产业的内部环境变化特征

(1) 市场体系在逐步建立和完善,但尚存问题

在计划经济条件下,体育赛事的举办缺乏市场意识,而是由政府包办的,随着市场经济体制改革的不断深化,体育营销意识的不断增强,体育赛事组织方开始注重赞助活动(冠名权)、广告、电视转播权、特许经营、现场管理、衍生产品、社会捐赠、门票销售等方面业务,但也引发了一系列的市场问题。例如,体育赛事产权归属问题,体育赛事电视转播权费用问题,体育中介组织匮乏、发展规模小以及经营不规范问题等,这反映出中国体育赛事市场秩序需要运用法律、经济和行政等多种手段去治理。

(2) 体育赛事市场需求开始出现两极分化

冷门体育赛事,即市场需求相对较少的体育项目,而热门体育赛事是市场需求旺盛的体育项目。在市场经济条件下,各类体育运动必须走向市场,依靠市场生存和发展。一个体育项目的生存与发展,取决于能否最终成为众多赞助商的商业运营平台,是否能够与商品市场相匹配。因为中国的体育市场刚刚起步,其容量是有限的,加上地域文化的影响,因此并不是所有的运动都能够在有限的市场自由生存,这必然导致各种运动之间的竞争,从而就产生了冷门和热门项目赛事。例如,市场需求良好的体育项目有篮球、足球、乒乓球、羽毛球等,而诸如水球、曲棍球、体操等社会消费需求就比较低。

2) 体育赛事产业的外部环境变化特征

(1) 政策环境的变化特征

2014 年 10 月 20 日,国务院颁布实施的《关于加快发展体育产业　促进体育消费的若干意见》中提出了我国体育产业目标:到 2025 年,基本建立布局合理、功能完善、门类齐全的体育产业体系,体育产品和服务更加丰富,市场机制不断完善,消费需求愈加旺盛,对其他产业带动作用明显提升,体育产业总规模超过 5 万亿元,成为推动经济社会持续发展的重要力

量。这对我国体育赛事产业的发展起到积极的催化作用。

同时,政策环境仍存在一些问题。在计划经济体制下,我国体育赛事的管理与运作往往是基于行业规章制度而不是相应的法律法规。商业体育赛事是这方面最明显的表现形式,包括职业体育赛事。原中国足协副主席杨一民在甲A十年的总结中说:"中国足球的政策和法规的滞后,影响了俱乐部的持续发展",这表明当前对体育产业的立法我国还比较薄弱,缺失高水平的专项法律。

但是,我们应该看到,随着中国市场经济体制的深化改革,各项关于体育赛事的法律法规开始逐步建立和完善,中国体育行政部门也越来越重视法律手段解决体育事务的纠纷。例如,在2004年国家体育总局篮球管理中心主任李元伟向法律专家咨询,谨慎取消奥神俱乐部参加CBA的资格。而在1998年,当时发生的"奥神风波"却是篮球管理中心通过行政手段和协商的方式解决的,缺乏法律依据。

由此不难发现,在现代社会,仅仅依靠行政手段或行业规章制度是不足的,体育赛事的成功举办还必须要依靠法律制度。

(2)经济环境的变化特征

体育赛事产业是"十三五"时期重点发展的业态,其未来发展趋势是优化市场环境,吸引社会力量办赛。制定重点运动项目体育赛事的中长期发展规划,开展品牌体育赛事培育工程,精心打造一批品位高、品质好的国际顶级赛事,培育一批具有独立知识产权的品牌赛事,扶持一批具有广泛社会效益的群众性赛事。大力开发赛事经济,充分发挥体育赛事对住宿、餐饮、旅游、交通、传媒、会展、广告等相关产业的拉动作用。具体来说,经济环境有如下变化:

第一,体育赛事消费内部需求不足向需求日渐强烈转变。近年来,随着中国经济的快速发展,居民的收入水平有了明显提高,消费结构实现升级,消费水平逐渐提高。在经济发达地区,体育需求特别强烈。由于区域经济发展不平衡,因此,我国体育消费和供应还存在一定的差距。普遍来看,就体育赛事消费能力和供给能力来说,经济发达地区明显优于经济欠发达地区,城市明显优于农村。

第二,体育赛事产品由"市场供给真空和市场需求不足共存"向"高质量体育竞赛产品供不应求"转变。过渡期内我国体育赛事的经营管理有两个明显的特点:一是没有市场供给同时没有市场需求的特征,既缺少市场供给,缺少市场营销意识,缺少市场营销手段,同时也缺少市场需求;二是高质量竞赛产品供给不足。这两个特点共存。所谓"市场供给真空"主要指体育赛事主体的概念、方法和手段不利于市场。"没有市场需求"则主要是指体育消费需求不足,没有受众。这种情况在经济欠发达地区或没有传统体育文化的地区尤为突出。

近年来,虽然全国体育赛事数量迅速增加,虽然这些体育赛事也开始推向市场发展,不断设计和推出新的活动,但从赛事组织者而言,在计划经济体制条件下,中国体育赛事的组织和管理主要依靠行政手段,其资金的主要来源仍是政府,因此不需要考虑体育赛事的生存问题。而且,传统体育赛事的组织和管理者的收入与赛事的收益没有直接挂钩。没有共同的利益,如何激励体育赛事的组织者或管理者,寻求体育赛事的经济效益?另外,传统的体育赛事组织管理模式是一种封闭式的管理模式,并没有把经济效益放在首位,仍然是运动成绩放在第一位。从行政体制的视角看,甚至不能够对外开放,而且由于体育赛事的组织和管理者缺乏营销意识、手段和渠道,从而导致体育资源的闲置和浪费。这就是传统体育赛事出口不畅的问题,这无法与市场经济体制顺利接轨,从而容易导致体育赛事销售不佳的问题发生。

缺乏高品质的竞赛产品,不能满足公众日益增长的观看高品质体育赛事的需求。所谓"高质量体育赛事"必须具备以下几个基本特征:①高水平竞技;②比赛竞争的平衡性,比赛充满悬念;③明星参与;④提供优质的场地服务。现在,我国具有高水准的体育赛事并不多。足球、篮球、排球等项目的职业联赛,与世界发达国家相比仍处于较低水平。只有我国奥运优势项目才具有较高的竞技水平,但这些项目的赛事营销或者说是赛事服务营销仍有待提高。

当然,虽然制约我国体育赛事市场运作系统的根本原因之一是体制问题,但不可否认竞赛产品质量不高也是一个非常重要的因素,同时这也符合市场化运作的根本需求。在市场经济条件下,只有高质量的赛事才能吸引公众广泛参与。

此外,西方国家早已习惯利用体育博彩最大限度地吸引社会大众参与到体育赛事中来,而这是当下我国体育赛事产业仍所欠缺的。

(3)效益评价的变化特征

赛事项目的综合效益包括自身效益、社会效益、政治效益和经济效益。在中国传统体制的条件下,体育赛事往往只顾追求竞赛本身的效益和社会效益或政治效益。

随着中国体育管理体制不断深入改革,当下中国体育赛事已经开始关注体育赛事的综合效益,即竞赛本身效益、社会效益和经济效益的总和。其中竞赛本身的质量和效益是关键,只有高质量、高水平的赛事,才能实现锻炼队伍、培养人才的目的;只有高水平才能提高赛事观赏性,才会有良好的社会效益和经济效益。竞赛质量是一个影响体育事业全局的问题,不仅关系到体育的事业发展也关系到社会的和谐稳定,需要从政治的高度看待这个问题。

总的来说,中国体育赛事属性的变化,导致了体育赛事结果评价指标的改变,即从过去仅仅追求社会效益,向既追求竞赛本身效益、经济效益又追求社会效益转变。

(4)文化环境的变化特征

在计划经济时代,体育赛事被视作公益性产品或福利型产品。随着中国市场经济体制的不断深化改革,体育赛事的属性发生变化,从原来单一的福利型体育赛事逐渐变化到多元化体育赛事,即公益性赛事、准商业化赛事和商业化赛事。转型时期,随着国民收入水平的提高,中国社会消费观念和消费结构开始发生变化。观看体育比赛已成为公众休闲娱乐的重要组成部分。

3.3 我国体育赛事产业发展的机遇、问题和趋势

3.3.1 我国体育赛事产业发展的机遇

1) 国家调整发展思路,体育消费逐渐成为热点

随着国家经济的发展,产业结构的升级和调整,体育逐渐成为健康文明休闲的较佳选择之一。《意见》中也提到:"树立文明健康生活方式,推进健康关口前移,延长健康寿命,提高生活品质,激发群众参与体育活动热情,推动形成投资健康的消费理念和充满活力的体育消费市场。"政府的主动性、民间的自发热情,再加上企业和媒体的助推,体育消费市场将迎来蓬勃发展。

受到体育赛事转播权解禁政策的鼓励,我国体育赛事的媒体版权竞争格局慢慢形成。例如 2016 年乐视体育凭借 27 亿签下中超联赛的两年版权,3 亿收购章鱼 TV;此外还有体奥动力(北京)体育传播有限公司以 80 亿元购下中超联赛 5 年的版权(黎慧玲,2016)。这对长期以来中央电视台在体育赛事转播领域享有的垄断权造成了冲击。

我国路跑赛事呈现井喷式发展,报名参加马拉松赛事还需通过摇号参赛,但是在全民健身的人群和举办群众体育赛事数量上,我国与西方发达国家还存在着差距。如 2015 年的马拉松和半程马拉松在官方注册的比赛有 120 余场,参赛运动员有 150 万人左右,剔除重复的可能不到 50 万人,这与美国 4 000 万人的跑步人口群、近百万全程马拉松完赛人群相比仍然有着较大差距(易剑东,2016)。

2) 国际体育的善治理念,推动中国体育体制改革

党的第十八届中央委员会第三次全会深化改革的总体目标是改进和发展有中国特色的社会主义制度,推进国家治理体系的现代化和执政能力建设。近些年,治理和善治逐渐进入体育领域。现在,世界上最成功的组织是国际奥委会,这个非营利非政府组织在 2008 年就正式通过了《奥林匹克和体育运动善治的基本通则》,2013 年又在奥林匹克大会通过了《善治基本通则》。国际奥委会的很多治理改革经验值得我们借鉴。2013 年新上任的国际奥委会主席巴赫主动改革,推行了具有强烈改革精神的《奥林匹克 2020 议程》,其倡导的善治成为国际奥委会实现组织目标的伦理向度。中国体育体制正处于改革的关键时期,体育产业在本质上是一个开放的系统,是所有的市场参与者都可以广泛参加的经济活动,但现有的系统体制将体育产业等同于体育公益性事业来做,掌握体育产业资源的部门较为封闭,和其他部门之间的合作不足,体育部门如果不能主动适应社会的变革,便可能影响体育产业发展。

3) 体育赛事利益呈现多元化

国际奥委会 2014 年财务报告显示,在所有的收入当中只留下 10%的资金来维持国际奥

委会的日常运营,其他的钱全部分配出去。例如国际奥委会承诺给里约 2016 奥组委 15 亿美元,给北京 2022 年冬奥会组委 8.8 亿美元(易剑东,2016)。2015 年 9 月,国际奥委会发布了一份北京奥运会的主办城市合同运行需求,这份运行需求把整个奥运会看作一个产品,包括要照顾到利益相关者,赛事服务要做什么,还直接把运行的要素归纳为治理,最后是商务计划和激励公众参与。

由于科技的发展,媒体版权收入成为体育赛事资金的重要来源,在国际奥委会所有的收益中有 60% 左右的钱来自于媒体(易剑东,2016)。普华永道做的美国职业体育赛事的收入结构报告包括了门票、媒体版权、赞助、特许商品销售等收入形式,媒体版权所占的比例也是最高的。媒体力量扩大了体育赛事利益版图已是不争的事实。

体育赛事利益呈现多元化是必然趋势,因此我国体育赛事的关联效应会越来越强,利益相关者也会越来越多,这必然催生更大更成熟的体育赛事市场。

4) 资本和人才涌入体育生态

随着国家和地方政策的推进,各种资金都投入体育产业中。有人说,《意见》中提出的 5 万亿体育产业目标有些不切实际,但是如果按照这种资本的投入势头,5 万亿是可以实现的。但是能否具有持续的投入和回报很难说,产业的生态必须变革,才能实现可持续发展。我国许多体育赛事组织者对赞助商的服务和回报不够重视。很多地方城市举办全运会多数情况下是由政府主动要求企业赞助的,有些企业是半推半就成为赛事赞助商的,并非都心甘情愿。由于我们不注重赛事赞助的回报和效益的得失,使得赛事的赞助呈现短期效应。在《意见》的政策推动下,中国体育产业对资本无忧,但要让投资者看到希望和效益,我们必须改变过去狭隘的赞助想法,要创造资本逐利的环境和发挥人才才能的氛围,留住资本,培养人才,这样才能让体育产业健康持续地发展。

3.3.2　我国体育赛事产业发展的问题

现阶段我国体育赛事经营管理过程中存在的主要问题可以归纳为以下 3 点:一是政府问题,主要是政府行政或事业部门的垄断制约着竞赛表演市场的进一步发展,如电视转播问题、职业联盟成立问题等;二是市场问题,如职业俱乐部自身建设不完善问题以及市场竞争行为不规范问题等;三是人才问题,如体育产业人才数量不足,质量不高,结构不合理。

1) 行政垄断体育赛事市场

我国体育赛事管理在由计划经济体制向市场体制转化的过程中,逐步形成了体育总局—项目协会或项目管理中心—职业俱乐部(或省体工队)的组织管理体制。体育行政管理部门掌控着职业俱乐部或体工队,并依靠行政权力垄断体育赛事行业。虽然早在 1988 年国家体委就对部分项目协会进行了"实体化"改革,并在 1993 年要求所有项目协会在民政部门注册,以社团法人的身份管理木项目的训练、比赛和市场开发。1994 年国家体委又将 45 个运功项目的管理职能分离出去,使实体化的单项运动协会达到 41 个,项目达到 57 个。与此同时,又成立了 14 个项目管理中心,并按照项目特点将其中 54 个项目分别划归其中。截至目前,共成立了22个运动项目管理中心。其实,这些运动项目管理中心的性质仍然是国家体育总局的直属事业单位,也是单项运动协会的常设办事机构,既对所辖项目行使行政管理,又经营管理本项目市场。各中心内设经营开发部及附属公司,负责本项目的商务开发。于是就形成了项目赛事运营中"一套机构、两块牌子"的管理格局。也因为各项目协会或管理中心归属于国家体育总局,因此,影响和制约我国职业体育联盟的形成。

不仅如此,由于中国长期实行计划经济体制,因此对于体育赛事发展具有举足轻重作用的电视媒体机构同样属于国家政府部门或事业单位,并由于其在中间特殊的地位,也具有明显的政府垄断特性。为此,我国体育赛事的电视转播权市场发展并不好。

2)职业俱乐部自身建设不完善、市场竞争行为不规范

(1)俱乐部建设与管理问题

我国职业俱乐部具有中国特色。首先,形成了产权多元化的职业俱乐部。多元化职业俱乐部包括民营职业俱乐部、国有职业俱乐部、民营与政府联合办的职业俱乐部以及国有企业与政府联合办的职业俱乐部,这4种类型的职业俱乐部同在一个体育赛事市场中竞争,由于产权属性不同,导致各种职业俱乐部的经营管理模式也不相同,即管理体制、运行机制、组织结构、组织目标等都有所不同。职业俱乐部产权属性不同,必然导致经营管理模式不同,为此,各类俱乐部为了自身利益诉求,只能是各自为战,从而容易形成俱乐部之间的恶性竞争,最终使俱乐部利益受损,体育赛事受到极大程度的破坏。

其次,由于职业俱乐部在中国仍然是新生事物,其自身建设存在诸多制度缺陷或缺位,比如,职业俱乐部中"一股独大"的现象比较明显。正常的法人治理结构被俱乐部内部个别人或少数人的决策所取代,从而导致许多商业违规现象的出现,根源在于现代企业制度不健全。此外,职业俱乐部财务管理不规范,致使职业俱乐部违规行为屡屡发生。因此,我国绝大多数职业俱乐部仍然没有真正独立,没有成为真正意义上的特殊企业。职业俱乐部自身制度建设是影响和制约我国体育赛事发展的重要因素。

(2)体育赛事市场体系建设与管理问题

由于我国体育赛事市场形成发展历程较短,市场发育不成熟,因此,存在诸多问题。具体来说,在职业体育赛事方面较为明显的问题如下:

①赛事产权归属的问题。

②电视转播权的问题。

③赞助商利益回报的问题。

④组织经营者自身素质的问题。

⑤体育赛事经营管理专业人力资源匮乏的问题。

⑥体育中介组织匮乏、发展规模小以及经营不规范的问题。

⑦假球、黑哨、派系的问题。

⑧职业运动员薪酬的问题。

⑨运动员权益保护的问题。

⑩职业体育赛事法律制度缺位或缺陷的问题。

⑪体育赛事质量不高的问题。

⑫体育赛事衍生产品开发等问题。

⑬政府体育部门在体育赛事市场中既充当裁判员又充当运动员的双重角色的问题。

诸如此类的问题，都需要我国政府相关部门以及政府体育部门制定相应的政策与法规，规范和整顿体育赛事市场，并最终形成竞争有序、公平竞争、制度完善的市场体系。

3) 体育赛事产业人才储量不足，水平不高，结构欠合理

我国体育产业人力资本不足是个老生常谈的问题，特别是体育营销、俱乐部管理人才稀缺，高水平的体育职业经理人罕见。人员结构不合理，阻碍了体育产业的良性发展。《意见》中专门提到"鼓励有条件的高等院校设立体育产业专业，重点培养体育经营管理、创意设计、科研、中介等专业人才。"

一些事例和现象也表明，中国的体育人才，特别是高水平人才储量短缺。北京市和辽宁省最近成立了冬季运动管理中心，辽宁和北京这样的体育强省和直辖市，也是在冬奥会申办成功以后才成立冬季运动管理中心。这就导致了一个冬季运动管理中心要负责处理 7 个冬奥会的单项组织，负担非常重。值得一提的是，在北京的各大雪场和冰场受到过专业培训的工作人员数量明显无法满足市场的需求。

我国大部分职业体育俱乐部，组织布局非常简单，即使是在职业足球俱乐部的早期，全部工作人员加起来还没有球队总人数多，现在的情况并没有从根本上改变。也就是说我国职业体育俱乐部并不是按照商业模式在运营，不是正规的商业运营体系。

3.3.3 我国体育赛事产业发展的趋势

近年来，我国体育赛事行业的发展举世瞩目。在中国举行的体育赛事无论是数量，还是规模、规格都在上升。国内赛事如 CBA 联赛、各单项锦标赛、全国运动会、城市运动会等稳步发展，国外赛事如 F1 中国大奖赛、上海网球大师杯、中国网球公开赛、NBA 季前赛等加速引进，大型国际性综合性运动会如 2008 年北京奥运会、2010 年广州亚运会的成功举办，以及 2022 年北京冬奥会的成功申办，营造了中国体育赛事行业多层次、多区域的发展态势。这不仅是社会和经济发展的结果，使人们对娱乐体育日益增长的需求不断增大，更重要的是社会各方面普遍认识到体育赛事所具备的超越简单的休闲娱乐所具有的多元化功能和后续效益。

"体育赛事搭台，经贸交流唱戏"，正是体育多元化功能的一种浓缩的体现。不仅是北京、上海、广州、深圳等经济发达、文化开放的大城市频繁地举办大规模、高规格的国际性赛事，甚至经济发展比较滞后、相对封闭的小城市、县城等地区也开始意识到体育赛事所能带来的综合效益。

此外，"体育赛事搭台，经贸交流唱戏"也并非中国特色，与国外运作成熟的体育赛事行业相比，我们在发挥体育赛事的综合效益方面做得还远远不够。举例来说，2016 年 2 月在美国于加利福尼亚州圣克拉拉的李维斯新体育场举办的美式足球"超级碗"决赛，是全美一年一度最盛大的体育赛事。虽然"超级碗"决赛比赛时间只有短短的几个小时，但与之相关的各种庆祝活动却要持续 4 天之久,其中包括各种各样、有吃有喝的派对,最激动人心的莫过于"NFL 体验",是球迷与球员互动主题活动之一,包括 NFL 球员亲笔签名、与 F 球员一起购物等。当地举办"超级碗"的最大目标在于通过这场盛大的体育赛事提升城市的知名度和吸引更多的投资,促进城市经济发展。

本章小结

- 体育赛事作为一项产业是随着资本主义生产方式的形成与发展产生和演进的,西方是体育赛事的先发之地,也是当今全球体育赛事最活跃和最发达的地区。国外认识体育赛事的普遍切入角度是把体育赛事看成特殊事件(Special Event)。西方发达国家的体育赛事与其举办城市发展之间的结合日趋紧密,体育赛事已经成为许多城市发展战略的重要组成部分。

- 我国的体育赛事可追溯到东周战国时代。中华人民共和国成立以来,在计划经济体制下,体育赛事基本上由国家投资举办。20 世纪 80 年代末,中国的体育赛事基本上由政府组织实施,政府为竞赛市场的唯一供给主体。进入 20 世纪 90 年代以来,随着社会主义市场经济体制的逐步建立和体育产业化的发展,我国体育赛事产业开始步入市场。目前阶段,从政府与市场之间的关系看中国体育赛事产业,仍然是"强政府、弱市场"。

- 我国体育赛事产业内环境趋势:体育赛事组织管理者及参与者的市场意识的不断增强以及市场体系的逐步建立和完善与市场问题的不断凸显;依据市场需求体育赛事开始出现两极分化。

- 我国体育赛事产业外环境趋势:政策环境由依靠体育行业内部行政规章制度管理向依靠法律、法规管理转变;经济环境呈现体育赛事消费需求和竞赛产品的旺盛发展;文化环境主要是体育消费价值观念的转变,即由福利型体育向消费型体育转变。

- 我国体育赛事产业发展迎来很多机遇:国家转变发展方式,体育逐渐成为消费热点;国际体育善治理念,推动中国体育体制改革;体育赛事利益呈现多元化;资本和人才的进入,促进体育生态的变革。

- 我国体育赛事产业发展遇到诸多问题:政府缺陷:行政垄断体育赛事市场;市场缺陷:职业俱乐部自身建设不完善、市场竞争行为不规范;人才缺陷:体育产业人才数量不足,质量不高,结构不合理。

复习思考题

1.体育赛事运作管理部门有哪些职能?

2.体育赛事运作管理者应该具备哪些基本素质?

3.转型时期我国竞赛主体具有什么样的特征?

4.我国体育赛事产业发展中存在的主要缺陷是什么?

5.简述转型时期我国体育赛事的特征。

【补充与提高】

疯狂的体育

"体育产业进入的门槛不高,跃跃欲试的人也不少,但是成功的不多,现在看来,唯一可行的还是官商结合的模式。"说这话的人是魏纪中,他曾经是中国奥委会原秘书长,在中国体育界享有崇高的声望。

魏纪中所谓的"官商结合",是因为中国特殊的举国体育机制。国家负担着培养运动员的所有费用,运动员资源也就自然归属于国家体育总局管辖。各项目管理中心和体育总局的下属公司,掌握着几乎所有的比赛资源和运动员资源。

很早就有人尝试在市场上盘活这些资源,王俊生就是其中之一。这位当年的中国足协掌门人,在1993年开始"试水"足球的职业化道路。结果怎么样呢?最火的1998年甲A联赛平均每场观众人数为2.13万,门票总收入1亿多元,这在20多年前堪称奇迹。但是他还没来得及实现他的第二步资本战略就已经离开了足协岗位,随后的中超联赛无法直面市场,高水平的运动员资源不能在市场上流动,加上一些其他原因,2004年的中超联赛差点崩盘。

事实上,无论是中网还是上海大师杯,在中国举办体育赛事,必须得到各运动中心的支持,并交纳相应的管理费用,否则不但无法获得运动员、裁判员等的专业支持,在赛场保安等工作方面也难以获得公安部门配合。

在国外,许多赛事的服务都是交由社会专业经营机构负责,比如把交通和住宿交由旅行社代理,这样可以大大降低赛事费用,赛事组委会还可以利用企业之间的竞争压价,从而实现赛事举办费用的逐年下降。

资料来源:林涛.疯狂的体育.

第4章
体育赛事的选择与申办

随着体育赛事项目和种类的不断丰富，越来越多的资金涌入体育行业。政府和非政府组织就面临着如何选择体育赛事的问题，即选择大型体育赛事还是小型体育赛事，选择经济效益高的体育赛事还是选择社会效益高的体育赛事。这就需要了解选择体育赛事的原则，影响政府与非政府组织选择赛事的因素。在确定体育赛事之后，面临着如何申办赛事的问题。这就需要了解赛事申办的方式和程序。那么选择体育赛事有哪些原则？政府与非政府组织如何选择赛事？赛事申办方式和程序有哪些？本章将介绍政府与非政府组织如何选择赛事，以及如何申办体育赛事。

【本章学习目标】

1. 了解体育赛事选择基本原则和影响因素。
2. 掌握体育赛事选择程序。
3. 了解体育赛事申办方式。
4. 掌握体育赛事申办程序。
5. 明确体育赛事申办重要事项。

【关键术语】

申办　奥运会　国际单项体育赛事　候选城市陈述

体育赛事管理者的困惑——赛事选择和申办应注意哪些问题？

公司希望获得一项体育赛事的举办权，我是管理专业的大学生，公司希望我能够为公司提供几个方案，可我不知道选择赛事有哪些程序？申办赛事有哪些程序？

4.1　体育赛事的选择

选择体育赛事是体育赛事举办者运作体育赛事的起点。赛事的选择是一个从调查分析、作出决定到向体育赛事所有者递交《申办报告》的过程。

4.1.1　体育赛事选择基本原则

1) 有利性原则

在选择是否举办一项赛事之前要考虑举办这项赛事是否能够满足和实现主办方的利益需求,即是否满足有利性原则。这是因为举办赛事过程就是赛事主办者及赛事利益相关者实现其政治利益、经济利益、社会利益及其他多种利益诉求的过程。利益的实现就是赛事主办者的目标,如何实现利益最大化就是赛事主办者选择赛事的重要依据,也是赛事举办后评估的重要评判指标。例如,北京奥运会的举办就符合我国当时在世界面前展现国家实力和文化的利益诉求,符合有利性原则。

2) 可行性原则

在满足有利性原则后,还需要考虑赛事是否可行,即是否满足可行性原则。赛事的举办需要基础设施、场馆和大量资金的支持,如果缺少物质和财务等必要条件,赛事是没有办法顺利举办的。因此,在决定是否举办体育赛事之前一定要进行可行性研究,即调查举办该体育赛事所需要的物质、财务等条件,预测和评估所举办赛事将产生的经济效益和社会效益,并以此为基础论证举办这项体育赛事的必要性、可行性,从而进行科学决策。例如,海南常年温度较高,极不适合举办冰雪类赛事,不满足可行性原则。在选择赛事的过程中不仅要注重宏观层面上是否可行,也还要注意微观运营层面是否可行。

3) 可控性原则

可控性原则是赛事选择的基础性原则。赛事的选择是建立在对赛事信息的完全掌控情况下分析赛事是否可行,同时赛事举办者是否有能力对赛事的全过程进行有效的控制和管理。在赛事选择过程中,赛事主办者会收到来自各方的信息,对信息的收集、加工、整理和使用影响到对赛事的准确判断,如果这些信息出现偏差和伪造,就会造成对赛事的错误选择,赛事主办者失去对赛事的控制和管理,最终导致赛事主办者利益受损。所以赛事主办者是否具备对信息收集、加工、整理和选择的有效控制,最终进行有效的选择,是赛事主办者需要考虑的基础问题。

4.1.2 体育赛事选择影响因素

政府和非政府组织由于对举办体育赛事关注点和诉求不同,因此,影响他们选择一项体育赛事的因素也不同。

1)政府选择体育赛事的因素

政府一般是将体育赛事视为一种公共产品或者准公共产品,其选择需要经过深入调查和研究之后才能进行决策。由于体育赛事,特别是大型体育赛事,能够通过促进举办地及周边的服务业、通信业、旅游业、传媒业、交通业等第三产业促进举办地的经济产业结构调整,提供大量就业岗位,能够促进举办地的体育、文化事业的发展,能够促进城市生态文明建设,改善城市环境。最终极大地提高举办城市的社会影响力、知名度和美誉度,这些有利的因素都是政府部门积极申办和承办体育赛事的重要原因。

政府在体育赛事的选择过程中应至少考虑下述几个因素。

(1)赛事的级别和规模

政府在选择一项赛事时,首先要考虑赛事的级别和规模,赛事的级别和规模越大,赛事所造成的影响范围越大,其媒体价值就越高。如奥运会影响范围就覆盖全世界的多个国家和地区。但是,赛事的级别和规模越大对于赛事举办者的要求也就越高,举办地政府很有可能为了筹办赛事建造新的体育场馆、进行道路维修等将会使得赛事举办地的财政支出增加,这必然会对赛事举办者的各方面都产生影响。如加拿大政府花费了 30 年的时间才将 1976年蒙特利尔奥运会所欠近 10 亿美元的债务还清。因此,政府在赛事选择的过程中应当首先考虑赛事级别和规模的选择。

(2)拟申办地体育人文

拟申办地的历史和文化背景是影响赛事选择的内在核心条件。不同体育赛事有着不同的魅力以及不同的关注人群,这使得同一种项目在不同地区受欢迎的程度截然不同,同时也影响到该地区竞技水平以及观众的鉴赏能力,并最终影响该项目在该地区的市场容量。良好的体育氛围和居民参与运动情况都将影响体育赛事在该国家、地区、城市的生存状态。因此,政府需要考虑国家、地区、城市的体育人文情况。比如,在美国、日本等国家极受追捧的棒球运动在中国却鲜有人知道其游戏规则,这对棒球赛事的引进造成了极大的阻碍,也是中国大部分地区和城市不选择举办棒球赛事的主要原因。

(3)拟申办地自然地理

拟申办地的地理和自然环境是影响体育赛事选择的外部基础条件,结合地理和自然环境等因素来选择一项适合拟申办地的体育赛事,不仅决定着赛事是否能够顺利的申办成功,而且也决定着赛事的举办是否能够为拟申办地带来相应的社会与文化的提高,同时,也决定着赛事所有者是否愿意将赛事交给拟申办地区承办。比如,帆船、滑雪、马拉松等赛事,应当考虑当地的海拔、气候、降雨、温度、湿度等,帆船比赛对风力、气候有着严格的要求,滑雪比赛对海拔、降雪量、雪的种类和质量有着严格要求,马拉松比赛对温度、湿度和空气质量有着严格的要求。可以看出地理和自然环境对赛事选择的重要影响。

（4）拟申办地经济实力

拟申办地的经济实力决定着拟申办地能够承办何种级别和规模的体育赛事。拟申办地经济实力主要包括拟申办地的政府财政状况,拟申办地的整体经济发展水平、居民的消费能力等。政府的经济实力直接决定着体育赛事能否顺利举行。

案例 4.1

全运会申办权的变化

全运会作为我国最大规模的综合性体育赛事,并不是全国所有城市都有经济实力举办。

1988 年,国务院根据当时全国经济形势和国家财力的具体情况,于当年 2 月 28 日在总理办公会上决定:一段时间里全国运动会只在北京、上海和广东三地轮流举行。原国家体委和现国家体育总局按照这一精神,安排北京、上海和广东举办了第 7、第 8 和第 9 届全国运动会。因此在很长一段时间里,全运会都由北京、上海、广州这三个有经济实力的城市轮流举办。

随着我国经济的全面发展,许多省区市的体育设施建设步伐也显著加快,交通、通信条件日臻完善,基本具备了承办大型综合性运动会的条件。

2000 年 10 月,国家体育总局向国务院上报了《关于申请开放全国运动会由北京、上海和广东三地轮流举办限制的请示》,国务院适时作出批复,同意取消限制。这样其他已经具有举办全运会经济实力的城市才可以申请举办全运会。

资料来源:李鹏翔,王道源.全运会如何取消承办地限制 袁伟民细说变迁.

（5）拟申办地整体发展战略和居民需求

在选择体育赛事时要考虑该赛事是否符合举办地的整体发展战略的需要,是否有利于更快更好地实现其整体发展战略,是否吻合拟申办地的国家、城市、地区形象,是否贴合拟申办地居民需求。合适的赛事不仅有利于赛事的推广、运营,更有利于参与赛事的运动员、观众对赛事和赛事举办地有更深入的了解,而且居民需求决定着赛事门票市场和居民对赛事的支持程度,一个贴合居民需求的赛事会得到居民的支持以及很好的门票收益。以上海为例,上海作为一个国际大都市,其发展的目标是成为代表中国的世界级领袖城市,其形象就是"现代""时尚""国际化""品质""高端"。在这种战略影响下,上海举办 F1 汽车大奖赛、上海劳力士网球大师赛、上海汇丰高尔夫冠军赛、上海国际马拉松赛、斯诺克上海大师赛等国际知名体育赛事符合上海的整体发展战略和形象,而且也符合上海居民对于体育赛事的需求。这些赛事在上海的成功就说明了这个问题。当然,体育赛事的举办不仅受到拟申办地整体发展战略和居民需求的影响,其也同时影响着拟申办地的整体发展战略和居民需求,很多城市会以体育赛事作为城市发展的契机,制定和调整城市的整体战略,提高居民的生活品位及需求。

2）非政府组织选择体育赛事的因素

非政府组织包括事业单位、社会团体及企业。而其中可分为非营利性组织和营利性组织。

非营利性组织如社会团体。其主要以获得社会效益为重要目标，这点与政府相类似，但考虑的范围和程度有所不同，非营利性组织所希望获得的社会效益也更加实际。比如，上海市广场舞大赛主要考虑的就是推动广场舞事业的发展，关心老龄化城市居民的生活状态，改善城市居民对于广场舞的负面看法等。当然，虽然非营利性组织在选择体育赛事的过程中不以营利为目的，但是赛事运作的收支平衡是必不可少的，这是体育赛事能够持续健康发展下去的基础。

营利性组织如企业。其主要以获得经济效益为重要目标，这决定了企业在举办体育赛事的过程中诉求就是体育赛事的利益最大化。当然，随着社会体制机制不断健全，企业在举办体育赛事时也应当担负起社会责任，不能忽略所选择体育赛事的社会效益。

非政府组织在选择体育赛事时除了要考虑政府选择赛事时所考虑的因素，由于非政府组织更需要涉及赛事的实际运作，所以其还应当考虑更加具体的因素，非政府组织在体育赛事的选择过程中应至少考虑下述几个因素。

（1）赛事的级别和规模

非政府组织在选择一项赛事时，首先要考虑赛事的级别和规模，由于非政府组织对于赛事的经济效益和社会效益的需求侧重点不同，这就导致非政府组织需要分析何种级别和规模的赛事能够满足自身需求、需要达到的效果，以及自身条件能够举办何种级别和规模的赛事。如2015皇马中国行系列赛事是为满足球迷需求以及举办者经济利益而选择的赛事。

（2）政府对举办该项赛事的态度

体育赛事运作过程中可能会涉及多个政府职能部门，如社会安全涉及公安局、城市交通涉及交通局、市政建设涉及规划管理局、环境治理涉及环保局等。政府对某项体育赛事的选择已经表明其对这项体育赛事的积极态度，这就使得政府的各个部门会全力配合和支持，但是体育赛事的运作过程中涉及政府上下级部门和不同职能部门之间的协调和平衡，这都是很关键且复杂的问题。而非政府组织在选择体育赛事时，虽然赛事涉及的政府职能部门范围可能没那么广泛，但是政府对举办该项赛事的态度决定赛事是否会得到政府支持，如果政府对该项赛事持积极的支持态度，赛事运作将事半功倍；如果政府持消极态度或者态度不明朗，赛事运作过程将会受到极大影响，并具有较大风险。比如，在城市举办马拉松赛事，需要获得公安部门在安保上的支持，需要交通部门在道路封锁上的支持。如果没有取得这些部门的支持和协助，城市马拉松比赛将无法举办。因此，非政府组织在体育赛事选择时，需要了解政府对举办该项赛事的态度，并尽可能争取政府的积极表态和支持。

（3）城市体育设施建设情况

体育赛事的成功举办是需要良好的城市基础设施和场馆设施的。好的基础设施和场馆设施条件能够帮助体育赛事更好地举办。部分事业单位、社会团体和企业是自己拥有体育场馆设施，其能够合理利用自己的场馆设施来选择适合自己单位、团体和企业的体育赛事，但是并非所有非政府组织都有自己修建和建设的场馆，这些组织需要通过租赁等方式来获得场馆的使用权，这样又增加了选择比赛的难度，首先是举办地本身拥有哪些可以租赁的场馆以及可租赁的时间，这都是在选择赛事时需要考虑的。同时，拥有基础设施和场馆设施并不意味着能够成功地举办体育赛事，基础设施和场馆设施需要达到体育比赛对比赛场地的不同要求。只有这样才能够更好地举办比赛。

（4）赛事运作团队的构建

与政府相比，非政府组织很难在招募赛事运作团队过程中调度巨大的人力资源，而且非政府组织也更难马上就可以找到具有相关赛事运作经验的团队或个人。而赛事的所有者也希望能够有丰富经验赛事运作的团队来申办赛事，这也是赛事申办考核的重要指标。因此，非政府组织应当在选择申办赛事时，获得赛事举办权之前就开始寻找与赛事项目相关的团队或个人。如果在获得申办权后才开始人力资源工作，可能会浪费大量成本，也有可能造成赛事延误或者举办失败。非政府组织在选择赛事的过程中不能忽视赛事运作团队的构建以及赛事运作人才的培养。

（5）非政府组织的财务状况

赛事的举办需要涉及安保、住宿、餐饮、裁判员招募等方面的工作，而这些工作有一项出现问题都会造成不良的社会影响和经济损失，赛事有序的举办需要非政府组织健康的财务状况的支撑。体育赛事运作的前期需要大量的资金投入，而这段时间较长且没有任何收益回报，大部分的收益来自于所举办赛事开始之后。非政府组织拥有健康的财务状况才能够保障合理的分配资金，并保证组织的正常运营。如果申办赛事的组织，在获得赛事举办权之后发生资金链断裂等情况，而又无法马上进行融资，这不仅会导致赛事运作的失败，也会使公司陷入破产的风险当中。

4.1.3　体育赛事选择程序

1）收集体育赛事信息

在赛事选择之初，拟申办城市或组织需要全面地了解将要选择的体育赛事的举办周期、规模、构成、环境、设施、申办途径及主要成本等要求，并且对该体育赛事的运作方面信息和资料进行收集和整理。这项工作可以委托专业的信息收集团队，也可通过本组织自行收集。

2）分析体育赛事效益

在获得体育赛事的详细资料之后，拟申办城市或组织需要分析通过体育赛事关键吸引力、市场潜力,是否能够实现主办方社会效益或是经济效益诉求,明确举办体育赛事的目的和目标。

3) 评估体育赛事可行性

有了明确目的和目标之后,拟申办城市或组织需要分析和论证本市或本组织运作体育赛事的可行性,作出初步的评估报告,向决策者进行建议。

4) 作出最终决定

根据体育赛事初步的评估报告以及建议者的理由和观点,决策者需要对是否申办该项体育赛事作出最终的决策并给出指导意见。

案例 4.2

杭州市选择申办 2022 年亚洲运动会

在体育人文方面,浙江是中国自1984年参加奥运会以来,届届有金牌的两个省份之一。浙江的体育场馆基础良好、体育氛围浓厚、自然与人文环境俱佳,杭州拥有浙江省黄龙体育中心和各大高校的体育场馆以及正在新建的奥林匹克体育中心等大型体育场馆,完全能够承接世界性、洲际性、全国性综合运动会,杭州只需要新建少量的场馆,就能够有效避免为承办赛事而大兴土木。杭州也有着丰富举办大赛的经验,先后举办过女足世界杯比赛、"斯坦科维奇杯"洲际篮球赛、世界乒乓球巡回赛总决赛和国际马拉松等各类重要赛事,2018年还将举办第14届世界短池游泳锦标赛。

在自然地理方面,杭州是长三角地区重要的城市之一,文化繁荣、经济发达,又与国际大都市上海毗邻,区域位置十分优越。杭州还是世界闻名的旅游城市,有利于亚运文化的更好传播。

在经济实力方面,2014年,杭州市经济总量位居全国城市第十位。杭州的第三产业比重已经超过55%,随着阿里巴巴的崛起,互联网已经成为杭州在新时代的新标记。在"互联网+体育"成为体育圈热门话题的现在,对于电商先锋大本营、互联网思维聚集地的杭州来说,亚运会和与之相关的体育产业具有超乎想象的挖掘空间和市场价值。亚运会还将增加杭州与亚洲乃至世界各地经济交流的机会,亚运会的各种硬件和软件筹备工作将促进投资需求、消费需求和进出口需求,更直接增加就业岗位,激活区域劳动力市场,对杭州乃至周边经济产生新一轮推动。

在整体发展战略和居民需求方面,亚运会将成为杭州这一国际名城的又一大"名片",对于宣传城市形象、增强文化交流都有着不可估量的影响。亚运会的筹备、组织工作也将给杭州留下一批赛事运营的专业人才,再加上基础设施遗产,杭州将拥有雄厚的体育软硬件实力,在未来将有更多机会举办各级别的国内、国际体育赛事。筹办亚运会是一个促进城市基础设施升级改造的机遇,杭州将按照亚运会标准布局城市交通、环境、住宿等一系列事关民生的基础设施,并完善各类体育设施,这些设施都将成为亚运会为杭州留下的遗产。

资料来源：马佳丽.2022 年亚运会为什么选择杭州［EB/OL］.［2015-09-17］.http://news.163.com/15/0917/01/B3M8NSPK00014Q4P.html.

4.2　体育赛事的申办

体育赛事的申办是指某一国家、城市、地区或组织为了向赛事所有者获取体育赛事的申办权而根据其一系列的规定制订计划并按照计划开展一系列工作，最终取得申办权的过程。

4.2.1　体育赛事申办方式

1）竞争举办权

通过竞争方式获得体育赛事举办权的体育赛事主要包括综合性体育赛事和大型单项体育赛事，如奥运会、世界大学生运动会、世界杯、国际田联大奖赛、全运会等。这些赛事都是在世界、地区范围内影响巨大的体育赛事，这类体育赛事对城市、地区甚至国家的实力要求和标准较高，涉及范围广，竞争对手众多，申办周期较长，准备工作相当复杂，导致申办权需要经过几轮激烈的竞争才能够获得，申办竞争完全成为国家、地区、城市之间综合实力的比拼。如 2005 年 7 月 6 日，伦敦经过 4 轮投票获得 2012 年奥运会举办权。

2）购买举办权

通过购买方式获得体育赛事举办权的体育赛事主要是商业化程度较高的职业体育赛事，如 F1 汽车大奖赛、网球公开赛、高尔夫冠军赛、世界斯诺克锦标赛等。这些赛事商业化程度较高，赛事水平较高，周期较稳定，有大量稳定的关注人群。购买这些赛事的版权以达到申办这些赛事的目的，版权购买可分为一次性、短期和长期等多种。如 2007 年上海与 ATP 签约协议，自 2009 年开始举办 ATP1000 大师赛即上海劳力士网球大师赛，上海将永久拥有 ATP1000 大师赛的举办权和全部商业权益。

3）自主举办权

自主举办权是指体育赛事承办者即为体育赛事所有者，因此，这类赛事的申办一般取决于企业自身所具有的经济实力，赛事是否具有良好的市场基础，是否与市场需求相一致，这类赛事对企业或当地经济迅速发展的拉动作用十分明显。如肯德基三人篮球赛，阿里体育旗下 Wo.Run，其赛事举办者即是赛事所有者。

4.2.2　体育赛事申办程序

1）国内赛事申办程序

国内体育赛事主要根据《意见》，即除全国综合性运动会和少数特殊项目赛事需要申办外,包括商业性和群众性体育赛事在内的全国性体育赛事审批一律取消。体育赛事的申办过程中一般是审批者就是赛事主管者和管理者,申办者就是赛事承办者和实施者。全国大型综合性运动会的申办程序参照《全国综合性运动会申办办法(试行)》,经过国务院审批批准;其他少数涉及国家安全、政治、军事、外交等方面的特殊体育项目赛事,继续执行国家和有关主管部门的规定,按程序办理相关手续。如省港杯足球赛、省港澳杯排球赛等涉及港澳台的体育赛事,须先报与国家港澳台办公室,在经过政府部门与对方协调同意之后再报体育行政部门批准。

2) 国际赛事申办程序

在国际体育赛事购买举办权的过程中,赛事举办者与赛事所有者之间的关系主要是购买者与销售者的对等交易,通过利益交换即可实现,这种方式较为容易。

在职业化程度较高的单项体育赛事。如网球大师杯赛、F1赛车大奖赛等赛事的申办程序采取的是竞争举办权和购买举办权相结合的方式。

案例 4.3

2002 年网球大师杯赛的申办

20 世纪末上海市政府决定开始筹办申办 2010 年世界博览会,2010 年世界博览会申办表决时间是 2002 年 12 月。受到 2000 年世界博览会举办城市德国汉诺维为成功申办世界博览会曾连续承办 5 届 ATP 网球年终总决赛经验的启发。上海决定申办举办时间恰好在 2002 年 11 月的"2002 年网球大师杯赛"。

1999 年,上海开始为申办"2002 年网球大师杯赛"作出准备,首先派团考察 1999 年汉诺威的 ATP 网球年终总决赛,2001 年法国网球公开赛和英国温布利网球公开赛、美国网球公开赛以及澳大利亚举办的 2001 年网球大师杯赛。并在此期间与国际网球联合会(International Tennis Federation,ITF)和职业网球联合会(Association of Tennis Professionals,ATP)官员接触并展开相关事宜的讨论。

2001 年 ATP 派遣考察团考察上海,并与上海方面展开举办和申办的谈判,第一阶段谈判主要是确定上海是否有作为申办城市的申办资格,在经过考察和谈判之后,ATP 代表团于 2001 年 3 月向 ATP 递交报告确定上海的申办资格。第二阶段谈判主要是举办的具体事宜,如申办费、转播权、比赛场馆、现场广告等。

2001 年 6 月 6 日,法国巴黎。ITF 和 ATP 组成的 10 人专门委员会(TMC Steering Committee)依次听取申办城市的陈述,回答委员们提出的问题,最后投票最终决定申办城市。

2001 年 6 月 7 日,ATP 方面约见并告知,10 位委员一致同意将 2002 年网球大师杯赛举办权交给中国上海,但必须确保能够分阶段地按时提交申办费 760 万美元,这里的申办费就是购买举办权的费用。

在得到上海方面关于按期缴纳申办费的保证后,ATP 官方于 2001 年 7 月 4 日,在上海和英国温布利顿同时向世界发布 2002 年 11 月网球大师杯赛将在中国上海举办。

资料来源:姚颂平.体育赛事原理和市场[M].北京:北京体育大学出版社,2015.

在竞争举办权的综合性体育赛事和大型单项体育赛事中,奥林匹克运动会作为当今世界最炙手可热的大型综合类体育赛事,其举办权归属最为激烈,申办程序也较为系统。而部分大型单项体育赛事由于其影响力巨大,涉及国家、地区和城市较多,申办程序也基本参照奥运会申办程序,如作为与奥运会并称为全球体育赛事中两大顶级赛事的国际足联世界杯(FIFA World Cup),2018 年和 2022 年世界杯申办的程序基本参照奥运会申办程序。因此,下面以奥运会竞争举办权的申办程序展开分析及说明。

(1)选择申办候选城市

在确定选择冬季奥运会作为申办的体育赛事之后,中国奥委会需要根据国际奥委会申办程序进行申报。国际奥委会一般会在赛事正式开幕前 9 年半时给予各国奥委会 6 个月的时间来决定提名城市,其主要原因是奥运会的举办权是属于某个特定的城市而非某个国家,因此,各个国家奥委会需要先行在本国的城市当中进行初选,选出本国提名城市,每个国家只能提名一个城市给国际奥委会。

(2)组建申办委员会

组建一支优秀的申办团队有助于申办城市顺利地整合资源开展相应的工作,是申办取得成功的重要基础。这支申办团队需要拥有申办大型体育赛事有经验的人才,成员分工清晰并时刻明确自己的职责范围,勇于承担责任。

(3)申办候选城市确认

国家奥委会提名的申办城市,需要在规定时间之前向国际奥委会提交申办国家和城市申请文件和保证书。国际奥委会将会组织国际奥委会成员以及相关专家将对所有答复进行审阅,并选择任何一座或几座城市进行实地调研。经过考察评估后,国际奥委会执行委员会决定哪些城市晋级下一轮。

(4)撰写和提交申办报告

2008 年北京奥运会申办委员会《申办报告》基本内容见表 4.1。

表 4.1　2008 年北京奥运会申办委员会《申办报告》基本内容

卷　数	序号	主要内容
第一卷	1	国家、地区及候选城市特点
	2	法律
	3	海关和入境手续
	4	环境保护与气象
	5	财政
	6	市场开发

续表

卷　数	序号	主要内容
第二卷	7	比赛项目总体构想
	8	比赛项目
	9	残疾人奥运会
	10	奥运村
第三卷	11	医疗和卫生服务
	12	安全保卫
	13	住宿
	14	交通
	15	技术
	16	新闻宣传与媒体服务
	17	奥林匹克主义与文化
	18	保证书

资料来源:搜狐体育.北京2008年奥运会申办报告(连载之一).

申办报告的撰写主要围绕着赛事申办目标和目的,回答国际奥委会想要了解的相关问题,系统地确定赛事举办过程中的工作计划、任务和流程,以保证在合理的时间有效地完成赛事的承办工作。作为申奥程序中的重要法律文件,《申办报告》涉及国际奥委会对申办城市提出多个问题(表4.1),需要在规定时间向国际奥委会提交《申办报告》,这份《申办报告》将是国际奥委会派出评估团前来考察以及国际奥委会投票确定举办城市的重要依据。

(5)接受赛事所有者评估考察

候选城市向国际奥委会提交申办报告及保证书后,开始接受新一轮的评审。评审由评审委员会对所有候选城市进行实地评估调查。评审委员会将由国际奥委会成员、各国奥委会成员、国际残疾人奥委会代表、运动员委员会成员、国际奥委会专家组成。在完成对所有候选城市的评估报告撰写后,上交国际奥委会,同时正式宣布进入申办最后环节的城市名单。

(6)确定举办城市

在《评估报告》公布后,将有申办城市获得面对国际体育组织的全体委员进行当面陈述的资格,获得资格的申办城市将成立申办报告团,前往会议举办地进行陈述,最后由国际体育组织成员根据陈述及多方面因素综合考量后投票来决出最终的胜利者。奥运会举办城市选举的投票轮数并没有进行详细规定,如2013年9月7日在阿根廷布宜诺斯艾利斯举行的2020年夏季奥运会举办城市选举中,在第一轮有两个城市同票,在第一轮过后进行附加投票,最终在第二轮投票后(表4.2)国际奥委会正式确定由日本东京获得2020年夏季奥运会的举办权。

表 4.2　2020 年夏季奥林匹克运动会主办城市投票一览表

申办候选城市	国家	第一轮	附加投票	第二轮
东京	日本	42	—	60
伊斯坦布尔	土耳其	26	49	36
马德里	西班牙	26	45	—

资料来源:杨光、朱庆翔.东京获得2020年夏季奥运会举办权.

案例 4.4

北京、张家口申办 2022 年冬季奥运会

1.选择申办候选城市

2022 年冬季奥运会申办期间,中国奥委会于 2013 年 11 月 3 日正式致函国际奥委会,提名北京市为 2022 年冬奥会的申办城市。北京市、河北省张家口市联合申办 2022 年冬奥会,得到了中国政府的支持。在提交相关费用之后,被提名城市将授权使用包含城市名称与奥林匹克 2022 的标志。

2.组建申办委员会

2014 年 1 月,经国务院批准,成立 2022 年冬奥会申办委员会。

3.申办候选城市确认

中国国家奥委会在 2014 年 3 月 14 日之前向国际奥委会提交北京、张家口申办奥运会的申请文件和保证书。2014 年 3 月 14 日,国际奥委会宣布,中国北京、波兰克拉科夫、挪威奥斯陆、哈萨克斯坦阿拉木图和乌克兰利沃夫 5 个城市正式申办 2022 年冬奥会。国际奥委会及专家在 2014 年 3—6 月对所有答复进行审阅,由于竞争城市波兰克拉科夫和乌克兰利沃夫分别因不同原因退出申办。2014 年 7 月 7 日,国际奥委会在瑞士洛桑宣布 3 个候选城市:中国北京、挪威奥斯陆和哈萨克斯坦的阿拉木图。

4.撰写和提交申办报告

2015 年 1 月 6 日,北京冬奥申委在瑞士洛桑向国际奥委会正式递交了申办 2022 年冬奥会的《申办报告》。北京冬奥申委递交的这份《申办报告》共 3 卷,14 个主题(表 4.3),共 11.5 万字,此外还配了 126 幅图片、47 张规划图及 38 张地图。单独报送的附件中,还有保证书 154 份、电子版地图、表格和财务预算说明等。《申办报告》涉及北京联合张家口申办 2022 年冬奥会从筹办到举办的方方面面,完美地回答了国际奥委会提出的 192 个问题,这份《申办报告》将是国际奥委会 3 月派出评估团前来考察、7 月 31 日国际奥委会第 128 次全会投票确定举办城市的重要依据。

表4.3 2022年北京—张家口冬奥会申办委员会《申办报告》基本内容

序号	主要内容	主要问题
1	目的和经验	办冬奥会符合城市发展计划
2	整体计划	计划实行时间表,场馆地址
3	政府和公众支持	政府支持保证书、民意调查报告
4	法律保障	获得当地批准,同期该市不举办其他大型活动
5	可持续性	那些社区、群众将会受到影响
6	财政保证	资金来源、使用
7	市场营销	奥林匹克标志的使用
8	场馆场地	永久和临时场地,建设标准
9	残奥会	办残疾人冬奥会计划
10	奥运村	房间、饮食、奥运会后使用,与场馆距离
11	安保医疗	安保和医务准备
12	住宿	申办城市宾馆数量和星级
13	交通	已有、在建、规划中的奥运交通
14	媒体	赛事转播、新闻发布设施和平台

5.接受赛事所有者评估考察

2015年3月22至29日,国际奥委会评估团来华对北京联合张家口申办2022年冬奥会的筹备工作进行实地评估考察。国际奥委会评估团由19人组成,其中评估委员会成员共有12名,由国际奥委会委员亚历山大·茹科夫(俄罗斯)担任主席,还包括巴里·迈斯特(新西兰)、亚当·宾吉利(英国)、竹田恒和(日本)3名国际奥委会委员,以及8名国际奥委会有关领域专家。除评估委员会成员外,评估团成员还包括国际奥委会工作团队。2015年6月1日,国际奥委会公布2022年冬奥会候选城市《评估报告》。2015年6月9日,北京和阿拉木图在奥林匹克博物馆向国际奥委会委员作技术陈述。

6.确定举办城市

2015年7月30日,国际奥委会第128次全会在吉隆坡会展中心开幕。国际奥委会委员在31日上午依次听取2022年冬奥会申办城市阿拉木图(哈萨克斯坦)、北京(中国)的陈述。

下午进行不记名投票表决(表4.4),国际奥委会正式确定中国北京获得2022年冬季奥运会的举办权。

表 4.4　2022 年冬季奥林匹克运动会主办城市投票一览表

申办候选城市	国家	第一轮
北京	中国	44
阿拉木图	哈萨克斯坦	40

7 月 31 日下午,北京冬奥申委主席、北京市市长王安顺,中国奥委会主席、国家体育总局局长刘鹏、张家口市市长侯亮与国际奥委会主席巴赫签订了《主办城市合同》。

资料来源:新浪体育.北京申办 2022 年冬季奥运会.

4.2.3　体育赛事申办重要事项

1) 报告撰写

申办报告作为赛事所有者评判申办城市、地区和组织的重要依据是投票委员对城市、地区和组织了解的第一手资料,这是申办过程中最重要的工作,也是最困难的工作。各个申办城市、地区和组织都应该对此倍加重视。以奥运会申办报告为例,国际奥委会对申办城市提交的申办报告要求极其严格,每一个具体的陈述都需要做到有定性定量的依据,而在篇幅和文字方面要求近乎苛刻,并且要求配有英、法两种语言,并且在要求的期限内送达瑞士洛桑国际奥委会总部。

2) 对手情况

在申办过程中,把握竞争对手的进展情况,并根据对手的行动随时调整策略给出对策,能够使申办者在申办的竞争中握有主动权。如果只顾埋头苦干而忽视对手,一定会导致严重的后果。首先,申办方需要明确双方优势及弱势,制订相应的策略扬长避短,并且强打对方弱势区域;其次,申办方应该了解对方与国际体育组织的关系,有利于己方作出相应的应对;最后,需要了解对方的工作进度与准备情况,利用多方面信息来掌握对手进展,并始终保持领先。当然在申办过程中,申办方同样应当防备对手采取的各种策略,积极作出应对。

3) 公关活动

公关活动渗透在申办过程的各个环节中,是申办过程中必不可少的一个部分。申办方可以从几个方面着手,首先,申办方通过体育知名人士及其他方式加强与申办赛事相关体育组织的联系和合作,做到能够在最短时间内获得与赛事申办相关的第一手资料,不断向世界和赛事所有者传递申办该赛事的信心和决心;其次,申办方需要与媒体加强联系和合作,以达到最大限度的正面宣传力度;最后,积极争取大众对于体育赛事申办的支持和认可,调动人们参与和支持申办的积极性(陈锡尧,2007)。

4) 现场陈述

体育赛事申办的现场陈述是给予每个候选城市、地区和组织最后一次也是唯一一次直面各位投票委员,对其进行说服的机会。透过语言、肢体和图片等多种形式尽可能地展现自己候选城市、地区和组织的优势,让委员们能够更加了解和赞成,并最终投出关键的一票。任何候选城市、地区和组织都应该珍惜这次难得的机会。在2022年冬奥会的申办过程中,刘鹏、王安顺、于再清、张海迪、杨扬、姚明、李妮娜等所有参加陈述的演练人员每天严格按照规定时间每次45分钟进行反复的排练、磨合。魏纪中、王伟等中外专家全程参与并在陈述结束后给出指导建议。最终陈述获得了国际奥委会委员的肯定。

本章小结

- 选择体育赛事是运作赛事起点。赛事的选择是一个从调查分析、作出决定到向体育赛事所有者递交《申办报告》的过程。
- 体育赛事选择基本原则包括:有利性原则、可行性原则、可控性原则。
- 体育赛事选择影响因素分为政府对体育赛事的选择影响因素和非政府对体育赛事选择影响因素。
- 政府对体育赛事的选择影响因素包括:①赛事的级别和规模;②拟申办地体育人文;③拟申办地自然地理;④拟申办地经济实力;⑤拟申办地整体发展战略和居民需求。
- 非政府组织对体育赛事的选择影响因素包括:①赛事的级别和规模;②政府对举办该项赛事的态度;③城市体育设施建设情况;④赛事运作团队的构建;⑤非政府组织的财务状况。
- 体育赛事选择程序:收集体育赛事信息—分析体育赛事效益—评估体育赛事可行性—作出最终决定。
- 体育赛事的申办是指某一国家、城市、地区或组织为了向赛事所有者获取体育赛事的申办权而根据其一系列的规定制订计划并按照计划开展一系列工作,最终取得申办权的过程。
- 体育赛事申办方式包括竞争举办权、购买举办权和自主举办权。
- 体育赛事申办程序:选择申办候选城市—组建申办委员会—申办候选城市确认—撰写和提交申办报告—接受赛事所有者评估考察—确定举办城市。
- 体育赛事申办的注意事项:①报告撰写;②对手情况;③公关活动;④现场陈述。

复习思考题

1. 选择体育赛事要遵循的主要原则是什么？为什么？
2. 简述体育赛事选择影响因素，试评估一项体育赛事可行性。
3. 简述小组模拟体育赛事申办过程。

【补充与提高】

全国综合性运动会申办办法（试行）

（1994 年 9 月 8 日国家体委发布）

第一条　中华人民共和国运动会（下称全运会）和中华人民共和国城市运动会（下称城运会）是由国家体委主办，有关省、自治区、直辖市承办的全国最高层次的综合性运动会。举办全运会和城运会对于提高我国体育运动技术水平，推动群众体育运动的发展，促进社会主义物质文明和精神文明建设具有重要的作用。

第二条　制定和实施全国综合性运动会申办办法是为适应国际国内体育竞赛的发展需要，是全面贯彻体育发展战略的重要举措。全国综合性运动会申办办法是确定综合性运动会申办程序、明确主办者与承办者的主要责任、基本权利和义务的准则。

第三条　申请和举办全运会与城运会要根据本地实际，量力而行，应本着实事求是、勤俭效能的原则，体现改革精神，广开思路，面向市场，依靠社会，减少国家的投入，创造性地开展工作。

第四条　全运会和城运会的竞赛周期均为四年，城运会一般在全运会前两年举行。具体会期的选定要结合承办者的实际，本着有利于出成绩、出人才的原则进行安排。

（一）全运会的会期包括开、闭幕式不少于十天，不超出十五天，并不晚于十月上旬（北方）或十一月上旬（南方）结束。

（二）城运会的会期包括开、闭幕式不少于八天，不超出十二天，并不晚于十月上旬（北方）或十一月上旬（南方）结束。

第五条　各省、自治区、直辖市都具有申请承办全运会和城运会的权利和义务。各省、自治区省会城市、计划单列市和特区城市经所在省、自治区政府同意，可独立承办城运会。全运会和城运会的参加单位也可申请协助承办全运会和城运会的部分项目。

第六条　申办单位应具备的基本条件

（一）当地党政部门支持举办运动会。

（二）当地政府可靠的财政保证。

（三）安定的社会环境和良好的社会秩序。

（四）为参加者及有关人员、新闻记者等提供良好的食宿、交通等接待条件和工作条件的保障。

（五）符合国际或国内技术标准的竞赛场地设施和器材。

（六）举办形式可采用分散与集中相结合，一般应有80%以上的项目集中在一个省（自治区、直辖市）内举办，中心城市不宜举办的项目可以分散到邻近的城市举行，个别项目不具备条件的可以放在外省（自治区、直辖市）。原则上要求有50%以上的项目和开、闭幕式须集中在一个中心城市。

（七）具备较高的竞赛组织管理水平。

（八）具有符合竞赛需要的电子计算机、邮电通信、电视转播等技术条件保障。

第七条　获得承办权者可享有运动会标志专利权、广告宣传权、竞赛规程规定的权利及在举办运动会期间所获得的经济效益的权利。

第八条　申办工作的程序和要求

申办工作的程序包括申请、考察、民主协商和确定公布承办单位四个阶段。各阶段工作的内容和要求如下：

（一）申请

1.国家体委根据本办法向各地寄发询问信，介绍运动会的基本情况，了解申办意向，申办者根据申办工作的总体要求向国家体委提交书面申请和申办报告。

2.申办全运会的单位向国家体委提交的书面申请须由省（自治区、直辖市）体育行政部门提请省（自治区、直辖市）政府同意并签署意见；申办城运会的城市向国家体委提交的书面申请须由本级政府提请省（自治区、直辖市）体委和政府同意并签署意见。

3.申办单位须于全运会或城运会举办前七年的十二月三十一日前向国家体委提出书面申请，并于前六年的七月一日前向国家体委提交申办报告。

4.申办报告应包括以下内容：

（1）申办单位概况。主要内容：申办省、自治区、直辖市的特征；经济；社会治安；申办中心城市；气象条件；环境；安全保卫；医疗卫生系统。

（2）竞赛基本条件。主要内容：现有设施，修缮、改建或扩建设施情况；各项目安排设想，场地设施，器材设备，办公、会议及其他用房；场地安保，通道，席位；住宿，交通，医疗，兴奋剂检查。

（3）接待条件。主要内容：对参加大会各代表团、裁判员、工作人员、记者、国内外来宾的接待工作方案，包括能提供或免费提供的食宿、交通等条件。

（4）电子计算机、邮电通信、电视转播的保障。主要内容：数据处理系统的技术设施（数据处理中心及分中心），计算机信息系统；城市电信现状及发展计划；新闻媒介，新闻中心位置、提供用房、技术服务设施。

（5）筹资计划、经费来源、经费保障。

（6）举办和参加体育竞赛的经验及组织管理水平。

（二）考察

考察工作是在申办单位提交申办报告后，由国务院有关部门、国家体委有关部门及有关单位代表组成考察委员会，根据申办单位应具备的基本条件，对申办单位进行实地考察，在充分考察、审核的基础上，提交考察报告。

（三）民主协商

在一定范围内（举行申办协商会议）由申办单位介绍申办情况或宣读申办报告，由考察委员会介绍考察情况或公布考察报告，实行公开、公平竞争。经过民主协商提出初步意见和方案。

（四）确定公布

确定承办单位实行民主集中制。在充分民主协商基础上，由国家体委综合研究，初步确定承办单位。上报国务院批准后，公布承办单位。一般在运动会举办前五年公布承办单位。

第九条　国家体委对各单位申办报告的内容在正式公布前予以保密。

第十条　其他全国综合性体育竞赛可参照本办法执行。

第十一条　本办法由国家体委负责解释。

第5章
体育赛事的策划

体育赛事策划是体育赛事管理过程中重要的环节与内容,体育赛事策划在一定程度上影响着体育赛事的质量与结果。本章主要围绕体育赛事策划所涉及的内容展开。首先,对体育赛事的策划理念与原则予以阐述,从理论基础角度对体育赛事策划予以限制与界定;其次,着重介绍体育赛事的策划方法与程序,从操作层面阐述体育赛事的策划问题;最后,对体育赛事的策划内容进行详细阐述,从不同的视角对体育赛事策划主要内容予以系统介绍。

【本章学习目标】

1.理解并掌握体育赛事策划的理念与原则。

2.熟悉并掌握体育赛事策划的 8 种方法。

3.从操作层面了解并熟悉体育赛事策划的主要程序。

4.了解体育赛事策划内容的框架,并掌握主要策划内容。

【关键术语】

体育赛事策划　策划理念　策划原则　策划方法　策划程序　策划内容　项目策划
体验策划　环境策划　市场定位策划　宣传沟通策划

体育赛事管理者的困惑——体育赛事市场营销工作应注意哪些问题?

公司准备策划一项体育赛事,我是管理专业的大学生,公司希望我能为公司提供一项体育赛事策划的方案,我不知道体育赛事策划的理念与原则包括什么? 体育赛事策划的方法有哪些? 在体育赛事策划过程中应遵循哪些程序? 体育赛事策划的具体内容都包括什么?

5.1　体育赛事的策划理念与原则

体育赛事策划是随着竞赛表演市场化出现的新概念,目的是在办好赛事的基础上提供符合社会需要的竞赛表演服务,让赛事获得市场认可,提升赛事无形资产价值及经济效益。要让赛事获得市场认可,必须对赛事进行策划。

体育赛事策划是经营者根据体育组织的发展战略,以及赛事经营目标和基本要求所进行的从赛事筹办、竞赛表演资源销售,到竞赛的实施和评价过程的规划和管理。包括赛事的基本目标及经营目标、市场定位、宣传沟通、门票及无形资产的销售、相关保险、比赛的实施,赛事的社会和经济效益评价等。

体育赛事策划应首先考虑赛事的基本目标与经营目标两个方面。赛事的基本目标是指体育组织对赛事的基本要求,包括赛事的宗旨、对社会文化的影响和体育组织对赛事的经济效益方面的要求等。体育赛事的经营目标是指赛事在门票、广告权和转播权等资源方面的销售和营利指标。主要包括总目标、主要目标、一般目标、赛期目标以及远景目标等。

5.1.1　体育赛事的策划理念

策划理念,就是策划过程中所要追求的"理性的念头""抽象的理念"。体育赛事策划理念,就是体育赛事活动策划过程中所要追求的理想目标和思考方向,是指导赛事管理者进行体育赛事活动策划的指针、纲领和理论基础。体育赛事活动理念的形成,一方面,基于体育赛事活动策划者对体育赛事文化的深刻理解,对赛事历史文脉的准确把握;另一方面,基于体育赛事活动策划者对现实体育和赛事文化发展趋势的准确判断。体育赛事活动策划理念最终表现在对体育赛事活动的价值追求和目的上。

1) 目的性

任何体育赛事都必须拥有很明确的目标,通过这些目标以实现体育赛事预期产品或服务的特定功能、作用和任务,而任何体育赛事策划都应围绕着赛事目标的实现而展开。因此,从这种意义上,体育赛事策划应具有较强的目的性。

2) 系统性

体育赛事策划是一个庞大的系统工程,其由一系列的子系统所组成,而各个子系统不仅具有相对独立性,而且彼此相互制约、紧密相关并共同作用。这就与构成系统的各组成部分相似,构成策划系统的任何子系统都不可避免地影响到其他子系统的制订和执行,进而最终影响到体育赛事策划的正常实施。因此,在体育赛事策划过程中,应充分关注其相关性,需要根据体育赛事的特点表现出系统所具有一定的层次性、相关性、目的性、整体性以及适应性等基本特征,从而使体育赛事策划形成一个有机协调的整体。

3)动态性

体育赛事的生命周期一般来说都是比较长的,所以在体育赛事的实施过程中应始终注意计划的实施状况,以便于进行体育赛事策划的动态管理。在整体赛事的生命周期内,赛事所处环境会经常变化,因而,在体育赛事实际策划过程中,项目的实施较难与原计划保持一致。因此,体育赛事策划应随着条件和环境的变化而不断进行修改与调整,以保证赛事策划目标的实现,这就表现为体育赛事策划具有较强的动态性。

4)职能性

体育赛事计划的制订和实施不是以某个组织或部门为依据的,也不是以某个单位的利益为出发点的,体育赛事计划是以赛事和项目管理的总体以及职能为出发点的,其涉及体育赛事管理的各个部门和机构。具体在体育赛事策划的过程中,应关注各个部门和机构之间职能的作用,发挥其职能联动作用,形成职能部门、机构之间工作的整合。

5)完整性

完整性是体育赛事策划的必然要求,如果在体育赛事策划过程中遗漏了某项工作,在体育赛事的筹办中才发现并进行重新安排,通常会造成较大的损失、麻烦或者风险。所以,在体育赛事策划过程中一定要通盘考虑,尽量做好各种打算,形成完整性的体育赛事策划方案,使得赛事计划具有一定弹性,并具有一定权变策略,从而在各种突发事件发生时能从容应对,这都是一个完整体育赛事策划应该充分考虑的。

6)相对稳定性

体育赛事受到地域、资源、传统等因素的影响较大,为此,在体育赛事策划过程中应体现相对的稳定性。通常情况下,体育赛事应嵌入某一特殊的地方、空间或文化中,与举办地社区或目的地有非常紧密的联系,以至于其成为地方形象与品牌的一部分,对举办地具有象征意义。地域文化、城市营销宣传以及品牌维护都要求体育赛事的策划保持相对的稳定性。

7)特色性

特色是体育赛事策划的灵魂,是体育赛事产品生命力的具体体现,没有特色就没有效益,因此,体育赛事策划要突出"人无我有,人有我精,人精我新"的策划方针,绝不能牵强附会,照搬模仿,要突出赛事资源的特色。没有特色就难以形成强大的体育赛事吸引力,没有特色就不能激发人们的观赛、消费动机。多一份特色就多一份竞争力,从一定程度来讲,有特色就有效益,就有发展。

8)市场性

体育赛事经济是体育产业经济的重要组成部分,在市场经济的大环境下,要以市场为导向,必须考虑市场的需求和竞争力,要把体育赛事市场的需求和供给情况作为体育赛事项目策划与决策的基础。一切要按照体育市场来进行赛事项目设置,同时还要根据体育赛事资源的冷热原则,预测未来体育赛事市场的发展趋势,以对体育赛事做出合理的实施开发序列。

5.1.2　体育赛事的策划原则

1)可行性

策划的可行性原则是指策划方案应具有被实施的可能并取得科学有效的结果。这一原则是策划活动各要素的综合要求。因为任何行动计划都必须是可行的和有效的,否则,任何计划都将是无意义的。

可行性是体育赛事策划的前提,即体育赛事策划应遵循可行性原则。体育赛事活动在筹备举办的过程中需要建设一定的基础设施、场馆,需要大量的人力、物力以及资金,可行性原则要求体育赛事策划时必须要有一定的物质和财务条件做基础。在决定是否举办一项体育赛事之前一定要进行可行性研究,即调查研究与体育赛事相关的经济、社会、自然等方面的条件,预测、评价所策划体育赛事可能产生的社会影响与经济效益,综合论证举办这项体育赛事的必要性、经济上的合理性、各种相关条件以及技术上的可行性,从而做到科学、可持续策划。另外,还需要从政治、法律、社会文化等方面进行可行性分析。

2)价值性

每个社会集团、阶级、阶层等组织追求的目标,以及人们行为活动的动力就是利益。马克思说过:"人们奋斗所争取的一切,都同他们的利益相关。"因此,利益与价值是激励人们为改造客观世界而产生自觉活动的客观动因,人们的一切活动,包括所有策划活动的实质就是谋求利益。策划人只有对利益普遍存在性认识,明确利益类型及利益实现过程,才能更深刻地认识到利益与策划的内在关系,从而自觉地在策划活动中坚持利益主导原则,最终,实现体育赛事所蕴含的社会价值、经济价值及环境价值等。

在体育赛事策划的前期,需要考虑到赛事是否满足各方面的利益需求,以及赛事策划应遵循利益性原则。利益性原则要求在选择或策划体育赛事时应考虑这项赛事是否能为赛事的主办方创造利益。体育赛事本体上就是一项为实现某一特定的政治利益、经济利益或者其他利益而进行的大型活动。体育赛事项目中的利益是广义的,既包括经济利益,又包括社会利益;既包括近期利益,又包括远期利益。各方面、各种类利益的实现都需要在体育赛事策划过程中予以充分关注。可见,利益性不仅仅是选择和策划体育赛事的原则,同时也是体育赛事策划是否成功的重要评价指标。

3)创新性

创新是人类赖以生存与发展的重要手段,创新适用并贯穿于人类所有的自觉活动。美国学者 S.阿瑞提普认为,仅靠科学上的创造力并不能解决人类所有领域中的苦恼与不幸,甚至可能为世界上的生活增加潜在的危险。而在伦理学、政治学、社会学和宗教方面的创新能够回答,人与人之间的信任与互相帮助而提出来的问题。人类就是在创新思考与实践中不断促使生存环境优化,作为人类理性活动的前提,创新原则成为策划的重要评价标准。

在体育赛事的策划过程中,应始终遵循创新性原则,只有求新、出奇的策划才能掀起巨大的参与热潮,才能达到或者超过预想的宣传效果。策划的创新原则具体体现在策划的观念、主题和手段上的不同凡响,策划工作首先是一项充分发挥个人创造性和积极性的思维活动过程。克隆的价值是有限的,策划贵在创新,只有创新才能保证策划的成功,才能保持体育赛事项目的竞争优势。

4) 客观性

客观性原则是指在策划过程中,通过各种努力,策划者使自己的主观愿望与意志能动地反映并符合客观实际情况。策划运筹与心理较量的一条根本原则就是主观指导符合客观事物的规律性。众多的策划实践也证明了这一点——策划符合客观现实的要求就是胜利,否则必败无疑。

在体育赛事的策划过程中,应始终遵循客观现实性原则。从宏观方面来讲,客观性原则要求策划方案要顺应历史潮流,合乎民意,把握社会发展大趋势。从微观方面来看,客观性原则要求策划方案要以策划主体的现实状况为基础,做到据实策划。

深入调查客观现实,也就是说策划活动要对赛事策划主体的现实状况进行深入、客观、全面的调查,取得尽可能全面、准确的客观资料,把客观真实的资料及其正确的分析作为赛事策划的依据,并且在这些客观依据的指导下构思和实施。还要在赛事策划活动中始终努力寻找和把握策划的定位点,以提高赛事策划的准确性和成功率。

赛事策划中的科学性以客观性为前提,策划者和实施者要以足够的勇气来排除各种干扰、阻力和压力,以保证据实策划。据实策划主要体现在两个方面:第一,策划要以追求科学的态度和精神来排除各种虚假因素的影响,把握问题的实质;第二,策划者要以对公众、对事业、对社会负责的精神,排除各种阻力和干扰,把握现实,依据实际情况进行策划构思和策划方案的实施。

5) 应变性

体育赛事策划的客观依据与基础是赛事所涉及的信息,策划应根据其信息、环境的变化而随之变化,否则就会失去其准确性、有效性与科学性。与此同时,所涉及的信息与环境又受到多种因素的影响,经常处于动态发展之中,因此,必须适时地广泛了解、全面搜集与及时分析变化产生的新信息,并进行认真的加工处理,为策划提供系统、可靠、真实、有效的信息资料。科学预测体育赛事所涉及信息与环境的发展态势,掌握随机应变的主动性是应变原则的一项主要内容。按照标的对象的发展规律,推测和估计它的发展趋势及其结果,既是策划的前提,又是科学策划的主要内容。这样,就可以使赛事策划运作始终处于以变应变的主动地位。

5.2　体育赛事的策划方法与程序

5.2.1　体育赛事的策划方法

创新是策划的生命,也是创意、创造的源泉。技术创新只有通过理念创新、体制创新、管理创新、形式创新、产品创新、服务创新等才能深入挖掘出来。不断创新是体育赛事活动常办常新的关键,是体育赛事活动吸引力和魅力所在。体育赛事活动以满足人的个性化体验为主,要能够提供独特享受,这就要求能超越常规,打破行业界限、思维局限,实现技术创新、理念创新、体制创新、管理创新、形式创新、产品创新、服务创新等。通过下述方法可以实现体育赛事活动创新的目的。

1)深入挖掘法

深入挖掘法是指首先分析各种各样的体育赛事活动,对其重新进行名称、理念、内容等的定位。利用传统资源,策划和开发满足观赛市场文化心理的体育赛事活动,既要保护传统资源,又赋予体育赛事活动的开发理念,并富有时代气息。进行这类体育赛事活动策划一定要注意对传统资源进行合理与适度地包装和开发,反对因深度挖掘不足而导致的缺乏内涵和市场吸引力低下等问题,也反对因为开发包装过度而导致的对传统资源的滥用。例如,中华龙舟大赛是农耕时代劳作、祭祀、娱乐等生产生活方式的延续和传承,其文化内涵比竞技意义更加突出,大赛也为龙舟这项民间传统体育项目赋予了新的定义和无穷魅力。中华龙舟大赛从 2011 年开始举办,每年举办一次,是国内级别最高、竞技水平最高、奖金总额最高的顶级龙舟赛事。赛事举办以来,不仅吸引了我国大江南北的地方、高校龙舟队,还吸引了来自马来西亚、俄罗斯等国家和地区的龙舟队前来参加。

2)外部借鉴法

外部借鉴法是指直接引进或者模仿其他国家和地区的活动名称、形式、内容而为我所用的一种体育赛事活动策划方法。这种方法应该注意的是,要与所借鉴体育赛事活动展开差异化定位,要在借鉴的同时求发展,要体现当地特色。CKF 功夫王者联盟,是在借鉴目前世界上顶级和规模最庞大的职业 MMA 赛事基础上,创设出唯一具有中国原创性的功夫搏击国际赛事,也是中国原创的功夫搏击运动、全媒体赛事版权、互联网+市场营销、运动安全保障服务、影视娱乐产业的创新合作平台。CKF 功夫王者联盟拥有中外百家搏击俱乐部的优秀选手资源。在 2014 年第三届 CKF 中国功夫搏击联赛上,就有来自俄罗斯、瑞典、巴西等 15 个国家和国内 20 家以上知名俱乐部的百名选手进行了百场大战,其规模在中国的搏击赛事中前所未有。

3) 理性预测法

只有具有一定的预见能力,有对未来趋势的分析和判断能力,创新才能成为可能。通过分析社会、经济、文化等综合信息,预测消费心理和消费趋势、经济发展前景和潜力、营销理念的转变、技术发展趋势等,与时俱进,顺势而动,策划全新体育赛事活动。这种体育赛事活动由于形式、内容新颖,更能够吸引公众和赞助商的眼球,但是因为创意是立足于对未来趋势的判断,所以好的活动往往并不是人云亦云,而是出乎意料又在理性预测范围之内的。

4) 规划整合法

规划整合法是对多个体育赛事活动进行整合,是提高举办效率、取长补短、实现边缘性新思维的重要途径。做好一个体育赛事活动规划,要整合所有优势资源打造精品活动。整合是各种优势资源的集中与互补,是各种市场要素协调配置的有机重组,通过整合才能推陈出新。同类的体育赛事活动进行主题整合、内容整合、市场整合、组织运作整合,不仅可使内容丰富、市场更加集中,还会大大提高组织运作效率,减少区域内体育赛事活动之间的不必要竞争,避免重复举办而造成浪费,也有利于树立地方统一的形象与品牌。

5) 抽样调查法

抽样调查法是市场调查的重要方法之一,是指通过一定方式从总体调查样本中抽取部分,用部分样本结论说明总体调查情况的一种研究方法,它可以作为赛事策划的一种创新方法。可以分为随机抽样和非随机抽样两大类。通过对一定区域范围内潜在体育赛事消费者进行需求抽样调查的方法,为体育赛事策划进一步指明方向。

6) 网络调查法

网络调查法是通过网络进行系统的、有计划、有组织的市场数据的收集、调查、记录、整理和分析,进行客观地测定和评价,以作为体育赛事策划的依据。网络调查可以分为网络访谈法、电子邮件问卷调查法、BBS 网络论坛讨论法、QQ 群联动调查法以及微信群调查等方法。网络调查法具有及时、共享、便捷、无时空界限、低成本等优点,但也存在随意性较大、只反映部分网民意见等明显的缺点。

网络调查法具有及时性、自愿性、互动性、定向性、匿名性以及经济性等特点,是一种崭新的研究方法,对传统调查方法提供一定的补充,随着互联网进一步的普及与发展,网络调查将会更广泛地应用于体育赛事策划过程中。

7) 头脑风暴法

在群体决策过程中,为避免群体成员心理相互作用影响,避免产生屈服于权威或大多数人意见的群体思维,更好地保证群体决策的科学性与创造性,可采用头脑风暴法以提升群体决策质量。在体育赛事策划过程中,头脑风暴法是较为科学的一种方法。

头脑风暴法组织形式主要表现为参加人数一般为 5~10 人,尽量由不同岗位或不同专业的人员组成;头脑风暴过程控制在 1 小时以内;由一名主持人主持会议,主持人以明确的方式向所有与会者说明问题,阐明会议的规则,尽力创造轻松融洽的会议气氛,由专家们"自由"提出尽可能多的方案。在此基础上,由 1~2 名记录员认真将所有与会者的意见都完整地记录下来。会议类型可选择创意开发型或策划论证型。

8) 德尔菲法

德尔菲法,又称专家意见咨询法。该方法主要是通过拟定的调查表,遵循既定程序,以信函方式分别向专家组成员进行匿名意见征询。经过几轮反复反馈和征询,使得专家成员的所有意见趋于集中,最后获得具有较高符合研究需要及规律的判断结果。

在体育赛事策划过程中,可依据其调查程序,采用匿名征询专家意见的方式,通过多轮次征询、归纳、修改专家反馈意见,最终汇总为专家组一致的意见。这种方法具有较高的代表性与科学性,较为可靠。

5.2.2　体育赛事的策划程序

体育赛事策划是一项系统性的工作,是遵照体育赛事活动的规律,按照一定的科学合理流程开展策划。体育赛事活动策划程序,要明确先做什么,后做什么,按照一定的步骤、章法去思考问题,并且要符合体育赛事市场发展需要的客观规律。

体育赛事活动的策划程序受体育赛事活动的类型、赛事活动主体等多个因素影响,大到大型活动、节庆活动,小到企业文体活动、单位、朋友比赛活动,因此,体育赛事活动策划过程更要重视社会公众的广泛参与和认同。

1) 体育赛事策划的基本流程

体育赛事的策划程序是指在体育赛事策划过程中必须遵循的相对规范的过程或者步骤。其基本流程如图 5.1 所示。

2) 体育赛事策划的五个阶段

(1) 策划准备阶段

策划准备阶段主要做好调查研究,充分听取内部、外部意见,必要时还可以通过社会征集的方式进行。对体育赛事的基本条件和外部环境分析,是体育赛事活动尤其是大型体育赛事活动的起点。

策划准备阶段主要包括下述内容。

①体育赛事资源与开发条件分析,包括对区域内自然资源、人文历史、风土人情等体育赛事活动资源进行分析评判,找出当地的资源优势和产业优势,并对开发条件进行深入分析,寻找体育赛事活动的"引爆点"和"发端"。

②体育赛事客源市场需求分析,包括本地和外地主要参与者的顾客心理、市场细分、消费特征分析,合理预算体育赛事活动的市场规模、观众人数以及客户容量等。

③体育赛事的经济基础与社会环境分析,包括一定社会阶段和特定条件下物质基础和

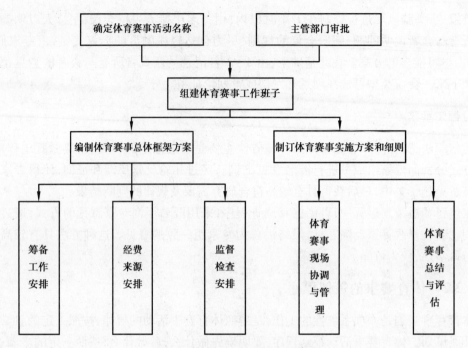

图 5.1　体育赛事策划的基本流程

社会背景分析。

④体育赛事时间、空间分布与竞争状态分析,包括对本地纵向时间上和横向空间上是否曾经或已经举办过的类似体育赛事活动,对周边地区乃至国内外知名活动的举办状况进行资料搜集和分类。厦门国际马拉松赛开始于 2003 年,由厦门市政府与中国田径协会联合主办,中央电视台与厦门电视台联合直播,国内外 40 多家电视台转播。厦门马拉松以其优秀的景色与城市环境区别于北京、上海、广州等马拉松比赛,经过十几年的发展,厦门国际马拉松赛以其广泛的群众参与、较高的竞赛水平以及丰富赛事活动,成为国内最具影响力的马拉松赛事之一。

(2)主题策划阶段

主题是活动理念和企业文化的高度概括和总结,是一个项目的核心和关键,在活动项目中起到画龙点睛的作用。活动主体是纲(渔网上的总绳),活动内容是目(渔网),纲举目张表明抓住事物的关键,带动其他环节的开展。

①在内部基础条件和外部环境分析的基础上,分析研究体育赛事活动举办的目的、意义、宗旨和方向。

②在明确活动举办目的和宗旨后,选择活动主体策划所要选用的方法,如采用内部推荐还是社会征集,是单位领导决策还是咨询专家意见。

③分析目标观众和市场的构成及兴趣,确定具有唯一性、特殊性的活动主题。

④进行主题定位。定位包括目标定位、主体定位、形象定位、广告定位、文化定位等。对于一定体育赛事活动策划,主题定位尤为重要,主题定位反映了活动规模、目标市场、类型特色等诸多方面的要素,是活动主体策划的关键环节。主题定位直接影响活动内容的选择和

安排。

⑤主题能够反映当地历史文化和弘扬当地人文精神,符合当地整体形象定位,能顺应时代潮流。

（3）内容策划阶段

体育赛事本体是体育赛事活动的重要组成部分,体育赛事的主体内容和辅助内容,都要根据目标观众和市场细分的要求进行合理安排。

①对体育赛事所要面对的目标观众进行市场细分,确定活动目标市场,并明确目标市场尚未满足的需求特征。

②明确体育赛事活动利益相关者,并明确各利益相关者对活动的职责分工和利益预期。

③根据客源市场的特征和利益相关者的合理要求,确定活动规模、地点、时间、过程、吸引力、主体内容、辅助内容以及配套活动等。

④确定体育赛事活动的形式。形成规模较大、影响深远的体育赛事活动一般以节、展、会、演、赛等形式出现,或者是节、展、会、演、赛等有机结合的综合形式。

⑤确定活动的标志、吉祥物、主题口号、宣传图片以及会旗、会徽、会歌等,通过市场化运作积极开发活动配套商品等。

⑥对活动成本收益进行分析,制订活动财务目标。对经济上不可行的体育赛事活动,要在主题和内容上作出相应的修改与调整。

（4）策划实施阶段

根据体育赛事策划方案实施进度,适时进行反馈、调整和修改。

①可通过"甘特图"的方法,通过条状图来显示项目、进度,以及其他与时间相关的系统进展的内在关系随着时间进展的情况。根据活动总体方案,编制活动适时计划和时间进度计划,确定利益相关者,召开新闻发布会,启动市场开发计划,开展宣传推广和招商、招展,落实赞助商、广告商、服务商,开展商品销售、门票预订等。

②对活动实施过程中的人员、资金、物资、设备进行合理调度,将活动项目与程序进行衔接,将现场次序和安全管理等进行预先安排。

③编制应急方案,对活动组织实施过程中突发事件进行控制和防范,加强对活动现场的协调和管理。

（5）活动总结与评估

根据体育赛事活动策划实施情况和影响,对活动策划与组织实施情况进行总结和评估。

①从活动组织各环节进行分析,对体育赛事进行总结。从经济效益角度进行分析,由主办方、参与方和第三方对体育赛事活动进行客观评价。

②从社会效果、活动知名度、品牌影响力等方面进行调查,对体育赛事策划与组织的效果予以评估。

以上是体育赛事活动策划的一般程序,由于现实生活中体育赛事活动种类繁多、形态各异,目的各有不同,体育赛事策划的重点、环节和程度也应有所不同,应结合实际灵活掌握。

5.3　体育赛事的策划内容

5.3.1　体育赛事的项目策划

项目策划是一种具有逻辑性、创新性的思维过程,在项目策划过程中,总体目标就是将所有可能影响决策的意见总结起来,对项目进行起到控制与指导作用,借以达到项目方案设计目标。体育赛事项目策划以具体的体育项目活动内容为对象,体现出一定的社会性、功利性、时效性、创造性和超前性,一般意义上,项目策划皆具体指向大型体育策划活动。

从项目的内容与形式来看,体育赛事的核心或最基本的活动应该是体育竞赛活动。人们将体育赛事分为"传统体育赛事"和"利基赛事"两个类别。对于传统的体育赛事而言,其活动构成可大致分为规定动作和选择动作两大类。规定动作是由某个体育专项管理组织决定的,有比较严格的内容、形式与执行程序以及评估标准,举办只需要严格按要求执行即可。"利基赛事"可以在一个传统赛事的基础上经过改革或更新形成,也可以将传统赛事"地方化"而形成。而真正意义上的"利基赛事"是指全新创造的赛事,其目标针对性很强,通常主要面对一些特殊的体育、休闲或旅游市场。无论是"传统体育赛事"还是"利基赛事",体育赛事策划的重心主要在于围绕体育赛事活动的选择进行活动策划。

1)体育赛事项目调研

在一定的营销环境下,项目调研指系统地搜集、分析并整合有关项目信息的过程。体育赛事项目策划要作出正确的决策,就必须通过赛事项目调研,及时准确地掌握体育赛事市场情况,使项目决策建立在充实信息的基础之上。一方面,通过科学的信息整合与项目调研,可以降低体育赛事项目的不确定性,使赛事市场决策科学性更强,降低体育赛事项目策划的风险发生概率;另一方面,在体育赛事项目实施过程中,可通过项目调研检验决策的实施情况,及时发现决策中的偏差情况与外界条件的变化情况,起到信息反馈的作用,为进一步修改与调整项目策划方案提供新的依据。

2)体育赛事项目市场细分与选择

(1)项目市场细分

项目市场细分是指根据项目消费者或用户的差异将市场划分为若干个子市场的过程。体育赛事项目市场细分的客观基础正是赛事消费者需求的差异性,因此,体育赛事项目应充分关注其消费群体需求的差异性,进一步关注其细分市场的需求。

(2)项目市场选择

项目市场进行细分之后,众多的细分子市场被分出来,如何在众多细分市场中选出本项目的目标市场,进一步确定体育赛事聚焦的项目市场,主要可采取下述几种策略。

①集中性策略。集中性策略是指以追求市场利润最大化为目标,项目选择不是面向整体市场,而是将主要力量聚焦在一个子市场上,为此开发出具有特色的项目活动,进行细致市场营销。短期体育赛事项目活动由于其所需成本较小,更多地适合于集中性策略,并能在较短时间中取得体育赛事营销的效果。

②无差异策略。无差异策略是指面向多个子市场的集合即整体市场,并非针对某个细分市场,以一种策略形式在市场中开展起来。无差异策略通过强有力的促销活动,开展统一的、大量的市场广告宣传,由于其时间较长、成本较大,因此,大型体育赛事项目活动更适合采用此种策略。要求在市场细分的基础上,选择多个子市场作为目标市场,分别向各子市场提供有针对性的赛事活动。这种策略应依赖广泛性的分销渠道与大众性的广告宣传,力图在消费群体的心目中建立相对稳定的体育赛事产品形象。

③差异性策略。差异性策略是指根据目标市场的特点,分别制订出具有针对性的市场营销组合,尽可能地满足目标市场顾客的不同需求。差异性策略正好符合了赛事需求多样性的特点,有利于吸引更多的体育赛事消费者,强化体育赛事形象与市场竞争力。

3) 体育赛事项目策划书撰写

前期项目调研、市场选择工作结束后,应着手编写体育赛事项目策划书。体育赛事项目策划书编写的主要要求包括:主题鲜明;语言简明扼要;句序合理、逻辑性强;具有较强的可操作性;用照片、图表、模型等内容以增强项目策划的创意效果。

具体而言,体育赛事项目策划书的主要内容包括:

(1) 封面

封面应包括下述内容。

①赛事策划组办单位。

②赛事策划组人员。

③日期。

④编号。

(2) 序文

序文主要阐述此次赛事策划的目的、主要构思、赛事策划的主体层次等。

(3) 目录

目录主要展示赛事策划书内部的层次分布,给阅读人以清楚的框架。

(4) 内容

内容是指赛事策划创意的具体内容。要求运用方法科学合理,层次清晰,文字表述清楚,数字准确。

(5) 预算

将赛事项目预算作为一部分在策划书中体现出来,以更好地指导赛事项目活动的开展。

（6）赛事策划进度表

赛事策划进度表包括赛事策划部门设计的时间安排以及赛事项目活动本身进展的阶段进度,时间表在制订上要具有可操作性。

（7）赛事策划书的相关参考资料

策划的相关参考资料应标注清楚,以便查阅。编写策划书要注意以下几个要求:

①文字简明扼要。

②逻辑性强、句序合理。

③主题鲜明。

④运用图表、照片、模型来增强项目的主体效果。

⑤有可操作性。

4）体育赛事项目方案实施

编写项目策划书之后,应制订相应的赛事项目方案实施细则,以保证赛事项目活动的按步开展,体育赛事项目方案实施细则应主要包括下述内容。

（1）赛事项目监督保证措施

为保证体育赛事项目的顺利进行,应对体育赛事项目进行科学的管理,加强监督保证措施的制定,做到责、权、利明晰,各环节环环相扣,强化监督保证措施的落实,以保证赛事项目活动的顺利开展。

（2）赛事项目防范措施

体育赛事项目在其筹办、举办过程中皆存在许多不确定的因素,因此,应根据相关案例或经验制订相对完备的防范措施,对赛事项目进行全面检查与预测,及时发现隐患,做到防微杜渐,将赛事项目损失控制在最小范围与程度内,从而推动项目活动的有效开展。

（3）赛事项目评估措施

赛事项目活动进行到每一阶段,都应有一定的评估手段与反馈措施相伴随,对体育赛事项目进行评估与反馈可以及时发现问题并更正,及时总结偏差经验,进一步保证赛事项目策划的质量,提高赛事策划成功率。

选择或策划体育赛事的动因主要有两种,一种是追求即时获利,另一种是追求长远效益（以长远目标进行赛事推广）。如果追求即时获利,可根据赛事的基本特点,从计划内赛事中选择项目市场化程度高、参赛选手知名度高、社会关注度大、传播面广的赛事进行经纪;或是根据赞助商、电视台的需求自行策划计划外赛事进行经纪。如果是追求长远效益,则可根据世界及国内项目发展状况,选择一些稚嫩的项目进行长期经纪,这些项目常因当前市场开发不足而成本较低,但其未来前景利润十分客观。此类项目主要有国外已很流行但国内尚有待开发的项目,如橄榄球、跆拳道等。还有一些猎奇类项目,如蹦极、滑翔、热气球等,这些项目因能迎合人们的猎奇心而受关注,并形成市场。随着"全民健身计划"的实施,许多群众性体育竞赛活动也引起了一些电视台、赞助商的关注,也会形成新的具有经纪机会的赛事活动。如健康中国行——全国广场舞大赛,成为2014年度最具影响力和传播力的全国性广场舞大赛品牌。该赛事面向广大群众,围绕"健康中国"主题、不断组织年度赛事活动,倡导更多的群众积极参与广场舞活动,通过活力四射、充满热情的广场舞活动来增强群众体质,通过健康的广场舞活动传递着积极向上、自尊自信的生活态度,不断增强群众科学健身意识,养成良好的体育运动习惯。

5.3.2　体育赛事的体验策划

体育赛事的体验是到场的赛事活动相关人员与赛事情境深度融合时所获得的一种身心一体的感受,是他们各自的内在心理活动与外在感知客体所呈现的表面形态和深刻含义之间的相互交流或相互作用后的结果。体育赛事体验是人们生活中众多体验的一种。因此,这些体验不仅具有一般意义上的类属性特征,也有其特殊性。

娱乐与消遣、对现实生活的暂时逃避、新奇、刺激以及归属感与共享等,这类社会性的体验可以在生活中人们相聚在一起时出现,但体育赛事活动也可以有目的地促进这类体验的形成。

1) 竞争与休闲参与性体验策划

除了竞技体育范畴的"赢"给参与者带来的成就感与愉悦之外,体育赛事还能给参与者提供身体、心理上的深度体验,它包括自我通过赛事而对某一赛事项目更熟练所带来的满足感、赛事本身给予的新奇与刺激感,以及通过比赛认识朋友与加强友谊或分享体育"亚文化"等很多社会文化方面的体验。因此,在体育赛事的策划过程中,应强调并关注对于竞争与休闲性体育赛事体验活动的策划。

张登峰(2011)提出马拉松运动是一项集休闲性、竞技性、大众性为一体的运动项目,该项目既有易于普及、动作简单、健身作用明显等特征,又饱含着挑战自我、挑战极限、顽强拼搏的精神,可吸引众多年龄、层次的群众竞相参与。马拉松运动项目在英国、美国、日本等国家普及程度非常高,近年来已有越来越多的城市举办马拉松比赛,绝大部分比赛参与者的目的就是获得深度的马拉松比赛体验。

靳英华和原玉杰(2008)认为城市马拉松赛具有广泛的参与性,其特征主要体现为参与人群广泛,参与人数众多。上至八九十岁老人,下至三四岁小孩;上至各级领导,下至平民百姓;有以家庭为单位,有以情侣为单位,有以学校为团队,也有以公司企业为团队,形式各异;既有优秀的国家级专业运动员,也有成绩平平的业余爱好者。总之,城市马拉松参与者遍布各个年龄层次、各个行业,他们归属不同民族,有着不同肤色,参与者来自世界各地。马拉松比赛的独特性在于其参赛者中专业运动员比例较小,基本上业余选手占95%以上,这体现了该项目广泛参与性的特征,更是参与者对参与性体验的追求。

案例 5.1

2011 厦门国际马拉松项目策划

城市马拉松赛的配套活动既没有固定的模式,也没有特定的形式,完全由举办城市自己设计和规划,既有其常规活动,也有其创新和亮点,以增强其体育赛事的体验性特征。以2011厦门国际马拉松为例,这一年厦门国际马拉松的配套活动形式多样、内容丰富,极富创造性,让马拉松贯穿了全年,包括马拉松圣火点燃仪式、马拉松市长论坛、体育用品博览会、厦门马拉松五周年回顾展、国际马拉松会员城市摄影展、化妆马拉松、花车巡游、特技风筝表演、马拉松啦啦队大赛、摄影大赛、汽车越野赛、国际路跑大会年会等。2011厦门国际马拉松城市市长论坛的主题是"马拉松与公共宣传",来自国内外20多个城市的领导和嘉宾出席了论坛,分享马拉松的公共宣传、品牌营销、品牌建设和市场化等议题。2011年厦门围绕着展会"一路,我们同行"的主题,把体育用品博览会作为城市马拉松赛事的配套活动,吸引着国内外大批的著名路跑品牌报名参展,其他运动项目的健身器材、服装等促进了体育用品行业厂商与厂商间、厂商与观众间的交流。

资料来源:搜狐体育.厦门国际马拉松赛简介 成国际田联路跑金牌赛事.

2)赛事观赏与体育"迷"体验策划

体育赛事给观众带来的体验最为常见的是娱乐,以及对运动和激烈比赛场面形成的美感欣赏,有时也能激发起情感,如球迷观看自己支持球队获胜或被击败时的体验与感受。通过观看此类体验性赛事可以达到与朋友一起远足、寻求个人平衡等社会体验。

赛事观赏体验与体育"迷"体验是体育赛事活动中最主要的也是最为关键的体验。在体验经济背景和市场导向型经济环境中,如何提升体育赛事策划活动、环境以及参与人员等方面的体验水平与内容,对体育赛事的策划设计来说是一项十分重要的工作。

3)文化体验活动策划

文化体验活动是指在活动过程中寻求知识、学习、理解和欣赏某些文化的过程,在体育赛事的推广与发展中,文化体验活动越发起着重要的作用,其所表现出的精神与认知上的体验促使体育赛事体验更为深刻。

在体育赛事的文化体验活动策划过程中,应主要关注下述3个方面。

第一,有一定举办历史并因此形成了体育赛事本身的文化赛事。这类赛事的文化体验活动策划应主要关注参与者通过这种方式体验赛事的亚文化。

第二,在地方文化元素基础上开发出来的体育赛事,因具有比较独特的地方特色,也有可能为赛事活动的参与人员提供体验异域文化的机会,因此,这类赛事的文化体验活动策划更多关注其区域体育文化的独特性特征,如国际风筝邀请赛、全国武术太极拳公开赛。

第三,对于那些在世界各地巡回举办的大型体育赛事,虽然体育赛事项目受主管体育组织的严格要求,但是围绕赛事所举办的各类节事活动已经越来越多地融入了地方文化。因此,这类赛事的文化体验活动策划应更多地关注其推广地方文化与旅游目的地形象,并促使观众可以直接体验这些文化。

5.3.3 体育赛事环境策划

在体育赛事策划过程中,应对赛事环境予以充分的关注,即为体育赛事参与者提供一个框架并借此使赛事参与者能从特定环境中推导出赛事意义。

1）场地的选择

盖茨（2007）提出对于体育赛事来讲，空间规划的首要任务是选择活动的场地。这是环境设计方面的"硬"要求。场地选择需要根据体育赛事策划的目的与自身特点来决定。

体育赛事的举办场地有很多种类，这需要根据赛事的目标与项目活动特征来确定。从功能的类属上，体育赛事的场地通常可以分为聚会式场地、"点"与"线"结合的场地以及开放空间。

（1）聚会式场地

这类场地是指将观众与参与人员集中在一个封闭（如室内篮球馆等）或半封闭的空间（如室外足球场等）。这类场地通常用于观赏类体育赛事。赛事活动在中央区域进行，观众围坐在四周。

（2）"点"与"线"结合的场地

这类场地通常用来举行马拉松、赛事等类型的赛事。这类场地将沿某一规划路线进行的赛事活动行进与一些"节点"地区的活动结合起来。观众主要集中在这些节点地区，包括开始点和结束点以及重要的途经点，也有一些观众分散在沿途。

（3）开放空间

这类场地通常指公园、广场或街区。人员的自由流动是这类赛事空间最大的特点，但有时也会出现一些次区域用来人口聚集、行进或进行其他活动。公众的聚集是这类空间、场地选择策划的一重要考虑因素。

2）体育赛事空间选择的考虑因素

体育赛事活动空间选择除了要依据活动本身的特点以外，还需要考虑其环境因素。从地理学的角度来看，体育赛事举办地点的选择还应重点考虑可见性、可达性、集中性、地点的聚类、合适性以及容量等几个重要因素。

5.3.4　体育赛事的宣传沟通策划

体育赛事的宣传沟通是指通过新闻报道与市场宣传等途径，以及相关的社会活动等方式宣传体育赛事的相关信息，包括赛事的筹办、组织、教练员、运动员、比赛成绩、裁判员、赛场内外花絮等方面内容。

1）新闻发布会

新闻发布会是体育赛事经营者向社会与市场传递有关信息的主要方式，通过新闻媒介报道体育赛事的相关事宜。

2）酒会

酒会往往是欢迎参赛人员到来或者某项体育赛事活动或阶段结束的庆祝活动。

3）文化活动

文化活动主要包括开幕式、闭幕式、火炬点燃和传递、民族文化展演和文艺演出等活动。

4）节庆与嘉年华活动

在地方经济文化发展"节庆化"大背景下,传统体育赛事这种活动越来越多。除了体育赛事开闭幕式中的文化展演活动之外,各举办城市与地区还会利用赛事举办机会,在赛事期间举行各类节事活动,当地居民与旅游者对这些节事活动的参与可以体验一种节庆与嘉年华气氛。

本章小结

- 体育赛事策划的理念主要包括目的性、系统性、动态性、职能性、完整性、相对稳定性、特色性以及市场性8个方面。
- 体育赛事策划的原则主要包括可行性、价值性、创新性、客观性以及应变性5个方面的原则要求。
- 体育赛事策划的8种方法包括:深入挖掘法、外部借鉴法、理性预测法、规划整合法、抽样调查法、网络调查法、头脑风暴法以及德尔菲法。
- 体育赛事活动策划主要表现为5个阶段,主要包括10个基本流程。

复习思考题

1. 体育赛事策划的理念与原则是什么? 它们有何区别与联系?
2. 如何从实践操作角度掌握体育赛事策划的方法与程序?
3. 如何理解体育赛事策划内容的框架构成?
4. 体育赛事项目策划、体验策划、环境策划如何具体实施与应用?

【补充与提高】

中国杯帆船赛

中国杯帆船赛是中国历史上第一个国际性大帆船赛事,也是唯一以"中国杯"命名的大帆船赛事,也是亚太地区最大规模的 Beneteau First 40.7 统一设计组别大帆船赛事。曾经于2008 年、2009 年连续两度荣膺"亚太地区最佳帆船赛事",2010—2011 年,中国杯帆船赛被正式列入 ISAF(国际帆联)大帆船赛事的日历,是国内第一个进入国际帆联历的大帆船赛事。2015 年,国际帆船联合会授予"推动航海运动特别奖"。

"中国杯"缘起

2004 年深圳市纵横四海商务咨询有限公司成立并从法国 NAUTITECH 船厂定做了一条12 m 长的新型双体帆船,将帆船命名为"骑士号",取其代表"梦想和冒险"之意。2005 年 2 月在钟勇、晓昱和钟兴波共同策划下,由多名深圳帆船爱好者参与的一场名为"纵横四海"的洲际航海活动从拉罗榭尔起航,勇士们驾驶着"骑士号"共跨越欧非亚 7 个海区,航行 1.1 万海里,途径 26 个国家和地区,在 45 个港口留下了中国帆船经过的印迹。这是国内民间首次大型洲际航海活动,也是"中国杯"的前身,勇士们在途中酝酿产生了举办中国杯帆船赛的想法。

于是,一个以"中国杯"命名的帆船赛事,2007 年揭开序幕。五载艰辛,五载辉煌,如今,中国杯已成为顶级国际大帆船赛事。

1."中国杯"赛事

自 2007 年开始,每年十月在深圳举办,迄今为止已成功举办过 9 届。第十届中国杯帆船赛将于 2016 年 10 月 27 日至 10 月 30 日在深圳大亚湾举办,共有来自 38 个国家和地区的138 条船只参赛,参赛船员近 1 500 人,参赛规模再创历史新高,历届冠军悉数回归。

除延续往年的统一设计组别博纳多 First 40.7、珐伊 28R、J80、IRC、HKPN 外,新增巴伐利亚 Cruiser37 统一设计组别和亚洲帆协杯龙骨帆船赛(采用珐伊 28R 船型)。首次增至两个赛场:统一设计组别赛场和让分系数组别赛场。2014 年,中国杯帆船赛开始致力于全面培养帆二代,首创青少年公开赛,首届青少年公开赛共有 53 名帆船小选手参加。2015 第九届中国杯帆船赛共有来自 36 个国家和地区的 111 条船只参赛,参赛船员 1 108 人;赛事组别增至 9 个,其中统一设计组 4 个,除博纳多 First 40.7,珐伊 28R 外,曾在第五届出现的 J80 船型重返"中国杯",国际帆联副主席 ScottPerry 亲自率队参赛。中国杯帆船赛首次实现直播,在腾讯、乐视、优酷、南方 IPTV 等平台实现直播,是国内首个真正实现全程直播的帆船赛事。无论从赛事规模、竞赛水平、参与人数、商业赞助、赛场活动、媒体报道都创历届之最。

作为国内第一个国际性大帆船赛事,中国杯一直致力于打造亚洲地区最具规模的统一设计组别赛。

2."中国杯"活动

中国杯帆船赛以帆船赛为依托,在不断扩大中国杯赛事影响力的同时,又不仅仅局限于帆船赛本身,而是以帆船赛为舞台,纳入了其他的元素,使得中国杯帆船赛已经成为一场集竞技、商业、文化、艺术、公益为一体的海洋嘉年华。

赛事的附属活动丰富多彩,蓝色盛典·时代骑士勋章授勋仪式、亚洲航海文化发展论坛、名人高尔夫邀请赛等一系列文化时尚活动在赛事期间同时举行,打造真正的"海洋嘉年华",让中国杯的参与者不仅感受到竞技的乐趣,也能体会到中国文化的传统与现代中国的活力。通过这些关联活动,让更多的人认识帆船、走近帆船,让帆船成为更多人所推崇的一种生活方式。

"蓝色盛典"晚宴暨时代骑士勋章授勋仪式无疑已经成为中国杯帆船赛的品牌活动。活动以"时代骑士"为主题,借以表彰新兴中国各行业的领军人物、一次集社会趋势观察的主流导向与高端时尚品位为一体的盛典。设立"时代骑士勋章"这一制度,以表彰一批具备高尚品位和格调,对社会变革、企业创新等方面引领新兴中国社会发展,并对所在行业有引导示范作用、推动时代演进的"时代骑士"。

已经荣获授勋的有主持人白岩松、学者于丹、艺术家陈丹青、中国航海界"教父"庞辉、微博女王姚晨、香港卫视执行台长杨锦麟、演艺明星黄晓明、著名作家加藤嘉一等人,他们生动演绎了"时代骑士"的精气神,与中国杯"蓝色领航者"的精髓一脉相承。

"我们期待这个命题能够伴随着中国杯帆船赛一起成长,最终成为中国高尚生活态度的榜样和标杆。"中国杯帆船赛创始人、首席运营官晓昱说。"从中国杯的帆船比赛平台出发,去'拥抱'、连接各行业的领航人物,并借此触发影响社会的能量。"同时,晓昱也希望中国杯帆船赛不仅仅是作为一项赛事存在,而是一种全新的生活方式和一场集体育竞技、商业、文化、艺术、公益为一体的海洋嘉年华。

3."中国杯"商业

稀缺高端的帆船题材、精彩激烈的比赛、丰富多彩的关联活动、优质高端的受众,携手搭建起来的是一个高品质的商业展示平台,在诸多国际企业希望开拓高端市场的大背景下,"中国杯"无疑是一个高端推广营销的绝佳平台,除帆船本身外,中国杯帆船赛赛期还设置了蓝色盛典晚宴、亚洲航海文化发展论坛和名人高尔夫邀请赛,以期为赞助商提供一个融合多种高端活动的多层次商业平台。非赛期间,中国杯也适时推出帆船体验、大帆船培训等活动,同时还为企业量身定做了海岸系列赛等活动。

作为由纯粹的民间资本直接发起的高端赛事,中国杯帆船赛从创办之初就将市场运作定为其运营的基础。从2009年开始,中国杯开始和北京一家著名体育营销公司合作,将中国杯的赞助级别调整为三大赞助级别,分别是首席冠名商、官方合作伙伴、官方供应商。中国杯帆船赛首席运营官晓昱说,"这种更为清晰的赞助模式,将能更好地集中资源为客户服务。"

经过调整的赞助模式,对赞助商的吸引力也逐步显现。据悉,商业赞助目前仍是中国杯盈利的主要渠道。前4年,中国杯累计吸引了国内外涉及23个行业、超过50家赞助商加入。除博纳多、辛普森等船艇行业关联企业外,还吸引了一汽大众-奥迪、华帝股份以及中国联通加入中国杯官方合作伙伴行列。此外,贺兰山葡萄酒、苏尔啤酒、洲克、驰马拉链等商家也在2011年成为赛事官方供应商。

资料来源:中国杯帆船赛官网.知名媒体《界面》将中国杯列入"2016年国内十大体育赛事".

第6章
体育赛事市场营销

体育赛事市场营销是体育赛事组织工作中的重要内容之一,有效的市场营销工作能够为体育赛事筹集到充足的资金和资源,甚至为赛事举办者带来丰厚的收益。

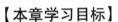

【本章学习目标】

1. 了解体育赛事市场营销的基本概念。

2. 了解体育赛事市场营销的产品及其特征。

3. 掌握体育赛事市场营销的基本策略和方法。

【关键术语】

体育赛事市场营销　体育赛事市场环境分析　营销战略　体育赛事产品　体育赛事定价
体育赛事分销　体育赛事促销

体育赛事管理者的困惑——体育赛事市场营销工作应注意哪些问题?

公司承办了一场 10 km 健康跑比赛活动,作为公司市场部的工作人员,我该如何分析市场、开拓市场,以便最大限度地挖掘本次赛事的市场价值,通过与市场交换赛事自身的资源筹集到办赛所需的资金和各项资源,并为公司获得盈利?

6.1　体育赛事市场营销概述

　　2001—2004年,国际奥委会创收42亿美元,到2005—2008年,这一数字升至54.5亿美元。2009—2012年,依靠转播收入增幅50%,门票收入翻了近5倍。这4年国际奥委会的总体收入增长了48%,达到了80亿美元。2015年8月,在国际奥委会第128届全会上,奥委会市场开发部部长Timo Lumme透露,奥运合作伙伴TOP(顶级)计划的目标是2024年达到20亿美元,再加上电视转播权、两届奥组委的本地赞助、门票及特许授权,国际奥委会在一个奥运周期收入有望达到100亿美元(力方,2016)。

　　体育赛事的市场价值还表现在赛事品牌价值的不断增长上。从福布斯历年来发布的全球体育赛事品牌价值排行榜可以看出,体育赛事本身已成为经济领域一项颇具价值的品牌资产(表6.1)。

表6.1　2016年福布斯杂志世界体育赛事品牌价值TOP10排行榜

排名	赛事名称	运动项目	赛事品牌价值/亿美元	同比增幅/%
1	超级碗	美式橄榄球	6.3	8.6
2	夏季奥运会	综合	3.66	5.2
3	冬季奥运会	综合	2.85	0(仅2014年冬奥会)
4	国际足联世界杯赛	足球	2.29	0(仅2014年世界杯)
5	摔角狂热	摔角	1.8	5.9
6	美国大学橄榄球季后赛	美式橄榄球	1.6	51
7	美国大学篮球四强赛	篮球	1.55	3.3
8	美国职业棒球大联盟总决赛	棒球	1.48	47
9	Daytona 500	赛车	1.33	-2.2
10	欧冠联赛	足球	1.27	0(仅2013—2015年)

资料来源:中国体育产业信息网.福布斯发布2016体育品牌价值榜.

　　体育赛事的市场价值越来越受到关注和重视,体育赛事通过对自身资源和价值的市场开发,不仅能够解决体育赛事本身的生存和发展问题,还能够为社会经济的发展作出贡献。因此,无论何种性质的体育赛事,市场营销都是值得体育赛事管理者认真思考和谋划的重要内容。

6.1.1 体育赛事市场营销的基本概念

(1)市场营销的定义

美国市场营销协会(American Marketing Association,AMA)对市场营销的定义:在创造、沟通、传播和交换产品中,为顾客、客户、合作伙伴以及整个社会带来价值的一系列活动、过程和体系(该定义于 2013 年 7 月通过美国市场营销协会董事会一致审核)。

著名的市场营销学家加里·阿姆斯特朗和菲利普·科特勒(2016)对市场营销的定义是:个人和集体通过创造产品和价值,并同他人自由交换产品和价值,来获取其所需所欲之物的一种社会和管理过程。

从权威机构或学者对市场营销的定义来看,市场营销活动具有以下主要特征:

①市场营销的实质是一项市场交换活动。

②市场营销的核心目标是满足市场需求。

③市场营销的根本目的是获取经济利益。

(2)体育赛事市场营销的定义

结合上述对市场营销概念的理解,人们把体育赛事市场营销定义为:通过创造、沟通、传播和交换有价值的体育赛事及其相关产品,为顾客、客户、合作伙伴以及整个社会带来价值的活动、过程和体系。

体育赛事市场营销的实质,是在市场经济条件下对体育赛事内在经济价值的开发和实现,是当前体育赛事组织管理的重要内容之一。

体育赛事市场营销不是简单地对体育赛事所有权及其附属权益的营销,而是对体育赛事所蕴含的所有具有潜在市场价值的资源的开发和利用。

在实践中,体育赛事市场营销通常包含两个方面的内容,即:

①对体育赛事的市场营销——把体育赛事本身及其相关产品作为商品进行市场开发和推广。

②通过体育赛事的市场营销——把体育赛事作为工具、载体或平台,为其他的商品进行市场开发和推广。

根据本教材的编写目标,本章所指体育赛事市场营销主要是指上述第一部分的内容,即对体育赛事的市场营销。

6.1.2 体育赛事市场营销的特点

1)无形性

体育赛事最核心的资源是其无形资产,这决定了体育赛事市场营销的无形性特点,即主要依靠对体育赛事无形资产的开发,设计、制造并销售独特的产品,最终通过市场交换获利。

例如,劳力士从 2008 年起就开始冠名赞助上海劳力士网球大师赛。对于这项赞助,劳力士公关形象部总监 Arnaud Boetsch 表示:"我们非常高兴能够继续成为上海劳力士大师赛的冠名赞助商。我们与赛事拥有方——上海久事国际赛事管理有限公司的合作关系越来越坚实紧密。这份长期合作关系以及我们在中国对于男子职业网球发展的推动为我们的品牌推广构造了充满意义和价值的平台"(加里·阿姆斯特朗和菲利普·科特勒,2016)。由此可见,赞助商在投入大量资金资源赞助一项体育赛事时,最看重的价值往往是将自身品牌与体育赛事品牌联系在一起的机会,即借助体育赛事的关注度和品牌形象来打造自身品牌形象的机会。这充分体现了体育赛事市场营销无形性的特征。

2)整合性

体育赛事市场营销的核心产品是赛事以及赛事的无形资产,产品的具体形态却非常丰富多样。这要求体育赛事的市场营销工作既要根据不同的产品以及相应的不同消费者需求采取不同的策略和方式,又要时刻注意保持营销工作整体上的有机统一。

体育赛事市场营销的整合性实际上体现在两个方面:一是体育赛事自身资源的有机整合,即在充分挖掘利用体育赛事每一项对市场而言有价值资源的同时,注重这些资源之间的内在联系和协调整合,以便最大限度地开发和实现其市场价值。例如,一些大型赛事都尝试将门票销售工作与赞助市场开发工作相结合——在赛事门票上印上赞助商的 LOGO 等相关信息,这就充分挖掘利用了赛事与观众——即潜在消费者群体——接触的机会,增加了体育赛事对潜在赞助商的吸引力。二是体育赛事内部市场营销力量的整合。经过多年的发展,体育赛事市场营销工作的起点已经从赛事出现之后前移到体育赛事创办之前。这表明体育赛事市场营销工作不能仅仅局限于对体育赛事现有资源的开发和利用上,而是要求体育赛事管理者在创办赛事之初,就要把市场营销的观念融入行动之中。简言之,就是体育赛事的设计和组织工作的每个环节都需要体现市场营销的理念。例如,伴随着目前国内迅速发展的路跑赛事市场,很多赛事组织者都在尝试在传统的跑步赛事活动形式的基础上进行创新,如彩色跑、化妆跑、泥泞跑等,其目标就在于从消费者越来越多样化、个性化的需求出发,整合自身资源,更有效的设计和生产赛事产品,满足市场需求。

3)周期性

体育赛事活动的周期性决定了体育赛事市场营销工作的周期性。不同的体育赛事产品具有不同的营销周期。如职业体育联赛的赛事门票产品可以分为每赛季(季票)和每周(单场赛);一些体育赛事的赞助产品的营销周期则可能长达几年,如足球世界杯的最高级别赞助商的赞助周期长达 8 年时间。

4)公益性

体育赛事这一体育文化现象的出现在时间上远远早于市场经济体制的诞生,这决定了虽然体育赛事与市场的结合越来越紧密,但是体育赛事天然地具有超越市场的特性,其最突出的表现就是其公益性。在丰富多彩的体育世界中,人们看到奥运会首先是作为一项人类的文化盛会而被人们认知的,其追求"更快、更高、更强"的奥林匹克精神鼓舞了世界上无数的人——无论你是不是奥运会相关产品的消费者；人们还看到很多广受欢迎的职业体育俱乐部被贴上一座城市或一个地区精神和形象代表的标签——而非一家以营利为目的的企业。这些现象都表明体育赛事具有显著的公益性特征。事实上，体育赛事的这种公益性特征对于体育赛事的市场营销工作来说，是一项极其宝贵的财富。

6.1.3　体育赛事市场营销的原则

1）平等互利原则

体育赛事市场营销各参与主体之间地位平等，按照市场规律独立自主地做出市场决策，并承担相应的市场结果。只有在参与主体的市场地位平等的基础上，才能够达成互惠互利的市场交易。

2）合作共赢原则

体育赛事市场营销比普通商品的市场营销更加强调参与主体之间的合作，其协同配合的程度对于各参与主体市场目标的实现有着重要的影响。

例如，体育赛事的现场观众既是赛事的消费者，通过购买门票获得赛事提供的竞赛表演产品现场观赏权；另一方面，体育赛事的现场观众在一定程度上又是体育赛事的参与者，其在赛事现场的表现对体育赛事产品的质量具有重要影响力——空空如也的座位、热情不高的现场观众将对体育赛事的直播现场效果产生消极的影响，而现场观众的不文明行为甚至直接破坏体育赛事的顺利进行。这就要求体育赛事与观众密切配合、相互理解，这样才能将双方的利益最大化。

3）义利兼顾原则

体育赛事的公益性特征决定了在体育赛事市场营销的过程中必须坚持义利兼顾的原则。在市场经济条件下，体育赛事努力挖掘赛事的市场价值，实现自身经济利益的最大化，都无可厚非，但是在市场开发的过程中，还要时刻保持对体育赛事公益属性的清醒认识，协调好赛事经济利益和社会效益之间的平衡关系，避免为了经济利益而牺牲公共利益的情况发生。事实上，兼顾好"义"和"利"的关系，从长远来看对体育赛事品牌形象的塑造和相应市场价值的提升都是不无裨益的。

例如，世界著名的伦敦马拉松赛常年坚持与慈善机构合作，每年的赛事都着力推出一项慈善活动主题，如邀请残疾人或贫困儿童出席活动，并通过赛事的巨大影响力向慈善事业募捐等。这些公益性活动丝毫没有损坏伦敦马拉松赛的市场开发活动，相反，通过这类积极的公关活动，为赛事品牌的塑造和市场美誉度的提升起到了积极的效果。

6.1.4　体育赛事市场营销的意义

在市场经济条件下，体育赛事市场营销活动的意义已经得到社会的普遍认识和认可。

作为一项市场活动,体育赛事市场营销产品和消费者的多样性,决定了其具有多重价值和意义。

第一,体育赛事市场营销有助于体育赛事通过市场渠道筹集办赛所需的资金资源,实现自身经济价值,有利于体育赛事健康稳定可持续的发展。

第二,体育赛事市场营销有助于体育赛事提升办赛水平、提高赛事质量,向市场和社会提供更高质量的体育竞赛表演产品及其衍生产品,从而更好地为消费者和社会公众服务。

第三,体育赛事市场营销有助于合作企业获取独特的市场营销工具和平台,建立市场竞争优势,有效提高合作企业在品牌塑造、产品推广、商品销售等方面工作的效率和效益。

案例 6.1

丰田汽车公司成为国际奥委会顶级合作伙伴

据美国汽车新闻网报道,丰田集团近日与国际奥委会达成合作协议,成为奥运会的顶级赞助商。

丰田集团总裁丰田章男领导团队在上周五与国际奥委会进行了仔细的商讨,达成了新的合作协议。丰田公司将成为国际奥委会新的顶级赞助商,有效期至2024年,这将包含2020年在日本东京举行的夏季奥运会。丰田作为国际奥委会的顶级赞助商将于2016年在日本开始生效,在2017年扩展至全球范围。根据与国际奥委会的协议,丰田集团将为奥运会提供道路安全用车、公共交通服务、移动产品支持等。虽然丰田集团与国际奥委会均为透露这项合作协议所涉及的金额,但是有日本媒体表示丰田为成为奥运会的顶级赞助商将支付近8.35亿美元(折合人民币51.77亿元),而成为日本东京夏季奥运会的顶级赞助商则只需要1.23亿美元(折合人民币7.63亿元)。

丰田集团为11个奥运会顶级赞助商之一,也是第一个成为奥运会顶级赞助商的汽车厂商,除了丰田,奥运会的顶级赞助商还包括松下、可口可乐、普利司通、麦当劳、通用电气、三星等。国际奥委会主席巴赫对丰田集团成为奥运会顶级赞助商表示欢迎,丰田集团将为奥运会带来高质量的交通服务。

丰田集团总裁丰田章男表示,成为奥运会的顶级赞助商对丰田集团意义重大,在这项体育盛会的帮助下,将有助于丰田集团更好展示自己的技术,包括燃料电池技术、自动驾驶技术、新能源技术等,有助于丰田集团的市场拓展。

资料来源:Alex.丰田花费约51.77亿元成奥运会赞助商.

6.1.5　体育赛事市场营销的内容

根据体育赛事市场营销的概念和国内外体育赛事市场营销的实践,体育赛事市场营销的内容主要包括体育赛事的商业赞助权益、媒体权益、门票和特许商品四大类别。具体内容将在"6.3.1　体育赛事市场营销的产品策略"一节中进行论述分析。

6.2　体育赛事市场营销战略

近年来,一项新颖而有趣的体验赛事在全球各大城市中迅速发展——彩色跑(The Color Run™),一项由著名体育经纪公司 IMG 于 2011 年 3 月在美国创办的路跑赛事。该赛事旨在宣传健康、快乐、大众参与的跑步理念,颠覆了传统跑步赛事活动的形式,在活动过程中加入了更多的休闲娱乐元素,为参赛者带来了不同以往的跑步活动体验(彩色跑历史)。彩色跑也被誉为"地球上最欢乐 5 公里跑"。目前,彩色跑已发展成为全球最大的跑步系列活动,每年在世界上超过 40 个国家的 200 座城市举办,同时也成为盈利颇丰的一项体育赛事。不难发现,彩色跑的成功主要源于其对市场的细致分析和对消费者需求的准确把握,并在此基础上制订出了行之有效的市场营销战略。

和其他任何市场营销工作一样,体育赛事市场营销工作离不开整体战略的制订。科学、合理的市场营销战略,是体育赛事市场营销工作取得成功的基础。

6.2.1　体育赛事市场营销环境分析

1) 相关概念界定

对市场营销环境进行分析是一切市场营销活动的起点。只有准确把握市场营销环境,才有可能制订有针对性的市场营销战略。

体育赛事市场营销环境,是指一切影响和制约体育赛事市场营销决策和执行的内部条件和外部环境的总和。

体育赛事市场营销环境分析,就是指对影响和制约体育赛事市场营销决策和执行的内部条件和外部环境进行调查、整理和分析的一系列工作的总称。

总体上,体育赛事市场营销环境可分为外部环境和内部环境两大类。其中,外部环境是指除体育赛事自身以外所有影响因素的总和;内部环境是指体育赛事内部各要素之间关系的总和。

外部环境又可以根据分析工作的需要进一步细分。通常,有两种分类方法,一种是按时间维度来划分,主要可分为:短期环境因素和长期环境因素;另一种是按照外部环境各要素的特征来划分,主要可分为:宏观环境因素、中观环境因素(又称行业竞争环境因素)和微观环境因素。本节主要分析后一种分类。

进一步细分发现,宏观环境因素又可分为若干因素,主要包括:政治因素、法律因素、经济因素、科技因素、社会文化因素、自然环境因素、人口环境因素等;中观环境主要包括:同行业竞争环境、上下游关系环境、潜在竞争环境和替代品竞争环境等;微观环境主要包括消费者和社会公众等。

体育赛事市场营销内部环境是指体育赛事自身物质环境和文化环境的总和,其反映一项体育赛事所拥有的客观物质条件、运作情况以及综合实力。体育赛事内部环境主要包括：体育赛事所蕴含的资源（包括所有有形资源和无形资源）、核心竞争力、竞争优势和内部文化等。

2）体育赛事市场营销环境分析方法

对体育赛事市场营销环境进行分析的方法有很多，这里介绍一种被普遍采用的有效分析方法——SWOT分析法（图6.1）。该方法目前被广泛用于企业战略制订、竞争对手分析等工作。

SWOT分析实际上是在综合分析一个组织内外部环境对企业各方面的影响的基础上，分析该组织自身具备的优劣势、面临的机会和威胁的一种方法。通过SWOT分析，可以帮助组织资源和行动聚集在自己的强项和有最多机会的地方，并最终帮助企业制订科学有效的市场营销战略。

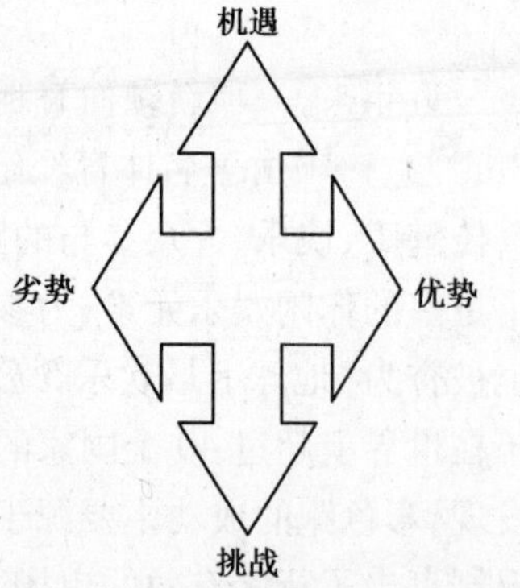

图6.1 SWOT分析矩阵示意图

SWOT分析主要分析4个方面的内容，即：

①优势（Strengths）——组织的内在竞争优势。

②劣势（Weaknesses）——组织的内在竞争劣势。

③机遇（Opportunities）——组织面临的外部发展机会。

④挑战（Threats）——组织面临的外部不利因素。

在对每一项目单独分析的基础上，SWOT分析要求将这4个方面放入一个分析框架下进行综合考察，以便尽可能全面、真实地反映组织所处的情况，并据此作出相应的战略决策和安排。

6.2.2 体育赛事市场细分

1）体育赛事市场细分的概念界定

体育赛事的市场细分，是指根据消费者及其需求的不同特征，按照一定的标准将体育赛事市场总体划分成若干具有某种共同特征的子市场。例如，近来社会上出现了一些专门针对女性健身爱好者的女性路跑赛事活动，这就是对整个路跑市场的进一步细分，以更好地满足特定女性消费者群体的需求。

体育赛事市场细分对于体育赛事的市场经营具有重要的作用：

第一，有利于更准确地选择目标市场和更有效地制订相应的市场营销策略。

第二，有利于发掘市场机会，开拓新市场。

第三，有利于更好地集中体育赛事的人力、物力等资源，提升资源利用的效率。

2）体育赛事市场细分的标准

体育赛事市场细分的标准多种多样，通常的市场细分标准主要包括下述内容。

（1）人口统计细分

人口统计细分是市场细分工作中最常见的分类标准，其包含的具体指标主要包括：年龄、性别、宗教信仰、学历水平、收入水平、职业分类等。例如，相比于老年人群体，青少年消费者对极限体育赛事可能更加感兴趣。而羽毛球比赛的爱好者人群从总体上来说与高尔夫球赛的观众人群在年龄、职业和收入等人口统计指标上就很可能存在显著差异。

（2）社会经济学细分

社会经济学细分聚焦于市场中消费者之间在经济方面以及主要由经济原因而导致的社会地位等方面的差异。不同的经济收入和经济水平将消费者分成不同社会阶层，一般来说，每个阶层的成员都表现出相对稳定和一致的消费倾向和行为特征。例如近年来，英超联赛在票房销售表现优异的情况下主动适当降低比赛门票价格，主要就是考虑英超联赛在国内的市场基础是广大普通人群，特别是蓝领工人阶层，高票价显然不利于英超联赛对这一特定细分市场的持续吸引力。

（3）心理细分

心理细分主要是以共同的生活方式、兴趣爱好和个性特征来划分市场，主要涉及消费者的活动、兴趣和观念 3 个层面。例如，某些运动项目的赛事具有特定的球迷群体，共同的爱好就成为市场细分的标准之一。

需要说明的是，通常在进行市场细分时，会根据实际情况综合选择多个细分指标进行交叉组合，以此来确定更为准确可观的细分市场特征。

6.2.3　体育赛事市场选择与市场定位

体育赛事市场选择，是指在对市场进行细分之后，根据一定的标准和方法对体育赛事的目标市场进行筛选确定的过程。

市场选择主要包含选择标准和选择策略两方面内容。

目标市场的选择标准一般包括 3 个方面：①目标市场的规模和潜力；②目标市场的市场结构特征；③目标市场与体育赛事自身目标和能力的匹配程度；

目标市场的选择策略一般包括 3 个方面：①无差异满足市场策略；②差异化满足市场策略；③集中满足市场策略。

体育赛事的市场细分、市场选择工作完成后，就涉及对体育赛事的定位问题。市场定位是由美国营销学家艾·里斯和杰克·特劳特在 1972 年提出的，是指企业根据竞争者现有产品在市场上所处的位置，针对顾客对该类产品某些特征或属性的重视程度，为本企业产品塑造与众不同的，给人印象鲜明的形象，并将这种形象生动地传递给顾客，从而使该产品在市场上确定适当的位置。

由此，所谓体育赛事市场定位，是指为把体育赛事的独特形象植入消费者的认知当中而进行的一系列市场活动。例如，奥林匹克运动会就以其全人类最大规模、最高水平的体育盛会的形象而深入人心。不仅是大型体育赛事需要市场定位，事实上，中小型的体育赛事更加需要进行市场定位。这是因为中小型体育赛事通常面临的市场竞争更加激烈、目标市场群体的规模也更加有限，准确的市场定位能够帮助其更好地契合目标市场的需求。例如，一些业余体育联赛就紧盯城市年轻白领人群的运动需求，推出城市企业间足球或篮球联赛，获得了不错的市场效果。

6.3 体育赛事市场营销组合

6.3.1 体育赛事市场营销的产品策略

1)体育赛事产品的概念

所谓体育赛事产品,是指围绕体育赛事而被设计、开发出来的,能够给体育赛事观众、参与者、媒体或赞助商等个人或组织带来利益的有形和无形商品的总和。

体育赛事产品的核心特征是与体育赛事直接相关,离开体育赛事,就不存在体育赛事产品。例如,若没有赛事的举办,就不可能有相应的竞赛表演产品,也就谈不上门票的销售工作;若没有体育赛事,体育赞助、电视转播等也都不复存在。

体育赛事产品不仅仅是指看得见的竞赛表演产品,还涵盖多种产品形态,包括无形的服务产品。如体育赛事组织者在比赛现场向观众提供的各种服务。

2)体育赛事产品的分类

按照产品的内容和消费者群体的差异,体育赛事产品大致可分为商业赞助权益、门票/参赛权、媒体转播权、特许商品 4 类。

(1)体育赛事商业赞助权益

案例 6.2

361°赞助 2016 年里约奥运会

作为 2016 年里约奥运会和残奥会的官方合作伙伴,361°除了为里约奥运会和残奥会的工作人员、技术官员和志愿者等提供官方制服之外,还在里约海岸最著名的科帕卡巴纳海滩的滨海公路边为运动爱好者们创建了新的"休息加油站"——361°迷你体育公园(361°Parklet),同时将其作为集结地定期开展不同主题的运动派对,极好地满足了运动爱好者们的需求。

图 6.2 361°赞助 2016 年里约奥运会示意图   图 6.3 361°迷你体育公园一角

奥运盛会是世界最杰出的运动好手们展示高水平竞技的舞台,更是以奥运精神鼓励普通人积极参与运动的原动力。正是基于这样的认知,361°在为奥运会提供专业支持的同时,也希望能为普通的运动爱好者们带来更多的便利。在 2016 年奥运会的举办地里约建立 361°迷你体育公园并组织体育活动,是 361°扩展体育产业生态链条的又一个尝试,在丰富其品牌体育内涵的同时,也在用实际行动赞助运动爱好者们对体育的热爱。

361°迷你体育公园在 2016 年 3 月开幕,占地约 20 m²,整体设计以 361°的橙色以及"3"为主。迷你体育公园里面包含了各种运动前热身以及运动后休息所需要的设施,如利用有限空间设置的运动辅助杆和塑胶地板组成的运动前热身和运动后拉伸区域,体现 361°品牌元素"3"的造型独特的休息长椅、补给用水、LED 灯照明等,还有专门增设的手机充电站,可以让大家丝毫不用担心手机没电导致的无法记录跑步轨迹或是错过重要的电话。值得一提的是,手机充电站的设置充分考虑了节能环保的设计理念,其电量来自于迷你体育公园内的太阳能收集装置。

为更好地促进当地运动爱好者们之间的交流,361°迷你体育公园会定期举办不同主题的运动派对。在 3 月 361°迷你体育公园正式揭幕时,361°便推出了巴西奥运明星领衔的跑步训练营,其签约奥运明星巴西游泳名将葛瑞希莉·赫尔曼和跑步冠军马塞洛·阿弗拉参与活动,并与运动爱好者们交流运动和健身的经验。此后的每周日上午,361°迷你体育公园都成为运动爱好者的活动聚集地,吸引了大量来自里约当地与附近地区的跑团和健身俱乐部成员。

图 6.4　361°迷你体育公园一角　　　　图 6.5　手机充电站　　　　图 6.6　主题的运动派对

运动爱好者们在用亲自参与的方式来践行奥运精神,361°也将继续用热爱赞助人们对体育的热爱!

资料来源:新华网.361°迷你体育公园为运动爱好者带来更多便利.

①体育赛事商业赞助的概念。体育赛事商业赞助,是指通过向体育赛事提供资金、物资和技术服务等方面支持的方式,获得使用该体育赛事的特定资源来进行市场宣传、推广和销售的权利和机会。

体育赛事商业赞助与广义的赞助或者捐助行为有着显著区别。体育赛事商业赞助的实质是一个市场交换行为,赞助商的赞助行为并非公益性或慈善性的,而是要求得到相应的商业回报。因此,赞助商与被赞助商之间存在着明确的利益交换关系。

体育赛事商业赞助与普通的广告宣传活动同样存在较明显的差异:首先体育赛事商业赞助侧重于对赞助商品牌形象的宣传和品牌价值的提升,通常不能直接宣传具体产品的特征,而一般广告宣传活动既可以塑造品牌,也可以就具体产品的具体特性进行宣传。其次在体育赛事商业赞助中,与赞助商相关的市场宣传推广活动都依附于体育赛事本身,不能脱离赛事主体及其主题单独存在,赞助效果也在很大程度上依赖于体育赛事的效果,而一般广告宣传活动可以由企业独立自主地完成。

②体育赛事商业赞助的意义。体育赛事商业赞助作为体育赛事市场营销产品类别重要的组成部分,对于体育赛事本身和各类企业都具有特殊的意义和价值。

第一,体育赛事商业赞助有助于体育赛事通过市场渠道筹集办赛所需资金资源、获取办赛利润,实现自身经济价值。

第二,体育赛事商业赞助有助于赞助企业获取独特的市场营销工具和平台,有效提高企业品牌塑造、产品推广、商品销售等方面工作的效率和效益。

③体育赛事商业赞助的分类。体育赛事商业赞助权益可细分成很多方面的内容。不同性质、不同形式、不同规模的体育赛事其商业赞助权益的内容都会有所不同。理论上,凡是对赞助商来说具有市场价值的环节和要素都可能成为商业赞助的组成内容。

总的来说,同一赛事商业赞助权益包括下述主要内容。

第一品牌联系的权利,即通过名称、商标等多种方式将赞助商品牌或产品与体育赛事相联系的权利。

第二行业排他权,即限制同行业其他企业利用同一体育赛事进行市场宣传推广的权利。

第三展示和销售权,即通过现场展示、广告媒体展示等多种方式利用体育赛事的影响力宣传推广企业品牌或产品的权利,以及在体育赛事的特定区域进行产品销售的权利。

实践中,体育赛事市场开发者往往会根据赛事自身的特点和市场需求情况,将若干商业赞助权益组合在一起,形成不同的商业赞助权益包,这些不同的赞助权益包就构成了体育赛事商业赞助的类别体系。企业根据各自的情况酌情选择购买其中的一个或几个类别赞助权益包。

如前所述,各个体育赛事具有不同的商业赞助产品类别体系,有的甚至可能差别很大。例如,奥运会这类大型体育赛事的商业赞助体系因涉及的具体权益内容较多而变得非常复杂,而一些地区性的小型体育赛事的商业赞助产品可能仅仅包括一两项具体内容。一般来说,体育赛事的商业赞助按赞助权益内容的多寡可划分为 3 个层次,包括冠名赞助商、官方赞助商和供应商。

冠名赞助商通常是一项体育赛事最高级别的赞助商,享有冠名体育赛事的权利和最多最好的其他赞助权益。需要指出的是,并非每一个体育赛事都愿意或能够出售冠名权。例如奥运会、世界杯等世界大赛,从赛事自身品牌形象的维护和强化的角度,就从未考虑出售赛事的冠名权。

官方赞助商是体育赛事赞助的主要组成部分,其享受的赞助权益通过与体育赛事方面谈判来确定。因此,官方赞助商只是一个笼统的称呼,不同的赛事甚至同一赛事的不同赞助商的名称都可能不一样。例如,有的赛事将官方赞助商按照赞助权益的不同划分为钻石赞助商、黄金赞助商和白银赞助商 3 个类别,每个级别的赞助商获得不同的赞助权益。

某体育赛事赞助商分类及其权益列表见表 6.2。

表 6.2　某体育赛事赞助商分类及其权益列表

类别	赞助金额	赞助权益					
		赛事冠名权	赛事 LOGO 使用权	现场展示权	媒体展示权	赛事官方制作物	招待礼遇权
冠名赞助商	1 000 万	√	√	√	√	√	√
高级合作伙伴	500 万	×	√	√	√	√	√
官方赞助商	150 万起	×	√	√	√	√	√
官方供应商	50 万起	×	×	√	√	√	×

　　不同级别的赞助商享有不同的权益。还需要注意的是,即使享受相同类别的赞助权益,不同级别赞助商实际得到的赞助权益也是存在差异的(表6.2)。例如,冠名赞助商、高级合作伙伴和官方赞助商都享有现场展示的权益,但更详细的赞助方案会显示出 3 类赞助商在现场展示权方面也存在显著的差异——通常,冠名赞助商会获得比赛现场最好曝光位置和最大面积的现场展示机会,而高级合作伙伴次之,官方赞助商的现场展示机会则最少。

　　(2)媒体权益

案例 6.3

乐视成为 NBA 港澳地区官方媒体合作伙伴

　　2016 年 9 月 14 日,乐视体育在香港宣布成为 NBA 中国香港及澳门地区的官方媒体合作伙伴,获得 2016/17 赛季—2020/21 赛季港澳地区 NBA 转播权。乐视体育与 NBA 这次达成的合作,是 NBA 有史以来在港澳地区最重大的一次合作。由此,乐视体育将 NBA 港澳地区的转播带入互联网时代。新赛季,双方将共同为港澳地区的球迷呈现更丰富的 NBA 内容。

　　作为 NBA 香港及澳门官方媒体合作伙伴,未来 5 个赛季乐视体育将会为球迷提供比以往更多的直播赛事,每年播放超过 400 场比赛,包括常规赛、季前赛、季后赛、全明星赛、分区决赛、总决赛及 NBA 选秀。此外,用户也可以欣赏到更多 NBA 原创节目,包括 InsideStuff、InsidetheNBA、NBA 经典赛事等,NBA 特设 24 小时全天候频道 NBATV 将会在乐视体育香港全平台播放。

　　资料来源:新华网.乐视体育成 NBA 港澳官方媒体 拿下 5 个赛季 NBA 转播权.

　　所谓体育赛事的媒体权益,是指各类媒体通过付出一定的资金或资源等成本而获得的对特定体育赛事的直播、转播和报道内容的权利。从历史的发展来看,媒体权益的发展对体育赛事商业价值的上升起到了至关重要的作用。早期的报纸杂志等媒体的报道宣传对于体育赛事影响力的提升起到了推波助澜的作用;电视转播的引入和发展大大地拓宽了体育赛事的受众群体范围,同时,伴随电视媒体激烈的竞争而日渐高涨的电视转播权益产品价格更是为体育赛事市场的繁荣发展作出了极为重要的贡献;当前互联网、移动互联网等新媒体的迅猛发展态势又为体育赛事媒体权益市场开拓了新的广阔的市场空间。

(3)门票/参赛权

体育赛事门票是消费者获得的观看体育赛事的权利凭证,通常需要消费者通过付费的方式来获得。体育赛事的参赛权是消费者通过付费的方式获得的参与体育赛事竞赛活动当中的权利。

门票历来是体育赛事一项最基本的产品,也是很多体育赛事重要的收入来源。

案例 6.4

创收入纪录的拳王大战

2015 年著名的帕奎奥与梅威瑟的拳王世纪大战创造了多个票房纪录。这次世纪大战的门票价格共分为 5 个档,分别为 1 500、2 500、3 500、5 000 和 7 500 美元,最高价值的门票是 7 500 美元,创造了历史上最贵拳击门票纪录。比赛门票在网上放出不到一分钟就被抢光,在二手市场上最高被炒到 14 万美元(约为 86.8 万人民币)一张。据统计,该场世纪大战的门票总收入达到了 7 200 万美元。另外,在美国,即便坐在家里看电视,预付费购买直播节目的建议零售价是 89.95~99.95 美元。也就是说,美国人民在家看电视直播,都得"买"一张价值 600 多元人民币的门票。最终,这场比赛仅付费电视的收入就超过 1.5 亿美元。

资料来源:网易新闻.黄牛票炒到单张 14 万美元 什么演唱会门票都弱爆啦.

(4)特许商品

①体育赛事特许商品的定义。体育赛事特许商品是指体育赛事所有者将赛事相关知识产权授予特定的企业,企业获得生产和销售与体育赛事知识产权有关的商品的权利。特许企业通常以向体育赛事所有者付费购买特许权的方式获取该权利,并通过生产或销售特许商品而获取收益。

体育赛事特许商品是体育赛事收入的重要来源之一。同时,通过特许商品的广泛销售,体育赛事的知名度和影响力也能够获得有效提升。

案例 6.5

2016 年里约奥运会特许商品新品发布会在京举行

自 2015 年 8 月 31 日里约奥运会特许商品落地中国市场以来,中国奥委会的特许企业华江公司不仅将里约奥运吉祥物毛绒、徽章、钥匙扣、桌面摆件等多个品类的特许商品从巴西引进中国,而且经中国奥委会批准,针对中国的奥运粉丝开发出多款里约奥运会收藏纪念品。今天,又有一系列结合了巴西邮政发行的里约奥运会纪念邮票的特许商品,再次点燃市场的奥运热潮。

此次发布的新品由中国奥委会特许企业北京华江文化发展有限公司开发,每一款产品都围绕着《里约 2016 年奥运会纪念邮票大版张》进行设计。《里约 2016 年奥运会纪念邮票大版张》由巴西邮政发行，巴西央行造币局以印钞工艺印制，全球限量发行 22 万张。整版 30 张邮票体现了奥运会 28 个运动大项以及里约 2016 年奥运会吉祥物和会徽。运动造型由著名的巴西平面设计师和插画家 José Carlos Braga 绘制，融合了传统的绘画技法和现代的数码绘图技术，集中体现了每一项运动最具代表性的动感瞬间，并在背景中加入了里约 2016 年奥运会的核心色彩元素。

图 6.7　部分里约 2016 年奥运会特许商品展示图

此次发布的《里约 2016 年奥运会纪念邮票大版张》系列邮品，将原汁原味的巴西邮票与带有中国奥委会标志的纪念贵金属产品结合，并采用具有现代感的包装形式，为中国奥运爱好者呈现了一组具有独特纪念意义的奥运特许商品，更加完整地体现了本届里约奥运会的特点和文化内涵。

为了让更多的中国消费者能够接触到奥运特许商品，感受奥运文化，华江公司一直致力于拓展销售渠道。随着互联网消费的普及，互联网销售渠道也将作为特许商品销售的一个重要渠道。在今天的活动上，北京华江文化有限公司在国内主流电商平台上启动奥运特许商品的网络销售。从现在开始，中国的体育迷、收藏爱好者以及普通民众足不出户，就可以购买到中国奥委会特许商品，以及最热门的里约奥运会特许商品。

资料来源：新华网.里约 2016 年奥运会特许商品新品发布会在京举行.

6.3.2　体育赛事市场营销的定价策略

案例 6.6

2017 年 F1 上海站票务定价情况

图 6.8　2017 年 F1 上海站比赛门票分级定价示意图

图片来源：大麦网.

1)体育赛事定价的概念

体育赛事定价,是指对体育赛事的相关产品市场销售的价格进行确定。围绕体育赛事产生的产品种类很多,需要对每一种产品进行定价。定价是体育赛事市场营销工作的重要内容之一,准确合理的定价能够客观地反映体育赛事的真实内在价值,并能较好地反映消费者对体育赛事的价值判断,促成购买决策和购买行为的发生。

2)体育赛事定价的一般原理与方法

体育赛事定价是一项复杂的工作,因为涉及不同类型的产品,对每一类产品还要综合考虑定价的影响因素。为简化起见,本部分内容只涉及体育赛事定价的一般原理和方法。

首先,要了解影响体育赛事定价的因素。事实上,任何体育赛事产品的定价都受到内部因素和外部因素两方面的影响。其中,内部因素主要包括:组织目标、产品设计和制造成本、分销渠道、促销的方式和成本等。外部因素主要包括:消费者需求情况、市场竞争情况、经济情况、法律情况等。

其次,要了解体育赛事定价的基本方法。与大多数商品一样,对体育赛事产品定价的方法主要包括成本导向定价法、需求导向定价法和竞争导向定价法。其中,成本导向定价法重点关注生产成本,利润是在成本核算基础上的一定量的增加值。需求导向定价法重点关注消费者对产品的需求情况,根据消费者对体育赛事产品的价值判断——即心理价位对产品定价,目的在于最大限度获取消费者剩余。例如,体育赛事门票通常按位置分级别销售,就是意在满足消费者对体育赛事不同程度的需求。

6.3.3 体育赛事市场营销的分销策略

1)体育赛事分销的概念

著名市场营销专家加里·阿姆斯特朗和菲利普·科特勒(2016)认为,一条分销渠道是指"某种货物或劳务从生产者向消费者移动时取得这种货物或劳务的所有权或帮助转移其所有权的所有企业和个人"。所谓体育赛事分销,是指通过一定的方式将体育赛事产品从生产者送达最终用户的过程。分销的任务通过分销渠道来完成。分销渠道就是产品从生产者到最终消费者的所有中间渠道和中间环节。

分销渠道对于体育赛事的市场营销具有至关重要的作用。一场体育赛事现场观众最多为20万人左右,而通过电视、互联网等媒体渠道则能达到全世界各个角落数十亿人。通过耐克公司的官网可以很容易得到消费者定制版的耐克产品,而这在互联网和现代物流出现以前是不可想象的。

2)体育赛事分销的渠道分类与选择

总体上,体育赛事分销的渠道主要可分为两类:直接分销渠道和间接分销渠道。

（1）直接分销渠道

直接分销渠道是指体育赛事将相关产品直接供应给消费者或用户,没有中间商介入。例如,体育赛事场馆售票处销售的赛事门票。直接分销渠道的优势在于生产者对于销售环节的控制,尽可能地减少了中间环节的损耗。直接分销渠道的劣势在于与市场的接触面相对较小、分销成本较高、对市场的熟悉程度可能不如专业的分销商。

（2）间接分销渠道

间接分销渠道是指体育赛事利用中间商将商品供应给消费者或用户,即增加了商品销售的中间环节。例如,体育赛事组织者委托专业门票代理机构销售赛事门票;委托体育中介机构销售体育赛事的赞助权益等产品。间接分销渠道的优势在于能够更好地接触到消费者,弥补体育赛事组织者对市场情况不熟悉的不足,通过中间商更好地获取市场信息等。间接分销渠道的劣势在于对销售环节的掌控力度可能不足、分销成本可能较高等。

对于体育赛事分销渠道的选择问题,应根据不同的赛事具体分析和设计。一般来说,应选择组合型的分销模式,即既有直接销售渠道;又合理配备间接分销渠道,实现两种分销方式的优势互补,提高分销工作的效率。

特别要指出的是,新的互联网技术,包括手机移动互联网技术的发展和在商业领域的创新应用,网络已成为不可忽视的分销平台。体育赛事产品也在积极探索应用新技术提高产品分销工作的能力和效率。

案例 6.7

上海国际马拉松赛开通网上报名系统

2014 年 9 月 15 日上午 9 点,2014 年上海国际马拉松赛全、半程开始报名。今年上海国际马拉松赛首次全部采取线上报名方式。不少跑友早早在线等候,报名开始之前,官网在线人数已超 6 000 人。9 点一到,约 3.8 万名跑友同时登录网站,一度造成网络堵塞。1.8 万个名额 4 小时便被抢光。

资料来源:网易体育.上海国际马拉松赛报名火爆 1.8 万名额 4 小时抢光.

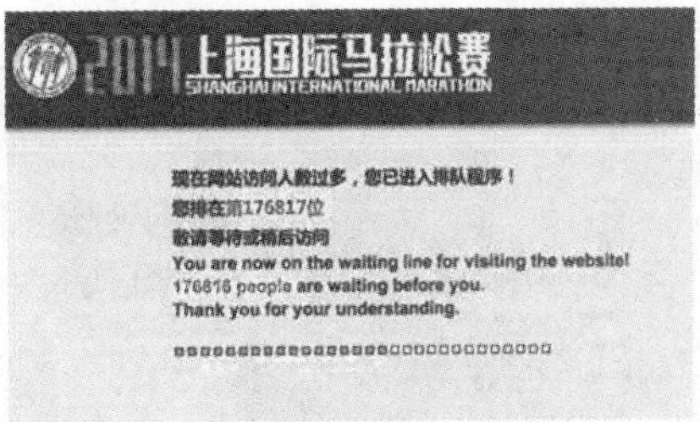

图 6.9　上海国际马拉松赛报名界面

6.3.4　体育赛事市场营销的促销策略

1）体育赛事促销的概念

体育赛事促销,是指体育赛事组织者向市场传递有关本赛事及其相关产品的各种信息,以说服或促成消费者购买其产品的各种市场活动的总和(图6.10)。

促销工作的实质,是一种与市场的沟通活动,即营销者有意识地设计并发出特定的信息,将信息给特定的目标受众,以影响其态度和行为。

体育赛事的促销,与其他商品的促销相似,其目的是宣传推广体育赛事,帮助赛事更好地提升并实现其市场价值。

图 6.10　东京奥运会推出的动漫版纪念徽章

图片来源:动漫星空

2) 体育赛事促销的方法

对于体育赛事来说,常用的促销手段主要包括:广告、销售促进、人员推销和公共关系。

（1）广　告

体育赛事广告是指体育赛事组织者为了宣传推广体育赛事而通过一定的媒介或形式公开向公众传递赛事相关信息的宣传方式。

体育赛事广告的形式多种多样,一般来说,主要包括平面媒体广告（报纸、杂志等）、电视广播媒体广告和新媒体广告。其中,新媒体广告主要是指以互联网、数字化等为代表的新技术为基础和平台而出现的新的广告形式（图 6.11）。

（2）销售促进

体育赛事销售促进是指体育赛事组织者通过使用各种短期性的刺激工具,用以刺激市场在一个特定的、较短的时期内较大量地购买体育赛事相关产品或服务的方式。常用的销售促进手段包括:消费者促销（样品、优惠券、现金返回、价格减价、赠品、奖金、光顾奖励、免费试用、产品保证、产品陈列和示范）和交易促销（购买折让、广告和展示折让、免费产品）（图 6.12）。

图 6.11　NBA 中国官方网站示意图

图 6.12　2017 年 F1 中国大奖赛票务促销信息示意图

（3）人员推销

体育赛事的人员推销是指体育赛事组织者通过派出销售人员与潜在消费者进行直接沟通,以促进和扩大体育赛事相关产品销售的促销方式。人员推销以其较高的灵活性和较好的互动性,成为体育赛事产品促销的重要手段。特别是面向企业客户的赞助类和媒体类产品的销售工作,主要还是通过营销人员或由其组成的营销团队来进行。

（4）公共关系

体育赛事的公共关系是指体育赛事组织者为改善与社会公众的关系，促进公众对体育赛事的认识、理解和支持，达到树立良好赛事形象、促进相关产品销售的目的的一系列公共活动。公共关系旨在在体育赛事和社会公众之间建立起良好的关系，并及时应对各种有关的公共事件，树立并维护体育赛事良好的公众形象（图 6.13）。

图 6.13　波士顿马拉松赛支持近 40 个慈善组织开展募捐活动

案例 6.8

举办网球赛数排名世界前列 "中国赛季" 还缺啥？

10 月 9 日晚，位于北京北五环附近的国家网球中心钻石球场里欢声如雷，随着英国名将穆雷高高举起自己首个中网男单冠军奖杯，2016 赛季的中网落下帷幕。

不知不觉间，中网已经走到第 13 个年头。更令人兴奋的是，在中网的带动下，今年中国各地举办的国际网球巡回赛达到惊人的 9 站 WTA（国际女子职业网联）赛和 4 站 ATP（世界职业男子网球协会）赛，数量和密度位居世界前列，形成了世界职业网球赛事的 "中国赛季"。

网球大赛青睐中国

2016 年注定要在中国网球史上写下浓重一笔。

WTA 方面，4 年前，中国还只有中国网球公开赛和广州国际女子网球公开赛两项赛事，由于李娜、彭帅、张帅等中国金花近年来的异军突起，到了 2016 赛季，WTA 全年 56 站巡回赛中，中国举办了 9 站。

ATP 方面，在中国网球公开赛、上海网球大师赛、深圳公开赛基础上，今年，成都取代马来西亚吉隆坡，成为 ATP 巡回赛的其中一站。

不仅是比赛数量增长，级别也在稳步提高。中国网球公开赛赛事级别最高，仅次于四大满贯，与印第安维尔斯大师赛、迈阿密大师赛和马德里大师赛并称 "四大超级赛事"。上海网球大师赛属于 ATP 世界巡回赛中等级最高的 ATP1000 大师赛级别。

可以说，从赛事来源看，中国赛季正取代亚洲赛季，成为世界网球新的中心点。"政府支持和市场需求，是越来越多巡回赛事进入中国的直接原因。" WTA 亚太区副总裁陈述表示，近年来，中国经济保持相对高速发展，对网球赛事的需求量剧增；与此同时，全球经济低迷导致多个城市选择放弃赛事。此消彼长，中国成为世界网球赛事优先落户的 "集散地"。

办赛理念亟待更新

面对 "遍地开花" 的网球中国赛季，很多网球专家在欣喜之余也表示了担忧：这些赛事大都由地方体育部门承办，市场开发程度不足且缺乏全国统筹，资源浪费很大。

一方面，从商业赞助模式看，除了中网、上海大师赛等赛事的商业赞助框架基本搭成外，各地一些中低级别的巡回赛主要依赖当地政府、体育局协助办赛，商业模式多处于模仿国外商业模式的阶段。例如,赞助收入占比过高,门票、媒体、餐饮及娱乐等关联业态占比较低,仍然缺少有效的商业开发等。

专家表示,应积极借鉴国外巡回赛的多渠道融资经验,在品牌、资本和移动互联网时代用新思维寻求新突破;同时,应挖掘各类消费者的关注重点、消费习惯,设计各类相关产品,并针对目前产业链中比较薄弱的餐饮、娱乐、旅游等产品进行重点研发,延长网球的产业链。

另一方面,中国赛季打的"世界球星牌"只能在短时间内刺激球市,要想长期运营还得培养自己的球星。

值得关注的是,中国赛季的一系列比赛虽然为本土选手提供了更多与国际高手过招的机会,但是长时间的一轮游,给国内很多年轻球员的实际锻炼价值画上问号。

培养沉淀网球文化

中网期间,国家网球中心人声鼎沸;而平时,这里的场馆则显得有些落寞。这样的反差也在提醒我们,要打造在百姓生活中落地生根的网球赛事,需要踏踏实实地培养出良性的、超越赛事周期的网球文化与土壤。

国内各地一些赛场内,比赛开始后有观众来回走动、球员发球时观众大喊大叫等现象并不罕见。这些都说明国内受众对于网球赛还仅限于初级的看热闹阶段,观赛习惯、观赛传统还未形成。

而纵观那些历史悠久、影响广泛的大满贯赛事,无论是法网红土上表现出的张力,还是温网草地上营造的惬意,无不深深烙上了文化的印记和当地民众对体育精神的理解。这启示各主办赛地,升级赛事是一方面,在营造网球氛围、培育网球文化方面,同样需要做出更多努力。

资料来源:人民网.举办网球赛数排名世界前列"中国赛季"还缺啥.

本章小结

- 市场营销工作是体育赛事组织管理工作的重要组成部分。
- 体育赛事市场营销是通过创造、沟通、传播和交换有价值的体育赛事及其相关产品,为顾客、客户、合作伙伴以及整个社会带来价值的活动、过程和体系。
- 体育赛事市场营销工作必须坚持平等互利、合作共赢、义利兼顾的原则。
- 体育赛事环境分析是对赛事进行市场营销的前提和基础。
- 体育赛事市场营销战略的制定包括体育赛事市场细分、体育赛事市场选择和体育赛事市场定位等主要内容。
- 体育赛事市场营销组合主要包括体育赛事产品、体育赛事定价、体育赛事分销和体育赛事促销 4 部分内容。

复习思考题

1.体育赛事市场营销的基本概念是什么?

2.简述体育赛事市场营销的特点及其原则。

3.简述体育赛事市场营销组合的完整内容。

第7章
体育赛事赞助与财务管理

体育赛事赞助与财务管理是体育赛事管理的两方面具体管理对象,体育赛事赞助为体育赛事的顺利进行提供重要的资金基础,而财务管理为体育赛事的高效管理提供重要的资金保障,二者共同决定着体育赛事举办的成功与失败。本章首先对体育赛事赞助的原则与方案予以介绍,引导对体育赛事赞助的理论与实践的关注;其次,从操作实践层面对体育赛事赞助的实施进行

详细阐述;最后,对体育赛事财务管理的原则与实务进行理论梳理与实践指导。

【本章学习目标】

1.充分理解体育赛事赞助与财务管理的重要意义。

2.理解并掌握体育赛事赞助的原则与方案。

3.从操作层面了解并熟悉体育赛事赞助的实施。

4.掌握体育赛事财务管理的原则与实践操作。

【关键术语】

体育赛事赞助　财务管理　赞助原则　财务管理原则　预算管理　财务控制　赞助实施　财务管理实务

体育赛事管理者的困惑——管理财务应注意哪些问题?

公司筹备一项体育赛事,我是管理专业的大学生,公司希望我能为公司提供该体育赛事赞助方案以及财务管理方案,我不知道体育赛事赞助的原则是什么? 如何制订体育赛事赞助方案? 如何从操作实践层面实施体育赛事赞助活动? 以及如何在体育赛事筹办过程中进行财务管理的实际操作?

7.1　体育赛事赞助的原则与方案

有关体育赞助的概念界定较多,鲍明晓(2000)认为,体育赞助是指以体育为题材、以支持和回报为内容、以利益交换为形式、以达成各自组织目标为目的的一种特殊的商业行为。现代真正意义上的体育赞助产生于 20 世纪 60 年代。在此基础上,张颖慧、姚芹和李南筑(2010)提出体育赞助是指企业通过实物、资金等手段,同体育组织、项目、活动等建立某种联系,从而获得相应名义、权利的行为过程;霍炎(2005)认为体育赞助是指企业和赛事之间以支持和回报交换为中心、平等合作、共同得益的商业行为,其中的"支持"和"回报"的交换是中心。由于人们闲暇时间的增多和通信技术的日益发达,上述"赞助活动"已经成为许多国家经济活动的重要内容,其资金注入量非常可观。

综上所述,本书中将体育赛事赞助界定为在体育赛事活动中,以获得标志使用权在内的物的交换(包括交易),或者简单讲就是对体育赛事的赞助。体育赛事赞助既有助于赛事目标实现,也要为赞助商接受并可通过赞助交易为承办方带来收益的过程。

7.1.1　体育赛事赞助原则

1) 商业计划原则

赛事举办方应根据所拥有赞助资源为赞助商"量身定做"可操作的商业计划。除了赞助可以直接获取利益外,商业计划还应包括可以提供给赞助商的权益开发机会。即赛事组织方售卖的不仅仅是利益,而且还包括商务解决方案。

2) 风险最小化原则

赞助商对体育赛事的赞助行为总会存在一定的风险。从赛事组织举办方来说,应该从自身角度将对赞助商有可能产生的风险降到最低。具体来说,赛事举办方应在招商指南中尽可能详细明确地列举出赞助商的可获得利益、权益,并对保证措施进行详细说明,从而减少不确定性。

3) 诚实信用原则

诚实信用原则表现为市场经济活动过程中一项重要的道德准则,作为现代法治社会的一项基本法律原则,诚实信用原则是一种具有道德内涵的法律规范。诚实信用原则要求体育赛事赞助行为在市场活动中应恪守诚信,在追求自身赞助利益的同时不损害他人与社会的利益,要求体育赛事赞助主体在赞助活动中维持赞助双方的利益、当事人利益以及与社会利益相互平衡。

4)效益增值原则

要求赛事组织方应注重总体效益,或者注意赞助合同给赞助带来的整体效果,而不是仅仅强调某一方面的利益。在赞助过程中,应注意对赞助商与被赞助方以效益增值的回报。体育赞助对赞助方与被赞助方的作用,即是赞助效益增值的具体内容表现(表7.1)。

表7.1 体育赞助对赞助方与被赞助方的作用

体育赞助	赞助方	被赞助方
作用	扩大企业和品牌的知名度 美化企业和品牌形象 重新塑造商品个性特征,使商品差异化 有针对性地与目标顾客沟通 突现赞助者的实力与地位 时间长又省钱 体育明星效应,威力大 能绕过某些沟通障碍 展示产品和先进技术的良好平台 激励本企业的职工	扩大财源,增强活力 改善体育的社会形象 提高体育的社会地位 激活各类比赛 促进运动水平的提高 促进竞技体育的发展 满足人民日益增长的观赏需求 促进群众体育的开展

5)互惠互利原则

互惠互利原则要求交易成员之间相互给予对方以贸易上相应的优惠待遇,该原则强调权利和义务的综合平衡。在体育赞助的过程中,要求赞助方与被赞助方都应在享受对方提供的优惠待遇时,也应给予对方以相对等的优惠待遇,以实现互惠互利、共赢发展(图7.1)。

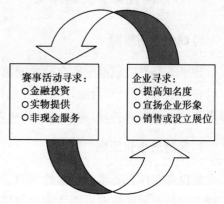

图7.1 体育赞助双赢关系

7.1.2 体育赛事赞助方案

1)体育赛事赞助方案设计

成功的体育赛事赞助需要科学的赞助设计方案,体育赛事赞助方案只有在实践中才能表现出其真实的作用。一般来说,体育赛事赞助方案通常包括赛事赞助活动说明、赛事赞助宣传、赛事赞助安排、赛事赞助预算与财务以及赛事赞助事前评估等几个部分。首先,赛事赞助活动说明应将体育赛事活动的主题、背景、目的等赛事活动要素予以仔细阐述,以明确赛事赞助商的赞助对象与标的;其次,赛事赞助宣传主要将前期宣传、活动中宣传以及后期宣传的方式与手段予以表明,包括各个阶段对赛事活动的宣传以及对赞助方主体的内容宣传;再次,赛事赞助具体安排主要表明赞助方与被赞助方的相对应权利与义务,具体的赞助内容安排等方面;赛事赞助预算与财务是对具体赞助方与被赞助方的赞助金额、合同以及经济利益的具体阐述,包括对赞助双方的具体财务要求;最后,赛事赞助事前评估要求对赛事赞助效果、结果予以预测与评价。

　　在赞助方案设计与执行阶段,经常会忽略约定赞助商的义务,最终,导致赞助双方关系紧张甚至破裂,导致"双赢"关系的破坏,这一点应引起赛事赞助策划的重视。因此,赞助双方在设计与执行赞助方案时,务必谨慎对待,妥善处理双方的权利与义务问题。此外,赞助效益评估体系的建立也是非常重要的,赞助方应与被赞助方共同制订赞助效益评价体系和方案。黄宝军和陈阳(2010)认为赞助回报是可以被测量的,这关键在于限定目标,建立赞助前基准,根据该基准测量和维持广告和促销的一致水平,这样分析赞助的效果是可能的。

案例 7.1

VISA 国际的成功赞助运作

　　对赞助结果进行分析,不仅为双方建立了赞助沟通交流平台,更有利于赞助方案的进一步完善。VISA 国际的成功赞助运作告诫我们,除了要精心策划赞助方案外,在执行的过程中,更应该采取多元化战略运营赞助计划的每一个环节。以 2000 年悉尼奥运会为例,VISA 国际作为悉尼奥运会的官方赞助商,在短短的 17 天奥运期间举债经营,实现销售额超出1 400万美元的新纪录。另外,海外的 VISA 卡持有者在澳大利亚的花费每年增长23%。VISA 奥运赞助战略的成功不外乎其实施的四大举措:其一,创新理念战略。在比赛期间,VISA 举办了来自 500 多个主要由澳大利亚零售商参与的以分发 12 万余枚奥林匹克徽章为特色的"拥抱这种精神"活动,特别是 VISA 国际赞助的奥林匹克选手团圆中心被认为是一个很有创意的方案,它意味着把奥林匹克选手聚集在一起,为 5 000 多名奥林匹克选手与他们的客户提供了交流平台。其二,以人为本的思想战略。VISA 在洛克设立了 VISA 消费者中心,为消费者提供如 VISA 卡补办、账户查询及向奥运村递送新卡等服务,同时 VISA 在奥林匹克公园安装了 800 套设备的销售点及 22 台自动取款机便于消费者消费。其三,权利转移战略。VISA 奥运会赞助的一个最有价值的战略是把权利转移给会员,这些权利使会员有权将 VISA 奥林匹克标志、主题和奖品运用到其营销方案中,从中获利。其四,集体智慧战略。VISA 与它的 21 000 家会员金融机构仔细计划和协商,并与 550 多家主要金融机构以奥林匹克为主题共同展开营销活动,从而造就了 VISA 的成功。

　　资料来源:禹唐体育.VISA 是怎样通过体育营销成就霸主地位的.

2) 体育赛事赞助市场营销方案

　　现代体育赛事已不单纯是体育竞技活动,而是政治、经济、文化竞争的综合平台,体育赛事赞助市场营销是现今最主要的赞助营销类型与方式,它表现出赞助营销的所有优越性,体育赛事赞助市场营销是企业采取的一种重要软性广告形式,其宣传效果是其他任何形式广告都无法比拟的,因此,体育赛事赞助市场营销方案对于赞助方与被赞助方的意义非常重要。

在中国,近些年体育赛事赞助营销的发展也风生水起。以往偏重电视、杂志、报纸等传统媒体广告的国内品牌,越来越多地开始转向赞助体育组织和体育赛事,表明他们正在逐步关注并认可体育营销的价值,在尝试从更多渠道吸引客户。从伊利赞助 2008 年北京奥运会提升品牌影响力到联想接力北京奥运实现国际化,从国内绿色能源企业英利发力南非世界杯的一夜成名到哈尔滨啤酒借力世界杯的快速上位;从王老吉的广州亚运"三部曲"预热营销一直到 2011 年深圳大学生运动会中众多品牌的积极姿态,这些都表明体育营销已经获得了国内企业的普遍关注。常年持续开展体育赞助或营销的中国品牌有很多,比如恒大、实德、绿城等地产品牌长期赞助中超,李宁、安踏、361°等体育品牌则主要赞助国内外的乒羽赛事。

中国赞助网数据研究中心发布的数据显示,2013 年中国赞助市场交易额在 1 500 亿元左右,体育赞助占据赞助市场近一半的市场份额。2008—2013 年体育竞技赞助占全年赞助总量的比重分别是 52.21%、52.81%、42.72%、45.00%、44.12%、43.74%。在 2008 年北京奥运会后,中国品牌对体育赞助的热情有所减弱。中国体育赞助市场大幅下降到 2010 年的42.7%,近几年内出现逐步平稳恢复的迹象(黄宝军和陈阳,2010)。

7.2 体育赛事赞助的实施

7.2.1 体育赛事赞助战略决策过程

在体育赛事活动策划过程中,拉赞助可能是一项确保赛事是否可行的重要因素。因此,赛事策划开始阶段就要考虑对潜在赞助商的开发。对许多赛事活动来说,缺少赞助商是导致决策活动进展缓慢的原因之一,所以,趁早确定赞助商和尽快签订协议是十分关键的。

体育赛事赞助战略决策过程涉及几个阶段和步骤。首先,要确定赛事活动的目标和可能的最佳收入目标。很显然,赞助活动是取得这些目标的有效手段。建立长久的赞助关系将是十分重要的。对赛事管理者来说,最关键是要认识到赞助关系是相互的,目标必须由所有参与方来完成。

体育赛事赞助战略决策过程主要包括 5 个重要方面:确立目标、建立关系、赛事审查、权益开发和评估。

1) 目标确定

成功举办赛事活动需要对其目标市场进行深入研究和确定。这种研究有助于实施正确的营销决策,因此这是开发赞助项目的第一个关键步骤。同时,一些潜在赞助商也在寻找各种有效方法来接触其目标市场。而一项拥有大量观众的赛事活动能够帮助赞助商实现这样的目标,因为体育赛事已成为一种有效的传播交流手段。

（1）发现、收集细分市场数据

对赛事目标市场的确认是通过市场细分来实现的。通过设立新的分类标准来确立细分市场，从而进一步发现创新性的方法，提高观众对赞助商的使用价值，从而增加获得更多赞助收入的可能性。

为了确立赛事的目标市场，需要研究各方面数据，即需要弄清楚赛事活动中各种参加者的特性，这应该包括人口统计方面的、社会经济和地理方面的信息。更深层次的信息应该有行为特征和心理学方面的信息，甚至应该了解这些参加者的生活方式信息。信息来源越全面，对目标市场的确定越明确。

这些数据信息应该分类保存，以用于发现目标市场。另外，拉赞助的过程也需要同样的数据，因为这些对潜在赞助商也非常重要。

（2）确定赞助商

在细分市场数据收集的基础上，研究哪些潜在组织机构对这些目标市场感兴趣，以确定拟合作的赞助商，可以委托赞助活动代理机构和顾问公司来完成此项工作。为了达到对市场深刻认识的目标，此项工作需要花费较多的时间精力。在一些公开信息领域中，有许多有用信息能帮助申办方准确找到潜在赞助商，这包括公司会计报表、销售数据、市场预测和走向、政府预算、商业报刊、营销传媒以及其他赛事活动和当前赞助活动。

在当今经济发展的舞台，体育赛事是企业获得大力宣传的有效媒介，因此，几乎所有的大公司、企业都会青睐拥有最大规模的、大众目标市场的体育赛事，并将赞助活动当作品牌、企业最重要的宣传沟通途径。在体育赛事赞助的过程中，应充分考虑其所获得产品或服务与潜在市场的完全匹配，并在设计赞助投资、营销分享计划时，分析并明确赞助商的行为动机。通常情况下，赞助商的动机主要包括品牌认知提升，其目的为使品牌曝光最大化，增强消费者观念与认知；增加销售，主要目的为增加和提高销售量；获得参加体育赛事的机会，其目的为鼓励并回报销售人员与消费者；掌握消费者情况，其目的为了解并把握特定或新的消费者。

2）关系建设

在完成确定有共同目标市场的合适组织、机构之后，接下来的工作就是建立合作关系。由于一项预先设计好的、确定下来的赞助方案不大可能满足某些赞助商的特殊需求。所以，建立成功赞助关系的关键是提供定制式的赞助协议框架，来实现单一目标，并满足潜在赞助商的需求。

通过赞助活动，赞助商要达到扩大市场销售份额，提升顾客忠诚度，加强和塑造品牌形象等方面目标。因此，杨介帅（2011）认为关系建设首先是确立双方赞助活动关系的需求；其次，设计开发各种措施方法来对这些需求进行评估；再次，给赞助商设计一系列的属于赛事活动的权利和受益方案，并满足赛事组织和赞助商双方的要求；最后，说明赞助商支付的金额和提供的服务以及作为回报得到的权益，双方对此达成一致意见。这4个阶段过程要求有持续性。对双方来说，即使已经成功建立的赞助关系也能进一步发展深化。赛事经理需要知道采取什么措施来赋予双方协作关系新的内容和活力。考虑到目前越来越少出现新的赞助交易和赞助商具有越来越多的选择权,加强和原有赞助商的关系变得十分重要。建立良好的赞助关系,双方不断变化的要求才能得到较好的满足,双方的利益才可以达到最大化。

3)赛事审查

赛事审查包括对赛事的评估,目标就是了解清楚赛事活动的各方面。赛事审查主要内容包括对赛事的有形资产、地域、时间、项目节目、供应、地位、交流沟通以及创造工作等方面的评估。

赛事审查结果将揭示赛事活动普遍提供的受益条款和赞助地位状况,还包括对赛事标志和图案的使用权情况,媒体和报业的报道情况,以及门票销售和招待情况等方面。

4)权益开发

只依靠从赛事组织获得的权益,赞助商也不大可能完全实现其目标。要接触到目标市场需要对权益进行开发和拓展。这包括赞助商为购买赛事权益而进行的各种交流活动以及每一项权益能起什么作用。这需要许多时间和资源来完成使赞助活动融入赞助商的整体方案中。

开发方案是一项战略性规划,它是一个组织整体传播战略的核心部分。在整个宣传活动中,体育赞助活动起一定作用,同时,为了充分运用其权益并成为运动队的主要赞助商,还应进行周密的沟通交流活动。

5)赞助评估

为了使赞助关系得到发展,需要持续性地评估双方关系。为了及时向好的方面更改,需要不断反馈。正如和其他评估方法一样,需要和目标进行对照,如果这些都是可衡量的目标,那么为了使投资达到最大化可进行决策。赞助评估应回答诸如赞助关系架构是否清晰,赞助能为谁所注意和关注,赞助活动是否完成预定目标等问题。

通常情况下,对体育赛事赞助进行评估主要关注下述3个方面。

(1)品牌

赞助一项体育赛事,能够更好地了解消费者的观念,并可对品牌的喜爱度、忠诚度、亲密度、拥护度以及关联度进行实测。最终,通过体育赛事赞助可实现目标群体品牌认知度的提升。因此,品牌提升应成为体育赛事赞助评估的重要方面。

(2)关系

一个企业参与一项赛事的赞助后,对于企业在行业及社会中会产生很大的影响。举个例子,在英利大手笔赞助世界杯之前,知道这个品牌的人少之又少,当英利登上万众瞩目的世界杯赛场后,在互联网上搜索"英利"的数量翻倍地增长,虽然这家高科技企业对于普通民众来说与日常生活几乎没什么关系,但一个企业在庞大的世界足球迷群体中打开知名度后,相关政府对于其的关注度也会提升,同时也会吸引到投资市场关注的目光,而且对于内部员工管理以及未来人才的吸引也会大有裨益。

(3)商业

对于赞助体育赛事的企业来说,这是最为看重的一个层面。通过一个品牌赛事作为宣传平台,除了展示自身实力,提升品牌形象,更重要的是能通过软性植入的方式使现场观众以及电视(网络)观众更容易接受一个品牌,产生深入了解的冲动,从而达到增加销售额和市场份额的目的。同时,对于供应链的激励、数据库的建立、新市场的开发、员工技能拓展等也能达到更好的效益。

7.2.2　体育赛事赞助实施

1)明确赞助商的赞助动机

赞助商选择体育赛事,主要考虑的因素包括受众契合度、形象契合度、宣传期契合度、组织者的可靠程度以及其他赞助商的数量和级别、权益和价格。首先,体育赞助最重要的因素就是目标人群契合度。在确定赞助一场赛事之前,赞助商需要考虑关注这场赛事或这项体育运动的人群,与企业希望吸引的人群重合度究竟有多高。其次,另一个重要因素就是品牌形象契合度。随着体育产业发展,越来越多的赛事组织者愿意打造精品赛事,在赛事中植入鲜明的形象气质,以此帮助赞助商更好地依托赛事形象,达到品牌营销的目的。再次,赛事的宣传周期也非常重要。赞助商必须考虑赛事宣传时间与企业产品销售、企业营销计划是否相应。另外,赞助商需要重视组织者的可靠性。即便是组织者在招商方案中描述了美好的回报图景,但究竟能否实现,取决的还是整个组委会的能力。最后,赞助企业也必须考量其他赞助商的数量和级别、权益和价格,毕竟一场赛事的赞助商那么多,消费者能记住的往往只有几个,更不用说每年在赛事赞助之伏击营销的品牌们了。赞助商在考量"同台竞技者"的同时,也要提升自己利用赛事服务消费者的能力,才能获得有效的赞助回报。

2)明确赞助商的回报条件

赞助商对赞助活动都有一定的期望,更多地体现为对赞助回报条件的相应要求,赞助方通过要求受赞助方提供各种相应的回报条件来达到赞助目的与效果,受赞助方即应根据赞助方的期望设计好赞助回报条件方案。赛事组织方在制订赞助回报条件时,应根据赛事的投融资、管理运作等情况,科学、合理地制订赞助回报条件。

由于不同体育赛事在等级、水平、项目以及地点等方面存在不同,赞助方所要求的回报条件也存在不同。一般来说,主要包括以下几个方面:

①冠名权:赛事赞助商名字出现的方式。
②赞助广告:赛事秩序册、海报、赛事文具用品、门票、T恤等。
③电视与广播宣传等权利。
④赛事现场标志:售货亭广告、赛事旗帜或其他标志。
⑤赛事宣传促销:包括赛事前促销、赛事中宣传促销。

⑥赛事娱乐活动、住宿及相关安排。

⑦赞助商、观众与慈善组织之间的联系。

⑧赞助商赛事标志使用。

⑨赛场商品销售权。

⑩赞助商、赛事公众形象评价。

3) 制订体育赛事赞助计划方案

体育赛事赞助计划方案通常包括赛事商品销售、赛事标志、赛事门票、赛事接待、电视新闻发布会等方面。因此,制订体育赛事赞助计划中必须包含以下要素:

①描述计划中的赛事、赛事管理组织。

②赛事的情况和历史。该部分内容包括赛事的名称、时间、地点。

③参加者(运动员和/或艺术家的名字)、参与情况——过去的和预期的,媒体报道——过去的和预期的(包括实例)、慈善捐助的情况(慈善家的名字和捐助数量),参与者和观众的人口特征。

④赞助商可能获得的利益(回报条件)。重要的不仅仅是让赞助商知道在赛事前和赛事中可能获得的利益,以便他们决策。还要让他们了解赛事地点的限制,因为许多市政地区要求赞助商取得在比赛期间进行宣传的许可。赛事合同通常是建立在首次与赞助商接洽的合同和意向上的。低承诺、高服务更为可取。

⑤赞助费。明确赞助费不包括以下费用:餐饮、住宿、交通、门票、标志和商品销售。

⑥小结。该部分内容包括目标市场(赛事将接触到的对象是谁)、慈善捐助者(谁将慈善捐助本赛事?例如地区慈善组织、社区)、赞助公司的利益/机会(为什么本赛事适合该公司)。

在制订体育赛事赞助回报计划方案时,经常会出现一些不应有的错误,如只注重自己的利益,而忽视了赞助商的利益,只注重自己需要多少钱,而忽视了赞助商的价值。赞助计划制订得零乱、难懂或随意,会令赞助方产生许多疑问,错误会导致赞助失败。失去赞助商的最快方式是流露出"谢谢你的钱,现在请走吧"的态度。拉住赞助商的最好方式是"把他们当成最宝贵的资产来加以珍惜。始终良好地为赞助商服务的态度,积极寻求各种能增进关系的途径,并牢记赞助商的产品就是你的产品、赞助商的利益就是你的利益。"因此,制订赞助计划方案时,要避开误区,从赞助商的角度切实维护好赞助商的权益。

7.3 体育赛事财务管理的原则与实务

埃里克·赫尔弗特(2010)提出财务管理(Financial Management)是在一定的整体目标下,关于资产的购置、资本的融通和经营中现金流量,以及利润分配的管理。财务管理是企业管理的一个组成部分,其是根据财经法规制度,按照财务管理的原则,组织企业财务活动,处理财务关系的一项经济管理工作。简单来说,财务管理是组织企业财务活动,处理财务关系的一项经济管理工作。

体育赛事是体育产业经济的主要外在表现形式,其财务、资金情况尤其重要。体育赛事财务管理是在体育赛事正常运行过程中,为实现体育赛事整体目标,涉及资本投入、融资、现金以及利润分配等方面的管理活动,是体育赛事管理的重要组成部分,为体育赛事的高效管理提供重要的资金保障。

7.3.1　体育赛事财务管理的原则

1) 系统原则

财务管理是体育赛事管理系统中的一个子系统,由投资管理、筹资管理、分配管理等子系统构成。系统原则是体育赛事财务管理工作的首要出发点,应在具体的财务管理操作中做到整体优化、结构优化以及充分适应环境要求。

2) 现金收支平衡原则

体育赛事应在一系列的复杂业务关系中保持现金的收支平衡,是投资计划、筹资计划、分配计划的综合平衡,因而现金预算是进行现金流转、收支平衡控制的有效工具,体育赛事的现金流入与流出的发生,客观上要求在管理过程中做到现金流转平衡。

3) 成本、收益、风险权衡原则

在财务管理过程中,成本、收益、风险之间总是相互联系、相互制约的。财务管理人员必须牢固树立成本、收益、风险三位一体的观念,以指导体育赛事各项具体财务管理活动。体育赛事财务管理应做到成本与收益权衡,妥善处理各种财务关系。应做到收益与风险权衡,在风险一定的情况下,使收益达到较高的水平;在收益一定的情况下,将风险维持在较低的水平。应做到成本、收益、风险三者综合权衡,兼顾各种方案的优选、整体优化、结构优化等。

7.3.2　体育赛事财务管理的实务

1) 体育赛事财务预算管理

预算是企业在预测、决策的基础上,以数量和金额的形式反映企业未来一定时期内投资、经营、财务等活动的具体计划,是为实现企业目标而对各种资源与活动做的详细安排。财务预算特征包括与企业的战略或目标保持一致;预算具有较高的数量化和可执行性。编制预算的目的是促成企业以最经济有效的方式实现预定目标。

体育赛事财务预算管理作用:①通过控制与引导经济活动,财务预算管理可使体育赛事经营达到预期目标;②作为协调的工具,财务预算管理可以实现体育赛事管理内部各个部门之间的协调;③作为考核的标准,财务预算管理可以作为体育赛事管理业绩考核的标准。

（1）体育赛事财务预算目标

体育赛事财务预算目标来源于筹资和各种盈利方式。而制订筹资目标和获利目标是预算过程的一部分。筹资、为赛事活动投资与确保投资收益紧密相关，而盈利方式与如何开发赛事活动相关。

体育赛事的筹资管理是指按照国家相关法律和政策，从不同渠道，用不同方式，按照经济核算方法的原则筹集资金，以满足体育赛事经营的需要，以实现体育赛事财务管理的目标。体育赛事筹资管理内容主要包括预测体育赛事资金的需求量，估计筹资额度，规划体育赛事的筹资渠道和资本结构，合理筹集和节约使用资金，规划体育赛事的筹资方式，以及使筹集的资金符合实际要求等。

国外体育赛事筹资主要通过出售电视转播权、获得赛事赞助、出售门票、发行体育彩票和债券，以及单项赛事协会拨款等方式进行。其中，赞助和电视转播权的收入占筹资额的绝大部分。我国体育赛事的筹资主要通过政府拨款、企业赞助、社会捐赠、基金会拨款以及金融机构融资等方式进行，其中，政府拨款和企业赞助是主要的方式。

从盈利模式来看，体育赛事商业化运作主要通过 4 个途径来获取最大经济利润，主要包括商业赞助、转播权销售、特许经营以及门票销售。

案例 7.2

2008 年北京奥运会赛事运作成功

在奥运会接近一百年的发展过程中，国际奥委会对于奥运会的商业化限制较为严格，赛事举办经费主要来自政府财政资助以及民间赞助，1976 年的加拿大蒙特利尔奥运会在无商业化运作的背景下亏损 10 多亿美元。1984 年洛杉矶奥运会正式引入商业化运作，并实现奥运历史上的首次盈利（2.25 亿美元），随后的历届奥运会也都实现了不同程度的盈利，商业化运作也更加灵活、多元化，同时对于带动举办国相关经济领域的发展发挥着重要作用。

2008 年北京奥运会是奥运史上商业化运作较为成功的一届，共实现收入 205 亿元人民币，盈利 10 亿元。从收入结构来看，北京奥运会的直接收入来源主要包括转播权出售、门票收入、奥林匹克赞助计划（国际奥委会 TOP 赞助商、组委会赞助商、供应商等）、特许经营权收入以及彩票、纪念品收入等，其中赛事转播权收入占比高达 40% 以上，赞助与捐赠收入占比也达到 20% 以上，从奥运会赛事衍生出的彩票与纪念品收入也是奥运会的重要收入来源。

由于每届奥运会都有来自全球各国几十亿的观众观看，因此各大媒体机构对于奥运会赛事转播权的争夺日益激烈，转播收入水涨船高，尤其是在北京奥运会，仅国内观看累计人次达到 11 亿，转播权收入也创下历届新高，达到 17.4 亿美元（51% 归国际奥委会，49% 归主办城市）。

资料来源：禹唐体育.体育产业的商业化运作与盈利模式探析.

（2）体育赛事财务预算编制

财务预算是指有关经营成果、现金收支、财务状况等方面的预算，体育赛事财务预算的编制主要包括利润表预算、现金预算、预计资产负债表 3 个方面。

①现金预算是以业务预算与专门决策预算为依据编制的,专门反映预算期内现金收入与现金支出,以及为满足计划现金余额而进行筹资或归还借款等的预算。体育赛事现金预算由可供使用现金、现金支出、现金余缺、现金筹措与运用 4 部分构成。

②利润表预算用来综合反映体育赛事在计划周期的预计经营成果,是体育赛事财务管理主要的财务预算表之一。编制依据是各业务预算、专门决策预算和现金预算。

③资产负债表预算用来反映体育赛事在计划期末预计的财务状况。编制目的在于判断预算反映财务状况的稳定性和流动性。如果通过预计资产负债表的分析,发现某些财务比率不佳,必要时可修改有关预算,以改善财务状况。资产负债表预算的编制需以计划期开始日的资产负债表为基础,结合计划期间各项业务预算、专门决策预算、现金预算和预计利润表进行编制。

(3)体育赛事财务预算的执行与考核

体育赛事财务预算批复之后,各预算执行单位就必须认真执行,将预算指标层层分解,从横向到纵向落实到内部各单位、各环节、各部门与各岗位,形成全方位的预算执行责任体系。

体育赛事财务正式下达执行的预算,一般不予调整。预算执行单位在执行中由于经营条件、市场环境、政策法规等发生重大变化,导致预算的编制基础不成立,或者将导致预算执行结果产生重大偏差,可以调整预算。

体育赛事财务预算调整决策要求:①预算调整方案应在经济上能实现最优化。②预算调整事项不能偏离企业发展战略。③预算调整重点应当放在财务预算执行中出现的非正常的、重要的、不符合常规的关键性差异方面。

体育赛事财务应当制订预算分析制度,由预算委员会定期召开财务预算执行分析会议,全面掌握预算的执行情况,研究、解决预算执行中存在问题的政策措施,纠正预算的执行偏差。

2)体育赛事的财务控制

(1)体育赛事财务控制的基本要求

苗润生和陈洁(2010)提出财务控制是在生产经营活动的过程中,以计划任务和各项定额为依据,对资金的收入、支出、占用、耗费进行日常的核算,以便实现计划规定的财务目标的过程。财务控制是落实计划任务、保证计划实现的有效措施。有效地进行财务控制必须注意职责分离、收支两条线的基本原则。

体育赛事的财务控制要适应管理定量化的需要,应注意下述基本工作要求。

①控制标准,分解落实责任。按照责权利相结合的原则,将计划任务以标准或指标的形式分解落实到各负责人、部门乃至个人,即指标分解。这样,体育赛事活动组织内部每个单位、每个员工都有明确的工作要求,便于落实责任,检查考核。通过计划指标的分解,可以把计划任务变成各单位和个人控制得住、实现得了的数量要求。对资金的收付、费用的支出、物资的占用等,要运用各种手段进行事先控制。凡是符合标准的,就予以支持,并给以机动

权限;凡是不符合标准的,则加以限制,并研究处理。

②确定执行差异,及时消除差异。按照"干什么,管什么,就算什么"的原则,详细记录指标执行情况,将实际同标准进行对比,确定差异的程度和性质。要经常预计财务指标的完成情况,考察可能出现的变动趋势,及时发出信号,揭露体育赛事组织过程中发生的矛盾。此外,还要及时分析差异形成的原因,确定造成差异的责任归属,采取切实有效的措施,调整实际过程,消除差异,以便顺利实现计划指标。

③评价业绩,做好考核奖惩。在一段时间后,体育赛事组织者应对各责任单位的计划执行情况进行评价,考核各项财务指标的执行结果,将财务指标的考核纳入各级岗位责任制,运用激励机制,实行奖优罚劣。

(2)体育赛事财务控制的方法

①成本核算。成本核算是指将企业在生产经营过程中发生的各种耗费按照一定的对象进行分配和归集,以计算总成本和单位成本。成本核算通常以会计核算为基础,以货币为计算单位。成本核算是成本管理的重要组成部分,对于企业的成本预测和企业的经营决策等存在直接影响。进行成本核算,首先应审核生产经营管理费用,看其是否发生,是否应当发生,已发生的是否应当计入产品成本,实现对生产经营管理费用和产品成本直接的管理和控制。其次对已发生的费用按照用途进行分配和归集,计算各种产品的总成本和单位成本,为成本管理提供真实的成本资料。

体育赛事的成本与赛事的规模密切相关,体育赛事成本取决于使体育赛事发生的基本条件的建立和体育赛事的营销推广。

②收入核算。体育赛事的收入与体育赛事的类型和体育赛事规模有极大的关系,体育赛事的类型直接决定了体育赛事的收入来源状况,同时,体育赛事收入也会限定体育赛事的目标和计划过程。体育赛事收入可分为基本资金收入和营销收入两方面。具体包括:拨款/贷款;集资;门票销售;赞助;报名费;媒体;商品销售及其他营销收入。

根据预算的性质和作用,体育赛事预算与财政管理过程联系密切。首先是清楚体育赛事的目标和环境、体育赛事任务,然后建立体育赛事预算,对体育赛事现金流动控制和对最后结果进行评价和反馈。体育赛事预算和财务管理直接关系到体育赛事管理效果,其具体方法应围绕体育赛事的目标和环境情况而展开。

③财务报告。通过财务报告,有关各方才能获得会计信息。体育赛事运作公司每年年底应制作财务报表来说明体育赛事财务经营状况,根据法律,有限公司必须要公开一份财务内容的详细年度报告,主要包括盈亏分析报告和资产负债表。

盈亏分析报告显示一段时间内的收入支出和利润情况,包括报告类型及报告所跨的时间范围,此外该报告还包括特定时间内现金交易和贷款交易,并被看作判断和推测销售、成本、费用及利润的经营状况凭证。盈亏分析报告清楚地勾勒出组织在一段时间内的纯利润水平,是体育赛事经营决策过程中重要的一部分内容,能反映出体育赛事组织和管理的水平。

资产负债表为体育赛事财务管理过程中相当重要的财务报表,最重要的功用在于表现体育赛事总体的经营状况。资产负债表反映该组织资产的构成及其状况,分析体育赛事在某一日期所拥有的经济资源及其分布情况。可据此解释、评价和预测体育赛事管理的绩效,帮助管理部门作出合理的经营决策。

- 体育赛事赞助的原则要求包括商业计划原则、风险最小化原则、效益增值原则、互惠互利原则、诚实信用原则等方面。
- 体育赛事赞助方案包括体育赛事赞助方案设计与体育赛事赞助市场营销方案两部分内容。
- 体育赛事赞助实施过程包括5个重要方面：确立目标、建立关系、赛事审查、权益开发和评估。
- 体育赛事赞助实施内容包括摸清赞助商的赞助动机，了解赞助商对受赞助体育赛事的期望，制订赞助计划方案等方面内容。
- 体育赛事财务管理的原则包括系统原则、现金收支平衡原则以及权衡原则。
- 体育赛事财务管理的具体内容包括预算管理、财务控制两个主要方面。

复习思考题

1. 体育赛事赞助的原则如何理解？
2. 如何从实践操作角度掌握体育赛事赞助的主要方法与内容？
3. 体育赛事赞助实施过程包括什么内容？
4. 体育赛事财务预算管理的方法与过程是什么？
5. 体育赛事财务控制的一般方式是什么？

【补充与提高】

全国性单项体育竞赛财务管理办法

（体经济字〔2000〕092号　2000年3月1日）

第一章　总则

第一条　为了规范全国性单项体育竞赛财务工作，提高竞赛经费使用效益，保障竞赛顺利进行，根据《体育事业单位财务制度》和国家有关规定，制定本办法。

第二条　全国性单项体育竞赛(以下简称单项竞赛)是指列入国家体育总局年度竞赛计划、由国家体育总局运动项目管理中心(以下简称项目中心)主办的全国性竞赛活动。

第三条　单项竞赛组委会(以下简称组委会)应设财务部门,具体负责单项竞赛资金筹集、使用、核算及管理等工作。单项竞赛的全部财务收支活动必须在组委会的领导下,归口财务部门统一管理。

第四条　单项竞赛财务管理工作必须贯彻勤俭节约的方针,同时利用市场经济规律,多渠道筹集资金,保证单项竞赛圆满、顺利进行。

第五条　单项竞赛财务工作应接受主办单位、上级体育行政部门及审计部门的指导、检查和监督。

第六条　单项竞赛活动制定的收费项目和收费标准必须遵守国家有关规定,不得超标准超范围收取参赛经费。

第二章　预算管理

第七条　单项竞赛财务部门根据竞赛规模、参赛人数、会期等开支因素以及收入情况,编制经费预算,报组委会审核批准后执行。

编制预算时,要列出具体开支项目、数量、单位、开支标准等计算依据,以便于审核。

第八条　承办单位筹集单项竞赛资金确有困难的,地方体育行政部门应适当给予补助,以推动当地体育事业的发展。

第三章　收入管理

第九条　单项竞赛收入包括项目中心核拨竞赛经费收入、体委补助收入、广告赞助收入、广播电视转播权收入、门票收入及其他与单项竞赛相关的收入。

第十条　单项竞赛所有收入必须全部纳入单项竞赛预算,统一核算、统一管理、统一使用。任何部门和个人不得随意截留、分配、挪用和隐匿账外。

第十一条　承办单位接到主办单位或上级体委拨入的竞赛费,应及时为其开具发票。

第十二条　承办单位要积极培育开拓竞赛市场,充分开发单项竞赛无形资产和利用竞赛的广告媒体作用,积极、稳妥、依法组织收入,保证竞赛需要。

第十三条　承办单位和组委会要加强对单项竞赛赞助合同的管理。合同签署过程中,集资部门、财务部门、业务部门要共同进行充分的论证,明确与赞助商等各方的责任、权利、义务等事项,确保合同的合法性,确保有关各方的利益和竞赛的顺利进行。组委会财务部门要掌握、监督合同的落实执行情况。

第十四条　与单项竞赛有关的各类广告活动,应由合法的中介人办理,双方以受法律保护的契约明确规定各自的权利、义务、责任,中介费用应根据有关规定合理掌握。

第十五条　以单项竞赛名义接受的赞助和捐赠的实物,必须计入收入账并登记财产明细账。

第四章　支出管理

第十六条　单项竞赛支出要本着节俭、高效的原则,严禁一切铺张浪费和攀比行为。开支范围和开支标准要严格执行国家有关规定。

第十七条　单项竞赛的仲裁人员、裁判人员及其他工作人员所需费用应包括在包干定额之内。任何主办和承办单位不得将这些费用转嫁给各参赛队。

裁判人员酬金标准按项目协会制定的标准执行。

第十八条　为降低单项竞赛费用支出,在保证竞赛正常进行的前提下,应就近选派仲裁人员、裁判人员及其他工作人员。

第十九条　伙食费支出的管理:

一、运动员、教练员伙食标准,可参照国家体委、财政部、商业部《关于下发优秀运动员、专职教练员和其他人员伙食费标准规定的通知》〔(85)体计计字 464 号〕中的实物标准,并根据当地物价水平按照承办单位所在省市的优秀运动队伙食标准上浮 30%～50%。费用由各代表队支付。

二、各代表队工作人员伙食标准由组委会根据当地物价水平商主办单位制订。费用由各代表队支付。

三、为了保证运动员、教练员营养的实际需要,可在伙食标准之外另列支"伙食补助费",费用由组委会支付,不得向参赛队收取。

第二十条　住宿费支出的管理:

一、各代表队在编人员在竞赛期间的住宿费由组委会支付。

二、各代表队提前到会、延期离会、在旅途中转的住宿费以及超编人员的住宿费由各代表队自理。

三、制订住宿标准既要贯彻勤俭节约、艰苦奋斗的精神,又要保证运动队休息、安全、卫生。

第二十一条　兴奋剂检测人员的差旅、食宿费用以及兴奋剂检测费用由国家体育总局负责。组委会应积极配合检测工作,提供便利的工作条件。

第二十二条　不在大会食宿的当地工作人员可发给一定的补助费,最高不得超过工作人员伙食标准,具体标准由组委会自定。凡在大会食宿的工作人员一律不得领取任何补助费。

补助费的支出要严格控制发放人数,严禁超范围、超标准发放。

第五章　决算管理

第二十三条　组委会财务部门在竞赛结束后 1 个月内作出财务决算,审计部门签署审计意见后报省体委财务部门和主办单位财务部门。

第二十四条　单项竞赛结束后,竞赛资金结余应按照有关规定和合同的规定进行分配,属于承办单位的部分要全部转入承办单位事业收入,纳入单位预算管理。任何单位和部门不得利用办赛的结余资金另设"小金库"。

第二十五条　对单项竞赛剩余物资,按有关规定办理交接手续。接收单位必须登记入账。

第六章　附则

第二十六条　本办法适用于各级体委及其所属事业单位承办的单项竞赛活动。各类职业联赛和商业比赛可参照执行。

第二十七条　本办法由国家体育总局体育经济司负责解释。

第二十八条　本办法自发布之日起施行。此前财政部和国家体育总局有关单项竞赛的财务管理规定及有关经费开支标准与本办法有抵触的,以本办法为准。

第8章
体育赛事的供应链

　　一项体育赛事能够成功举办依赖着方方面面人力、物力和财力的投入，而这其中，人力资源的供应是赛事顺利推进的核心要素。从体育赛事管理实践来看，赛事人力资源供应主要包含执行团队、志愿者和裁判。为了激发工作效能，体育赛事的管理者要从人员招募、人员培训和人员考核的3个角度做好人力资源管理。

　　此外，体育赛事场地供应堪称赛事能否顺利举办的基石，为赛事服务的各类场地、设施，都可以称作"场馆"。从使用功能角度，可以将场馆分为：竞赛场馆、非竞赛场馆、训练场馆等。如何科学地做好场馆管理也是本章的学习重点。

　　当然，餐饮、媒体、技术、交通、环卫、安保、医疗等方方面面的供应都为赛事成功举办保驾护航，它们又分别有什么管理特点呢？

【本章学习目标】

　　1.了解体育赛事如何做好人员招募、培训和考核。

　　2.了解什么是体育赛事场馆化组织模式。

　　3.了解赛事餐饮、媒体、技术、交通、环卫、安保和医疗供应的管理特点。

【关键术语】

　　人力资源供应　　场馆供应　　配套服务

体育赛事管理者的困惑——要承办一项综合性大型运动会应如何做好供应链保障？

　　如今体育产业发展已经成为国家战略，形形色色的体育赛事让体育竞赛表演业迅猛发展：小到一个企业为了宣传品牌文化打造的小规模群众赛事，大到一座城市为了树立城市品牌承办一项综合性大型运动会。赛事组织任务时不我待，而最让赛事组织者关心的就是如何更好地整合人力资源、场馆资源，并同时配合做好餐饮、媒体、技术、交通、环卫、安保、医疗等方面的服务。本章将系统性学习体育赛事的供应链管理。

8.1　体育赛事人力资源供应

体育赛事人力资源供应也称体育赛事人员管理,其根据赛事组委会的目标任务和岗位需求,运用现代化的科学方法,对工作人员进行合理的组织、调配、培训、监督的管理工作。

从体育赛事管理实践来看,赛事人力资源供应主要包含执行团队、志愿者和裁判。

体育赛事的人员管理主要包括以下 3 项内容:人员招募、人员培训和人员考核。

8.1.1　体育赛事人员管理的实施主体及实施内容

1)执行团队

根据赛事的规模与特点,其基本的执行团体,即为赛事组委会下设的各部门。在赛事实践中,多包含以下部门配置:办公室、竞赛部、新闻宣传部、安全保卫部、后勤保障部、大型活动部、市场开发部、外事接待部等。(各部门职责详见第本书第 10 章 10.2.2 各部门的主要任务)

2)志愿者

联合国将志愿者定义为"不以利益、金钱、扬名为目的,而是为了近邻乃至世界进行贡献的活动者",可以解释为自愿贡献自己的时间、精力等,在不求回报的前提下为推动社会的发展提供服务的人员。而同样赛事的志愿者可以定义为,是由权威体育组织或由志愿者组织招募管理,不以物质、名利为目的,自愿利用自己的时间、技能,主动承担责任,自愿在赛事中承担相应岗位责任的人(陈宏洋、李泽和王莉莉,2015)(图 8.1)。

图 8.1　北京奥运会志愿者为排球赛事服务

体育赛事的正常运转离不开志愿者的参与,总体来说,在赛事的举办中有两种类型的志愿者,第一种是普通型志愿者,参与一般工作的志愿者;第二种是专业型志愿者,参与专业类工作的志愿者。普通志愿者主要参与接待、秩序维持、后勤等;专业志愿者主要参与语言翻译、医疗服务等方面的工作。

3)裁判

裁判是在体育赛事过程中,依据竞赛规程和竞赛规则,评定运动员或运动队成绩、胜负和名次的人员。通常认为裁判就是体育比赛场上的法官,场上所发生的一切将由裁判裁决,为中立者。

图 8.2 斯诺克女裁判成为
赛事一道亮丽风景线

裁判的主要职责是使比赛按规定进行,确保比赛进行顺利,因此责任重大,分工必须明确,做到各尽其责。裁判的分工可分为长期分工和临时分工(图 8.2)。

(1)长期分工

根据项目特点和裁判职能,需要裁判员职责在较长时间内固定不变,相对稳定。如足球项目的裁判员和助理裁判员,网球项目的司线员和裁判员,职责都十分明确,分工在很长一段时间内不会发生变化。

(2)临时分工

裁判员的职责变化不大,一般是赛前才进行分工。如篮球项目的主裁判和副裁判,比赛开始前,再确定比赛场上的分工,职责和分工是暂时的,随时都可能发生变化。

另外,根据项目的特点分工时,应尽量安排与参赛队无关的裁判员,避免嫌疑,使其裁判工作更加严肃认真、公正准确。

8.1.2 人员招募

赛事组委会工作人员,按照“公开平等、竞争择优、科学规范、依法办事”的原则,根据工作需要,面向国内外招聘。

1)基本条件

①遵守《中华人民共和国宪法》及其他相关法律。
②愿意为赛事顺利举办贡献力量。
③一般应具有较扎实的外语基础和运用能力。
④具有一定的计算机操作能力。
⑤身体健康。

2)招聘办法

发布信息、组织考试、进行考察、组织体检、确定聘用。

3)有关政策

①实行聘用制度,按照“平等自愿、协商一致”的原则,赛事组委会与工作人员签订聘用合同。
②实行岗位工资,工作人员根据应聘岗位,享受相应的工资福利待遇。
③根据国家有关规定,并为其统一办理社会保险。

8.1.3 人员培训

建设一支高素质的工作人员队伍,是确保赛事筹备工作顺利开展的关键和根本保障。

赛事组委会应本着"积极、务实、节俭、高效"的精神,有计划、有组织地开展赛事知识、竞赛业务、外语能力等方面培训,不断提高工作人员的综合素质(图 8.3)。

图 8.3　赛事礼仪志愿者培训

1)培训原则

加强领导,明确责任;统筹规划,突出重点;按需培训,能力为本;内外兼顾,资源整合。

2)培训内容

①通用知识培训。主要是项目知识和本次赛事举办情况的培训;大型赛事的组织管理要点;工作人员的基本素质要求;外事礼仪及外语能力等。

②主要是根据不同部门、不同岗位的工作要求进行的专业知识和专业技能方面的培训。

③场馆培训

针对赛事每个具体岗位进行的岗位职责、工作流程,注意事项等方面的培训。

3)工作分工

①培训工作由组委会人事部归口管理,负责制订培训规范、制度和标准,编制培训计划及预算;大型赛事还需组织完成通用类和竞赛类教材的编制工作;有计划地进行组委会各部门均参与的通用知识培训;对部门培训工作进行协调指导和督促检查。

②组委会各部门(场馆)根据职能划分,负责制订本部门(场馆)的培训计划及预算,并负责组织实施本部门(场馆)相关通用知识培训、专项业务培训、场馆培训和岗位细则的培训及教材的编写。

③培训合作机构是协助组委会做好培训工作的合作单位,其主要职责是根据双方订立的合同承担组委会某一项或几项培训任务。培训合作机构在赛事培训工作协调小组的指导下,负责组织实施相关的培训工作。

8.1.4　人员考核

人员考核分考核内容、考核标准、考核方式和考核结果的使用 4 部分。以下为 2008 年北京奥运会人员考核办法,这份考核办法全面体现了体育赛事人员考核的各项具体措施。

1)考核内容

人员考核内容包括以下 4 个方面:完成工作任务的情况;专业知识技能的能力;忠于职守,奉献赛事情况;遵纪守法、廉洁自律情况。

2)考核标准

年度考核结果分为优秀、良好、合格、不合格 4 个等次;组委会工作人员的使用考核和聘期考核结果分为合格、不合格两个等次。

3) 考核方法

①按规定填写年度考核登记表或使用考核登记表、聘期考核登记表。

②对照岗位职责和工作要求进行述职。

③对被考核人进行民主测评。期评价权重分别是：主管领导为40%，其他人员为60%。

4) 考核结果的使用

年度考核为优秀、良好的，按照组委会有关规定给予奖励；年度考核为不合格的，可视情况调整工作岗位或解除聘用合同。

试用考核为合格的，按期转为正式工作人员；试用考核为不合格的，解除聘用合同。

聘期考核为合格的，根据工作需要继续聘用；聘期考核为不合格的，解除聘用合同。

案例 8.1

北京奥运会志愿者要通过四大培训才能进入明确的岗位

北京奥运会志愿者培训的内容主要包括通用培训、专业培训、场馆培训和岗位培训4大类。其中，后3类培训主要由奥组委相关部门和各场馆团队负责。按照赛事各岗位对志愿者素质的要求，志愿者不仅要具备赛会志愿服务必需的知识和技能，而且要具备较强的服务意识、服务精神、服务能力和较高的综合人文修养。通用培训的内容主要包括知识、技能和精神素质3个方面。这类培训对于所有关心志愿服务的人来说，可以了解奥林匹克的历史进程，了解奥林匹克大家庭，也可以了解志愿文化在世界范围内的传播。

专业培训是与竞赛项目、体育文化的传播、体育文化的认知结合在一起的；场馆培训则是随着场馆的完工以及场馆团队的形成逐渐开展；临战前的岗位培训是让志愿者到工作岗位上去，在实战中进行培训。

资料来源：中国网.志愿者数十万人参与 四大类培训产生明确岗位.

8.2　体育赛事场馆供应

图8.4　上海市东方体育中心

提起场馆，人们更多想到的是直接为体育比赛提供的场地或建筑物。若对于综合性运动会而言，体育赛事场地的范围则要宽泛得多，可以说，为赛事服务的各类场地、设施，都可以称作"场馆"。通过使用功能分类，场馆可分为竞赛场馆、非竞赛场馆、训练场馆等（图8.4）。

8.2.1　场馆团队保障

为真正实现场馆运行的工作目标,为各类客户群体提供满意的服务,做到90%以上的问题解决在场馆,需要建立一支高素质的场馆运行团队。场馆团队由领导层成员和负责相关业务领域的工作人员组成。不同类型场馆的团队组织构成各不相同,竞赛场馆和非竞赛场馆因功能而异,训练场馆相对简单。

一般来说,场馆团队设有场馆主任。团队工作实行"主任负责制"。场馆主任作为保障场馆高效运行的总负责人,拥有馆内各项事务的最高决策权,重点落实"场馆主责",按照赛事指挥体系的要求指挥调度工作。

场馆团队人员来自各个方面,基本类型有受薪人员、志愿者和合同商3类。其中,受薪人员还可以细分为正式聘用人员、借用人员和赛事实习生。总体上看,人员类型不同,相应的待遇和管理方式也有所不同。

受薪人员分类如下所述。

①正式聘用人员:是指与组委会存在聘用合同关系的工作人员,人事关系隶属组委会,赛时享受组委会薪水、福利、制服和免费餐饮待遇。

②借用人员:是指与组委会存在合作关系的相关政府机构或企业的赛事借调人员,人事关系属原单位。赛时享受组委会制服,补贴及免费餐饮待遇。

③赛事实习生:是由部分院校在赛前一年或半年到赛时期间统一派往组委会参与相关工作的在校学生。赛时享受组委会适当补贴、制服及免费餐饮待遇。

志愿者:是义务为赛事服务的工作人员,接受赛事组委会管理,该类人员赛时享受组委会制服和免费餐饮待遇。

合同商人员:是指由组委会委托的合同商或赞助商提供制服和薪水的工作人员,人事关系属合同商或赞助商。赛时不享受组委会待遇。

北京奥运会主体育场——鸟巢如图8.5所示。

图 8.5　北京奥运会主体育场——鸟巢

8.2.2　场馆化组织模式

1)场馆化的主要内容

场馆化组织模式指的是在赛事组委会统一部署下,根据场馆功能设立管理机构,协调管理场馆内的各项事务。场馆主任是场馆最高负责人,各隶属于场馆的职能部门负责各自领域的工作(图8.6)。

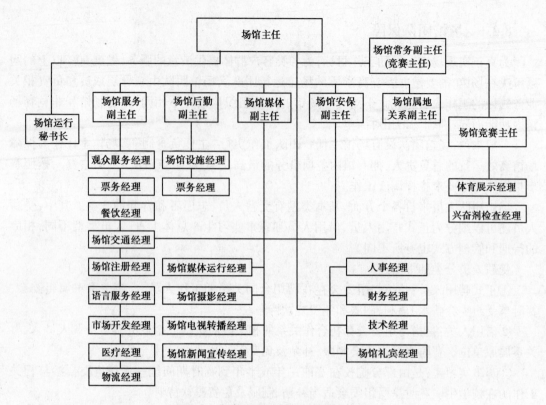

图 8.6 竞赛场馆通用组织结构示意图

场馆化是赛事组委会根据总体工作计划的安排和实际筹办工作的需要,将赛事筹办工作重心从以各职能部门运行管理为主逐步转变为以各竞赛场馆运行管理为中心的组织运行演变过程(白敬锋和胡洁,2007)。

(1)场馆运行的主要目标

场馆运行的主要目标是统筹、协调、整合各方资源,为赛事安全有效运行提供高效的综合保障,为参与赛事的各类主体提供优质的服务。

(2)场馆运行的指导思想

在以人为本的原则上,建立标准统一、及时高效的信息传输系统以保证各类赛事信息的上传下达,并通过场馆运行指挥机构解决各类场馆内问题。

(3)场馆运行的指挥方式

场馆运行指挥体系分为下述两种。

①单线报告体系。赛事组委会各职能部门并入场馆运行中心。各职能部门负责人面向场馆主任汇报工作进展;场馆主任总体负责场馆内各项事务,并向场馆运行中心报告。其优点在于:可防止出现多头管理、多源指令;对各个场馆来说,由于目标清晰,因此程序简捷,易于控制。其缺点是由于负责人责任重大,可能会因降低专业化程度而导致工作效率下降。雅典奥运会赛时运行阶段就采用了这种运行指挥方式。

②双向报告体系。组委会既有主要职能机构,也在场馆设立分支机构,并建立面向组委会和场馆的双向报告体系。其优点在于:组委会职能部门可向各场馆部门提供统一的专业技能服务和指导;场馆各职能部门员工能够协同工作、交流并学习,并使得员工有团队归属感;各部门对赛事工作进展有明晰的了解。但缺点是下级要对两个上级负责,容易形成多头管理,决策混乱;沟通环节冗余,较难平衡场馆主任和职能部门负责人的权限。

2)场馆化的运行模式

(1)场馆运行基本模式

场馆运行基本模式主要是:指挥统一、运作规范、团队专业和整体推进(图8.7)。

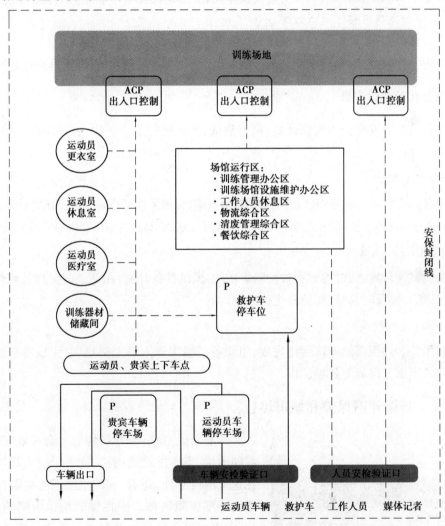

图8.7　训练场馆运行分区及各类客户群流线示意图

其具体要求如下所述。

①指挥统一:在组委会统一领导下,明确组委会各职能部门以及场馆经理等的工作职

责,形成统一高效的指挥系统。

②运作规范:按照赛事筹备需要,通过编制场馆运行计划,实现科学、规范的项目管理。

③团队专业:成立赛事运行的专业场馆团队。实行场馆主任负责制,统一编制计划并落实。

④整体推进:成立属地政府的同步场馆保障工作组,编制场馆运行外围保障计划并落实,做到内外衔接,整体推进。

(2)场馆运行基本的原则

①地域整合原则,与属地政府密切结合,场馆团队负责场馆运行综合保障,保证赛事正常进行。

②重心下移原则,场馆团队负责解决具体问题,遇到突发事件和重大问题需上报组委会管理层,以便提高赛事整体运行效率。

③统筹资源原则,场馆管理团队统筹配置和调剂各类赛事保障资源。

④过程监控原则,编制严密周到的计划并组织落实,确保各场馆、各项目规范运行。

3) 场馆化的总体安排

场馆化的总体安排分为编制计划、调整测试、赛时运行三个阶段,并按阶段统筹推进各场馆的赛时运行。

(1)编制计划阶段

组建竞赛场馆、非竞赛场馆、训练场馆团队筹备组,编制场馆运行计划及测试赛计划,组建属地政府场馆外围保障工作筹备组,编制场馆外围保障计划,统筹协调测试赛各项准备工作等。

(2)调整测试阶段

落实测试赛计划,通过测试赛检验场馆功能,调试设备,磨合团队、完善组织,调整计划。测试赛结束后,要及时总结,调整和优化运行计划。

(3)赛时运行阶段

场馆团队和外围保障团队组建完成,组织各层级工作人员上岗培训;完成赛事组织、场馆运行和外围服务保障等各项工作。

8.2.3 场馆外围保障和城市运行

**图 8.8 北京奥运会期间
鸟巢体育场外围设置**

一般来说,赛事举办场地周边会设置安保封闭线即围栏,当通过这道围栏,就表示进入场馆区域。在这道围栏之外,还有一条"虚拟"的界限,圈定了场馆外围保障区域。围栏保障场馆内部的正常运行,需要在这个区域里开展大量外围保障工作。概括起来,主要有以下 8 个方面:景观布置、交通组织、环境治理、商业服务、观众引导、安全保卫、市政保障、社区关系(图 8.8)。

应该说,场馆外围保障是赛事运行的一部分,该工作与场馆内部运行关系紧密,因此将它们提炼出来,重点加以组织,以确保与场馆运行理清接口,顺畅衔接。

8.3　体育赛事其他配套服务供应

8.3.1　体育赛事餐饮服务

1) 餐饮服务概述

体育赛事餐饮服务的目标是从满足服务对象需求出发,保证高质量的餐饮服务,以尊重民族和宗教多样性特点为基础,以合理的预算满足所有客户群对餐饮服务的期望(图 8.9)。

图 8.9　赛事餐饮供应

从赛事餐饮服务的组织结构及工作职责上看,场馆餐饮团队是由场馆餐饮经理、场馆餐饮副经理、场馆餐饮助理、场馆餐饮服务工作人员等组成的工作团队。

(1) 场馆餐饮经理

负责场馆餐饮业务全面管理和运营,同时监督、协调所签订的餐饮服务商和分包商的餐饮服务工作;负责餐饮服务工作人员的培训和管理;协助、配合食品办食品安全的监督、检测和相关工作;赛时负有双向汇报的职责——直接向竞赛场馆主任汇报,同步向餐饮部分管理层汇报。

(2) 场馆餐饮副经理

协助场馆餐饮经理的工作,负责场馆餐饮业务的管理和运营,同时监督、协调所签订的餐饮服务、配合食品办食品安全的监督、检测和相关工作。

(3) 场馆餐饮助理

协助场馆餐饮经理和餐饮服务商监管餐券工作;负责餐饮服务客户群预订盒饭在场馆的分发。

(4) 场馆餐饮服务工作人员

负责各客户群体用餐地点的餐饮服务、配餐和清洁服务工作。

2) 各类客户群餐饮服务标准

为保障赛事活动顺利进行,主办方有义务根据需求和竞赛服务指南为有关客户群提供相应标准的餐饮服务。

（1）客户群种类

本章涉及的客户群是指场馆内参与赛事活动的各类主体，按照一般大型赛事活动的惯例，客户群可分为免费客户群以及付费客户群两大类。主办方可根据情况至少提供正餐和茶点两种形式的服务。

①免费客户群

a.运动员和随队官员。

b.运动项目协会官员/技术官员（茶点）。

c.注册媒体（茶点）。

d.工作人员，包括受薪人员、志愿者、赞助商人员。

e.贵宾及其随行人员。

②付费客户群

a.运动项目协会官员/技术官员（正餐）。

b.注册媒体（正餐）。

c.持票观众。

（2）付费客户群餐饮服务方式及标准

①运动项目协会官员/技术官员。运动项目协会官员/技术官员可以以付费方式在工作人员休息和用餐区购买盒饭，盒饭标准与工作人员用餐标准相同。供餐方式为成品配送，但需要提前预订。运动项目协会官员/技术官员也可以在公共餐饮区自行购买食品。

②注册媒体。注册媒体的正餐费用自付。媒体人员可以在公共餐饮区、媒体休息室的售卖点（如果有）以及间歇式流动餐饮售卖车付费就餐。

③持票观众。持票观众在公共餐饮区售卖点付费就餐。食品品种为定型包装食品、冷热饮饮料及少量加热食品（如烤香肠、爆米花等）。供餐方式为成品配送。

3）餐饮功能用房

（1）各类客户群就餐用房及服务水平

各类客户群休息室内应划分为食品服务区和用餐区，所需设备设施包括但不限于水电接口、空调系统、饮料柜、服务台、桌椅、餐具、垃圾桶等，供应热餐的休息室及餐间中应设有紫外线消毒设备。

①运动员休息室：用于运动员和随队官员休息和用餐。配备现场服务工作人员、负责食品和饮料的配送及清洁服务工作。

②技术官员休息室：用于运动项目协会官员、技术官员和裁判休息和用餐。配备现场服务工作人员，负责食品配送、加热咖啡和清洁服务工作。

③贵宾休息室：用于赛事邀请的贵宾休息和用餐。应有配套的备餐间，满足贵宾食品现场制作的需求。配备厨师，负责食品现场加工制作；配备现场服务工作人员，负责贵宾休息室和陪同人员休息室的配餐和清洁服务工作。贵宾的服务要高规格，保证全天不间断

供应。

④贵宾陪同人员休息室:用于贵宾陪同人员休息和用餐,应邻近贵宾休息室。

⑤媒体休息室:用于注册的文字媒体和摄影媒体休息和用餐。应有配套的备餐间,配备现场服务工作人员,负责发放盒饭和清洁服务工作。

⑥工作人员休息和用餐区:用于工作人员休息和用餐。应有配套的备餐间,配备现场服务工作人员,负责方法盒饭和清洁服务工作。

⑦公共餐饮售卖点:每处餐饮售卖点根据赛事实际情况计算,设置相应的收款机。测算方法:以场馆最大座席数的85%计算观众数量,观众每千人设立一处餐饮售卖点。

(2)餐饮服务相关用房

①餐饮经理办公室:用于餐饮业务经理在场馆中的办公区域,至少 20 m^2,应配备相应的办公设备。

②供应商办公室:用于餐饮供应商和饮料供应商在场馆中的办公区域,至少 20 m^2,应配备相应的办公设备。

③餐饮综合区:用于货车回车、卸货、露天

图 8.10　体育赛事外围餐饮区

储藏,应满足冷藏集装箱的 380 V 的用电需求。要充分考虑到餐饮综合区与场馆的实际距离,应临近场馆,以方便餐饮物资能快速有效地进入场馆服务区(图 8.10)。

④储存区:用于餐饮原材料的存储,分为干货、冷藏、冷冻 3 个区域,露天储藏区设在餐饮综合区内。

⑤厨房和备餐区:用于食品的加工处理,所需设备设施包括但不限于水电接口、通风系统、主要厨房设备(固定于地面)、食品存储设备、操作台、水槽、固定货架、供餐设备(加热、保湿、冷藏)、调味品容器、原材料处理设备、紫外线及消毒设备、所有特餐设备、移动式餐饮设备(可移动式货架系统、保温箱等)、货运通道等,同时备餐间应具备至少一处 380 V 强电接口,并且墙壁应铺设瓷砖。

4) 餐饮服务工作原则

(1)赞助商权益保护原则

在法律允许范围内,如餐饮服务中使用的某种原材料、产品、服务、设施和设备(统称"产品")属于赛事赞助商的相关产品类别,除非另行取得该赞助商书面同意并经赛事组委会书面批准,餐饮服务商应向该赞助商购买并使用该等产品;餐饮服务商应与赞助商协商确定获得产品的具体条款和条件。

餐饮服务商负责提供的设备应使用赞助企业的品牌产品,如赞助企业的品牌产品无法满足需要,为防范隐性市场,需使用非赞助企业的产品和服务时,均应在合同中注明合同商不得进行与比赛相关的宣传,并对其产品品牌和商业标志进行遮盖。

案例 8.2

2016 上海劳力士大师赛现场美食供应丰富

2016 年上海网球大师赛现场观众餐饮品牌中,哈根达斯、新元素、希尔顿和棒约翰、龙神酷之味、星巴克等国际的美食品牌将继续在美食天地和中央赛场二楼环形通道为观众提供面条、热狗、三明治、美式鸡翅、沙拉、冰淇淋、咖啡、爆米花等种类丰富的中外美食。另外,二号馆的球迷还可以在场馆内就近享受可口可乐、喜力和新元素提供的便捷餐饮服务。作为平日咖啡不离手的上班族,今年新增了星巴克入驻旗忠网球中心。

图 8.11　2016 年上海网球大师赛现场观众餐饮区

资料来源:凤凰体育.2016 上海劳力士大师赛攻略:美食篇.

（2）原材料供应原则

①应优先使用赞助商提供的现金等价物产品。

②如现金等价物产品不能满足其要求的,应优先采购组委会已确定的赞助商和供应商,以及餐饮服务备选供应基地（企业）的产品。

③如上述产品仍不能够满足其要求的,应优先从本地采购;如本地还不能够满足需求的,应从国内市场上采购;国内市场还不能够满足要求的,才可以考虑进口。

④从组委会已确定的各级别赞助商或供应商的产品范围之外进行采购（尤其是在涉及进口时）,应事先将拟采购对象的相关信息书面报组委会批准。

（3）餐券原则

①餐券是针对部分客户群领取餐饮食品的凭证。有利于餐饮服务商有计划、有秩序地开展服务运行;有利于组委会掌握餐饮供应动态,保证服务商和客户群利益。

②餐券分为两类。一类是免费餐券,使用人群包括受薪人员和志愿者;另一类是付费餐券,使用人群包括合同商人员、访客、安保和交通人员等。付费餐券由赛事组委会为餐饮服务商代收代付,以便结算。

③餐券管理工作分工。

a.总责:组委会的运动会服务部门为牵头部门,负责整个方案的制订、赛前印刷和赛时回收。

b.人数统计:组委会的人事部门负责统计受薪人员用餐人数,志愿者部门负责统计志愿者用餐人数;各归口职能部门负责统计合同商人员用餐人数（并报人事部门备案）,于赛前收齐费用后到组委会的财务部门购买餐券。

c.印刷:组委会的物流部门负责餐券印刷,确认代码编制是否符合质量要求,以及最终验收等工作。

d.保管与分发:组委会的财务部门负责餐券的审核、保管、分发和赛前发售。

8.3.2　体育赛事媒体服务

1)媒体服务概述

体育赛事媒体服务的工作包括:负责为文字、摄影记者提供注册服务,以及为非持权转播商提供工作条件,包含协调注册媒体的住宿、注册、交通、收费卡、餐饮等有关事项,向组委会相关职能部门提供信息,保证他们充分了解媒体方的动态和需求。

媒体服务部门帮助各新闻媒体机构获取注册资质、申请访问签证、与组织协调组委会相关部门及官员会议以及参观考察场馆。媒体运行工作是为保障媒体人员能够以高效、优质状态报道赛事信息,使赛事得到充分的媒体曝光度并获取最广泛的受众。

2)媒体服务硬件设施

(1)主新闻中心

主新闻中心是报道综合性体育赛事的文字和图片新闻机构的工作大本营,其主要职能是:统一接待与采访赛事有关工作的境内外记者,实施一站式服务;定期举办新闻发布会、新闻吹风会;举办记者培训班;提供体育赛事信息,提供各类宣传品;定期举办记者参考采访及联谊活动(图 8.12)。

(2)场馆媒体中心

图 8.12　里约奥运会主新闻中心

在所有竞赛场馆和非竞赛场馆需设置场馆媒体中心。场馆媒体中心的职能是为文字和摄影记者提供注册服务及其他便捷的工作条件,以便他们能高效地对赛事进行报道。

服务项目如下所述。

①媒体工作间。场馆的媒体中心需配备媒体工作间。所提供的服务有:记者席位、电视信号、服务台、技术支持和电信服务。此外,场馆可以提供额外的租用空间,以满足媒体注册的需要。

②新闻发布厅。竞赛场馆需设置新闻发布厅,提供与运动员、教练员和官员与媒体交流的机会,国际赛事还应安排专业的口译服务。

③媒体转播席。竞赛场馆的媒体转播席都应设置在与其他媒体设备最靠近的位置。记者席可从最佳视角直接看到场地。记者席需提供电源、电视设备和通信、互联网、成绩公报等服务。

④混合采访区。竞赛场馆需设置混合区以便媒体对运动员的采访交流。为维持区域安全秩序,保证运动员流动顺畅,需安排专业的工作人员。

⑤媒体休息区。竞赛场馆需配备媒体餐饮休息区提供专门的休息空间和餐饮服务。休息区安装电视,以便媒体人员跟踪了解比赛进程。

3)媒体服务新闻提供

新闻服务负责提供与赛事相关的信息,为注册媒体完成报道赛事的任务提供帮助。这些信息包括比赛成绩、新闻报道、运动员教练员资料、竞赛日程、竞赛信息、交通和气象信息。媒体服务旨在提供高效优质的服务,注重采集和发布有关赛事的准确信息。媒体服务还包括管理主新闻中心和场馆媒体中心的成绩公报栏,并负责向媒体转播席和媒体工作间发放比赛成绩公报和新闻稿。

4)摄影记者服务

图 8.13 北京奥运会游泳比赛摄影记者区

摄影服务旨在为摄影记者提供良好的注册服务和环境服务。摄影服务处将提供如下设备及服务,以确保摄影记者以最佳状态工作:规划设置场馆最佳摄影位置,为提供无障碍全视角的拍摄席位和便捷的照片处理服务。举办大型综合性赛事,则应在比赛场馆的分新闻中心同样设置设施完善的摄影记者工作间(图 8.13)。

5)广播电视协调

广播电视协调工作是为主转播商和持权转播商提供具有赛事级别的软件和硬件服务,为主转播商提供运用方面的支持,并满足各主管部门提出的要求,保障赛事的电视转播。

8.3.3 体育赛事技术服务

1)技术服务概述

体育赛事技术服务主要是指赛事的技术服务和技术保障,包括赛事技术战略、规划的制定和技术项目的实施;组织协调技术合作伙伴、赞助商、供应商及志愿者等;提供竞赛成绩、信息、通信等技术服务,并负责场馆技术管理。

2)赛事信息服务

(1)组委会管理信息系统

赛事组委会管理信息系统是指实现赛事组委会各部门行政办公和日常业务处理的电子化、信息化系统。

(2)运动会管理系统

赛事管理系统包括注册系统、住宿系统、地理系统、礼仪、运动员资格审定与报名、医疗服务、员工信息系统、交通系统和报表生成系统。

（3）赛事信息安全

根据赛事实际规模及情况，保障赛事管理各相关内部网及赛事官方网站、官方微信、官方微博等的信息安全。

3）技术支持工作

赛事技术支持工作包括：计算机系统、网络及安全的维护、管理；计算机应用系统的维护、管理；通信系统的维护、管理；员工技术注册；重大活动的技术保障；会议支持；提供会议室音视频支持。

4）赛事通信服务

（1）固定电话服务

根据惯例，组委会需要为各运动团队、注册媒体等成员提供固定电话网络，以保证服务对象能够方便快捷地获取固定电话服务。

（2）移动通信服务

赛事组委会需要为各代表团、注册媒体等成员提供满足赛事要求的可靠先进的移动电话服务，保证为服务对象提供安全可靠的移动电话服务，包括 Wi-Fi、本地通话、国内长途、国内漫游、国际长途、国际漫游、IP 电话、来电显示、呼叫等待、呼叫保持、呼叫限制、呼叫转移等。

8.3.4　体育赛事交通服务

1）交通工作概述

体育赛事交通是指根据赛事组委会有关规定要求为相关体育组织官员、贵宾、运动员、技术官员、赞助商、媒体人员、赛事工作人员、合同商和志愿者以及观众提供不同类别的交通服务。

2）服务标准及内容

赛事组委会应为不同客户群体提供相应的交通服务，如下所述。

①运动员、随队官员和技术官员，作为赛事的主要参与者，是赛事交通服务的重要客户群体，将通过赛事组委会为其提供的专用或合乘车辆出行，车辆使用安排将由客户根据需要自行决定或者通过预定系统实现。

②对运动员和随队官员，根据赛事日程安排为其提供前往竞赛场馆和非竞赛场馆的班车服务，确保其比赛和训练。

③对持证媒体工作者，提供满足其需要的班车服务，确保采访、转播等工作的顺利进行。

④对为赛事服务的工作人员和志愿者，为了确保其能够及时、迅速地到达竞赛场馆及其

他地点,为其提供免费的公共交通服务。

8.3.5 体育赛事环卫服务

1) 赛事环卫服务概述

体育赛事环卫工作主要是指对赛事的市场开发、物流采购、住宿餐饮及大型活动进行环境监控和保护,以及对城市的环境污染进行治理、改善城市生态环境。

2) 赛事环卫工作方针

用保护环境、保护资源、保护生态平衡的可持续发展思想,指导赛事的相关工作及大型活动,尽可能减少对环境生态系统的负面影响。

积极支持政府加强环境保护和市政基础设施建设,改善城市的生态环境,促进经济、社会和环境的持续协调发展。

3) 赛事环卫措施

(1) 场馆清洁和废弃物管理

按照场馆的分区要求,完成场馆的清扫,保证比赛环境的整洁。实行废弃物分类收集,按照减量化、资源化和无害化的原则,对废弃物进行管理。

(2) 签约饭店环保工作

赛事组委会与赛事定点酒店进行相关培训,发出节能倡议,积极推进绿色照明工程。

(3) 赛事环保宣传教育

利用赛事举办的影响力,积极开展宣传教育工作,提高公众环境意识,组委会针对性开展一系列的活动。

(4) 公众参与和国际交流

聘请知名环境专家及环境顾问;参加国内外环保组织宣传、交流等活动;组织网络有奖答题;支持学生环保社团开展工作。

8.3.6 体育赛事安保服务

1) 安保指挥系统

安保指挥系统是指在一个共同的组织系统中,把各种人员、装备、设施、规程组合起来,遵循统一管理的原则,以有效协调和管理安保力量,实现权威高效、运转灵活、反应机敏的指挥目标。根据整体布局、重点防控原则,建立组委会安全保卫部、指挥中心和场馆指挥处3个层级的指挥机构(图8.14)。

(1) 组委会安全保卫部

组委会安全保卫部一般需由举办地有大型活动经验的政府职能部门负责人来担任总指

挥。在筹办综合性运动会时,需由公安(消防、交通)、安全局、出入境、武警等部门和机构派驻代表(联络员)共同组成的安全保卫部。安全保卫部负责赛事安保总体管理,监督赛区指挥中心安保计划的执行,并提供决策支持,此外,还应当发挥与其他职能部门进行协调的职责。当遇到突发事件时,负责评估、确定相应的处置方案,为各相关部门和机构提供决策依据(图 8.15)。

图 8.14　北京奥运会安检志愿者在工作中　　　图 8.15　北京奥运会安全保障队伍

(2)赛区安保指挥中心

赛区安保指挥中心是指在赛事组委会安全保卫部的监督指导下,各赛区成立的安保指挥中心。根据安保任务需要,将公安(消防、交通)、安全局、出入境、武警等部门的代表集中,成立综合指挥中心,实行联合办公,其主要职责是指导和监督具体安保计划的执行,可直接指挥、调用排爆、反恐、三防等专业队伍,实时指挥赛区内的安保工作,并与组委会安全保卫部互联互通。

(3)运动场馆指挥处

运动场馆指挥处相当于整个安保指挥体系的"神经末梢",其职责是进行排除隐患、减少危害、控制形势和恢复正常状态的行动。其相关行动直接对赛区指挥中心总指挥负责。其组织体系中包括指挥长和不同分支机构的行动负责人,他们具体职责包括观众区安全控制、出入口安检、人员控制(针对人、物、车等的检查)、场内安全控制、场馆清查、突发事件前期处置等。

2) 完善风险评估机制

风险评估是指对区域、城市或社区所存在风险进行分析和识别的过程,是实施预防与应对措施的前提条件和必要手段。因此,安保指挥系统的首要工作是对各类风险源展开评估。通过查阅事故报告等手段,搜集和获取历史上该区域或社区所发生过的风险事件、事故或灾难资料,进行科学分析,以确定面对风险的程度,分析内容一般包括:发生季节、延续时间、发生地点、影响范围、发生强度、可预警时间与是否存在预警体系等内容。提供科学的参考依据以便制订针对性的应急预案。

3) 组建专门的应急救援队伍

应当成立专门的应急救援队伍以应对赛事期间可能紧急突发的事件。在举办地城市安保指挥中心根据各种性质不同的事故、灾害,组织、协调公安、消防等部门的专业队伍,形成综合救援力量。在发生突发事件时,该队伍可以承担单独执行救援的任务、有效组织实施救援,降低和减少生命财产损失。

8.3.7 体育赛事医疗服务

1)赛事医疗服务概述

图8.16 马拉松赛事期间的医疗保障

定点医院是根据赛事组委会的要求,与当地医院协调,结合办赛地城市医疗布局和服务特点,经组委会批准而确定的,它们将为包括参赛运动员、媒体、观众及工作人员提供医疗服务(图8.16)。

2)医疗卫生保障目标

①确保赛事举办期间不发生重大传染病暴发或流行,散发和新传入传染病病例得到及时控制,防止续发。

②不发生重大食物中毒;在运动员驻地,竞赛场馆和宾馆、饭店杜绝食物中毒、饮用水污染事故。

③有效控制城市涉及区的病媒生物种类及数量。

3)医疗卫生服务的主要项目

①食品卫生安全保障。

②生活饮用水卫生安全保障。

③公共场所卫生保障。

④传染病疫情的预防控制。

⑤病媒生物控制与消毒。

⑥突发公共卫生事件的调查与处理。

⑦监控教育于监控促进、奥运相关培训。

4)北京奥运会医疗保障实例

2005年7月,北京奥组委与北京20家医院签署了奥运医疗服务合同,北京急救中心在保证市民日常医疗服务的基础上,还将为北京奥运会和残奥会提供医疗和急救服务。

其中,中医医院和口腔专科医院分别有2所,其余均为综合医院。这些医疗机构全部是三级甲等医院。此外,青岛、上海、天津、沈阳、秦皇岛等京外赛区也将分别参照北京定点医疗机构的确认程序指定其奥运定点医院。

奥运会和残奥会期间,将依托这些定点医院,建立与竞赛场馆、非竞赛场馆医疗站共同组成的急救网络。

按照管院对接的方式,定点医院要向竞赛、训练及非竞赛场馆派出合格的医疗卫生专业志愿者。由医疗专业志愿者在场馆内的运动员医疗站、观众站,以及在个别场馆为贵宾设立的医疗站提供医疗救治服务(媒体人员在观众医疗站接受救治)。同时,医疗专业志愿者还要在看台上巡回为观众提供第一时间医疗急救服务;在比赛场地提供现场紧急医疗救治及伤员搬运服务。

急救车和医疗专业车组人员分别在观众医疗站和运动员医疗站待命(图 8.17)。如发生在场馆内无法处理的紧急情况,就要迅速转运到定点医院救治。这些医院将设立奥运绿色通道并保留病房以满足继续治疗。

图 8.17 北京奥运会医疗保障

承担奥运会和残奥会定点医院任务对各个医院的医疗服务和管理水平有诸多要求。对医院的评估重点将集中在与奥运相关的医疗服务方面,包括英文病例书写、缴费方式、奥运会患者就诊绿色通道、就诊标志、无障碍设施等。

医疗工作人员必须具备英文无障碍交流能力,能熟练出具中、英文对照的处方、病历和诊断证明;负责奥运医疗服务咨询与导诊工作的工作人员需掌握中、英文两种语言,知晓礼仪及世界各国风俗禁忌谱;奥运特定收费人员需出具中、英文对照的收费凭证及费用清单,对费用异议能够无障碍地用英语解答和交流。

定点医院将提供更为便利的信息、财务服务。评估标准规定,定点医院病房内要提供IDD 和互联网接入服务,并提供常用国际信用卡刷卡服务。此外,定点医院需预留至少 2 张外宾床位。

奥运会特定接诊医师、中医师、护师、药师等相关人员经过培训,需全部知晓奥运会明令禁止使用的兴奋剂或违禁药物目录。

此外,奥运期间,北京急救中心建立了"120"奥运医疗急救指挥中心,专门负责奥运场馆内的急救指挥调度。该指挥中心与其他机构共同保障奥运期间的公共医疗卫生安全。急救中心配备了高性能的急救车,车内安装视频通信系统、卫星定位系统以及车载计算机终端系统等。"120"急救中心和"110、119、122、999"实现图像资源共享。急救车内的硬件设备也要进行更新,每辆急救车内除重点增加部分治疗床上的医疗设备外,还增加了血糖测定仪、小型 B 超机、生化分析仪等现代化医疗设备。

除签约饭店、定点医院外,还设置了承担其他服务功能的场所。例如,负责奥运会和残奥会相关信息咨询的呼叫中心;负责观众遗失物品集中领取的失物招领中心;负责奥运专用交通车辆检修、休整的交通场站。根据惯例,主办城市还在一些公共场所组织文化活动,这些活动与赛事不直接相关但能够很好地烘托城市气氛。此外,还包括餐饮食品制作基地、集中洗染场所等。可谓涉及服务工作的方方面面。

本章小结

- 体育赛事人力资源供应也称体育赛事人员管理,其是指根据赛事组委会的目标任务和岗位需求,运用现代化的科学方法,对工作人员进行合理的组织、调配、培训、监督的管理工作。
- 从体育赛事管理实践来看,赛事人力资源供应主要包含执行团队、志愿者和裁判。
- 体育赛事的人员管理主要包括3个内容:人员招募、人员培训和人员考核。
- 场馆可以按照功能类型分为:竞赛场馆、非竞赛场馆、训练场馆。
- "场馆主任责任制"是一般场馆团队开展工作的责任模式。场馆主任是场馆团队各项事务的最高决策人,目的是为保障场馆高效运行,应当按照赛事指挥体系的要求,具体落实"场馆主任责任制"。
- 场馆化组织模式指的是在赛事组委会统一部署下,根据场馆功能设立管理机构,协调管理场馆内的各项事务。场馆主任是场馆最高负责人,各隶属于场馆的职能部门负责各自领域的工作。
- 场馆化是赛事组委会根据总体工作计划的安排和实际筹办工作的需要,将赛事筹办工作重心从以各职能部门运行管理为主逐步转变为以各竞赛场馆运行管理为中心的组织运行演变过程。
- 从赛事餐饮服务的组织结构及工作职责上看,场馆餐饮团队是由场馆餐饮经理、场馆餐饮副经理、场馆餐饮助理、场馆餐饮服务工作人员等组成的工作团队。
- 体育赛事媒体服务的工作包括:负责为文字、摄影记者提供注册服务,以及为非持权转播商提供工作条件,包含协调注册媒体的住宿、注册、交通、收费卡、餐饮等有关事项,向组委会相关职能部门提供信息,保证他们充分了解媒体方的动态和需求。

复习思考题

1.什么是场馆化组织模式?如何做好体育赛事场馆化组织运营?

2.请拟订一份上海国际马拉松赛大学生志愿者招募公告。

3.体育赛事餐饮服务、媒体服务、技术服务、交通服务、医疗服务的人员保障分别有什么特点?

【补充与提高】

2008 年北京奥运会免费客户群餐饮服务方式及标准

（一）运动员和随队官员

提供茶点，包括点心、能量棒、水果、冷热饮饮料（袋茶、冲泡咖啡和 5 瓶瓶装饮料，包括 600 mL 瓶装碳酸饮料 1 瓶、580 mL 运动饮料 1 瓶、550 mL 瓶装矿泉水 2 瓶、350 mL 瓶装矿泉水 1 瓶）。

供餐方式为成品配送，供餐地点为技术官员休息室，供餐标准为 15~20 元/人/天，服务时间从赛前两小时到赛后一小时。

（二）国际足联官员/技术官员

提供茶点，包括点心、水果、冷热饮饮料（袋茶、咖啡和 4 瓶瓶装饮料，包括 600 mL 瓶装碳酸饮料 1 瓶、550 mL 瓶装矿泉水 1 瓶、350 mL 瓶装矿泉水 2 瓶）。

供餐方式为成品配送，供餐地点为技术官员休息室，供餐标准为 15~20 元/人/天，服务时间从赛前两小时到赛后技术官员会议结束。

（三）奥林匹克大家庭贵宾

提供茶点、正餐，包括中西式冷热餐、点心、水果、冷热饮饮料（袋茶、咖啡和 4 瓶瓶装饮料，包括 600 mL 瓶装碳酸饮料 2 瓶、550 mL 瓶装矿泉水 2 瓶）。

供餐方式为成批配送和现场制作，供餐地点为奥林匹克大家庭贵宾休息室，供餐标准为 225 元/人/天，服务时间从赛前一个半小时到赛后一小时，或比赛中场休息时间。

（四）奥林匹克大家庭贵宾陪同人员

提供茶点，包括点心、能量棒、水果、冷热饮饮料（袋茶、冲泡咖啡和 5 瓶瓶装饮料，包括 600 mL 瓶装碳酸饮料 1 瓶、580 mL 运动饮料 1 瓶、550 mL 瓶装矿泉水 2 瓶、350 mL 瓶装矿泉水 1 瓶）。

供餐方式为成品配送，供餐地点为奥林匹克大家庭贵宾陪同人员休息室，供餐标准为 15~20 元/人/天，服务时间从赛前一小时到赛后一小时。

（五）注册媒体

提供茶点，包括点心、水果、冷热饮饮料（冲泡咖啡和 5 瓶瓶装饮料，包括 480 mL 瓶装碳酸饮料 1 瓶、550 mL 瓶装矿泉水 1 瓶、350 mL 瓶装矿泉水 2 瓶）。

供餐方式为成品配送，供餐地点为媒体休息室，供餐标准为 15~19 元/人/天，服务时间从赛前三小时到赛后三小时。

（六）工作人员，包括受薪人员、志愿者、合同商人员

提供正餐，包括盒饭、600 mL 瓶装碳酸饮料 1 瓶、550 mL 瓶装矿泉水 3 瓶。其中，合同商人员需要在赛前预订餐券。

供餐方式为成品配送，供餐地点为工作人员休息和用餐区，供餐标准为 16~19 元/人/天，午餐服务时间为 11:00—14:00，晚餐为 17:30—20:00。

第9章
体育赛事竞赛管理

　　体育赛事的管理工作涉及场馆、安保、交通、志愿者、市场开发等多方面,是一项系统工程。其中,体育赛事的竞赛管理是体育赛事管理诸多工作中的核心和基础性的工作。体育赛事竞赛工作的效率和质量,直接决定了整个体育赛事的效率和质量。本章将系统学习体育赛事竞赛管理工作的相关内容。

【本章学习目标】

　　1.了解体育赛事竞赛管理的基本概念。

　　2.了解体育赛事竞赛管理的特征。

　　3.掌握体育赛事竞赛管理工作流程的基本内容。

　　4.掌握体育赛事竞赛管理计划的制订方法。

【关键术语】

　　竞赛管理　竞赛规程　赛程　志愿者　风险管理

休育赛事管理者的困惑——在竞赛组织管理工作中应注意哪些问题?

　　假如你所在的单位承办了一场商业比赛,作为该单位竞赛部的工作人员,你该如何协调整合有关资源,如何合理制订竞赛组织工作计划方案,以及如何高效地围绕计划方案开展执行工作,以确保该赛事的顺利举行?

9.1 体育赛事竞赛管理概述

2016 年里约奥运会,面对赛前来自各方的巨大压力和质疑,里约奥组委紧紧围绕竞赛工作,用精心的组织管理和流畅的运营,接待了来自世界各地上万名运动员和无数的游客,向体育爱好者呈现了一场又一场精彩激烈的比赛,并最终向全世界奉献了一届精彩的奥运盛会。

体育赛事往往涉及复杂的管理工作,而竞赛管理无疑是体育赛事管理的基础和核心。一项体育赛事的成功离不开对竞赛工作的成功管理。

体育赛事管理作为体育管理工作的重要内容,与其他文化、旅游或节事活动相比,既有相似的地方,又有其自身的特点和规律。同时,根据不同体育赛事的性质、规模、时间、地点等不同因素,体育赛事竞赛管理工作差别显著。例如,奥运会等国际性综合型运动会,参赛运动员超过万名,涉及几十个竞赛场地、上千名工作人员以及上万名志愿者,是一项非常复杂的工程。而一些社区性的体育竞赛活动则可能只涉及很少的物资和人员。因此,在实践中应根据体育赛事的不同情况采取不同的管理结构和管理方式。

9.1.1 体育赛事竞赛管理的概念

1) 体育赛事竞赛管理的定义

所谓体育赛事竞赛管理,就是指在一定的环境下,通过对体育赛事竞赛相关资源进行计划、组织、领导和控制等工作,保证体育竞赛工作顺利开展,并达成体育赛事组织者既定目标的过程。

体育赛事的竞赛管理与体育赛事管理不同。体育赛事管理是对体育赛事整体以及各方面工作的管理活动的总称,其包含的内容更多、涵盖的范围更广,其可能涉及体育赛事的市场营销、体育赛事的场馆建设和运营管理、体育赛事的安保、交通、设置相关基础设施建设等多个方面;而体育赛事的竞赛管理是指直接针对体育赛事的竞赛工作开展的组织管理活动,其所含范围相对更小和更具体。

2) 体育赛事竞赛管理的特征

作为体育赛事管理的重要组成部分,体育赛事竞赛管理既有体育赛事管理工作的一般特征,又有其区别于体育赛事管理其他方面工作的独特之处。一般来说,竞赛管理工作的特征主要包括下述内容。

（1）目的性

体育赛事竞赛管理工作具有明确的以竞赛为核心的特征。体育赛事的各种资源和各项工作计划安排都紧紧围绕确保竞赛活动顺利进行这一基本目标来开展。

（2）基础性

体育赛事竞赛管理工作是整个体育赛事管理工作的基础，其他任何方面的工作虽不一定直接与其相关，但都以不与竞赛工作相冲突为最基本要求。例如，奥运会竞赛工作对竞赛场地的标准要求非常高且严格，场馆运营以及相关部门都必须全力配合，以满足竞赛要求，甚至场馆现场的广告等市场开发工作也要严格满足竞赛方面的要求。

（3）协调性

体育赛事竞赛工作通常不是竞赛部门单独能够完成的，而是需要体育赛事其他部门的协调配合。例如赛事的安保工作，可能涉及众多的警力和物资设备，涵盖的范围也可能涉及赛场内外，往往需要专门的部门进行协调管理。

9.1.2　体育赛事竞赛管理的基本原则和主要任务

1）体育赛事竞赛管理的基本原则

体育赛事竞赛管理直接与竞赛活动相关，这决定了其具有与体育赛事其他方面管理工作不同的规律和原则。

（1）确保竞赛工作顺利开展原则

体育赛事竞赛管理的核心目标是确保竞赛工作的顺利进行，这一目标贯穿体育赛事竞赛管理的始终。从赛程赛制的设计，到竞赛计划的具体实施，再到竞赛工作与体育赛事其他方面的管理工作的协调衔接，都必须坚持确保竞赛工作顺利开展原则。

在实践中，有一些体育赛事的组织者出于办赛经费或市场推广等多种因素，会对竞赛管理工作提出新的要求。而判断这些要求是否能够得到满足或是否可行的基本标准，就是看其对竞赛工作的开展有无消极影响。例如，有的体育赛事为提高影响力，将竞赛活动安排在不具备办赛条件的场地上进行，严重影响竞赛组织工作，这就违背了竞赛管理必须确保竞赛工作顺利开展的原则，进而对体育赛事产生不利影响。

（2）确保公平竞赛原则

公平公正是体育竞赛的灵魂，是体育赛事顺利开展的基础。体育赛事竞赛管理的主要内容是对体育竞赛的管理，这就要求在竞赛组织过程中必须贯彻公平竞赛的原则。竞赛管理工作要从各个方面、各个环节确保竞赛活动是在公平公正的环境下进行的。事实上，公平原则不仅体现在赛程的制订、竞赛的编排、裁判的选派和监督等工作方面，还要体现在竞赛组织工作的各个环节，例如运动员的接待和服务、竞赛场地设施的选择和安排等。

（3）增强观赏性原则

体育竞赛的精彩程度在很大程度上决定了体育赛事的整体质量和价值。精彩激烈的竞赛无疑是体育赛事组织者所追求的重要目标——观赏性高的体育赛事能够带来更高的关注度和媒体曝光度，更能体现体育赛事的社会影响力，也更能提升体育赛事的市场价值。因此，在竞赛组织工作中，除了上述两个最基本的原则外，还应该遵循增强竞赛观赏性的原则。

2)体育赛事竞赛管理的主要任务

从体育赛事竞赛管理实务操作层面来说,竞赛管理工作一般包含下述几项主要任务。

(1)组建竞赛管理团队

体育赛事竞赛管理的首要任务是组建竞赛管理团队。竞赛管理团队是竞赛组织工作的核心团队,具体负责与竞赛直接相关的各个环节和各项工作的计划、实施和控制工作,同时负责竞赛环节与体育赛事其他环节的协调和衔接工作。组建竞赛管理团队,要综合考虑体育赛事管理的整体目标和要求、体育赛事所拥有的资源条件、运动项目的特征以及办赛的外部环境等各方面的情况,科学合理地设置竞赛管理团队的组织结构、人员配置和职责分工。总之,通过组建竞赛管理团队,旨在确保竞赛管理工作的顺利开展。

(2)制订竞赛管理计划

体育赛事竞赛管理团队的首要职责,是根据体育赛事的整体目标和条件,制订详细的竞赛工作计划。竞赛工作计划是整个竞赛工作的指导性文件,确保与竞赛相关的筹备和实施工作按时按地、保质保量地完成,同时确保体育赛事各部门、各环节的工作与竞赛工作协调推进。例如,一场马拉松赛事,其宣传工作、市场开发工作、交通、安保、志愿者等工作都是围绕特定比赛日的竞赛安排来开展的。事实上,一项体育赛事活动无论规模多大,其所有相关管理工作都要围绕竞赛工作计划这一核心来开展。

(3)实施竞赛管理计划

体育赛事竞赛管理工作的效果主要通过竞赛管理计划的实施过程来衡量。一份好的竞赛工作计划为竞赛管理工作的顺利进行奠定了坚实的基础,但竞赛管理计划的实施情况才是最终决定竞赛活动成败与质量高低的关键环节。

(4)竞赛管理过程的评估与控制

体育赛事竞赛管理工作还有一项重要任务,就是对竞赛管理过程进行实时的评估与控制,这项工作的意义在于:首先,确保竞赛组织工作不偏离既定的工作计划和目标;其次,确保竞赛工作与其他环节的工作保持协调一致;最后,确保竞赛管理工作中出现的问题或新情况能够及时得到解决和应对。

9.2　体育赛事竞赛管理的内容及执行

9.2.1　体育赛事竞赛管理的机构设置

所谓体育赛事竞赛管理的机构设置,就是根据体育赛事的整体目标和具体的竞赛目标和任务,按照一定的标准对竞赛相关的人员、资源等要素进行划分,形成若干功能互补的工作部门或小组的过程。

总体来说,体育赛事的竞赛管理机构是体育赛事众多职能机构的有机组成部分。竞赛管理机构的主要职责是承担体育赛事活动中与竞赛直接相关事务的组织管理工作。竞赛管理机构的核心目标是确保竞赛工作的顺利完成。

一般而言,竞赛管理的机构设置按照工作职能来进行分工,如竞赛规则、场地器材、运动队和运动员服务、裁判员和技术官员服务、竞赛志愿者管理等(图 9.1)。

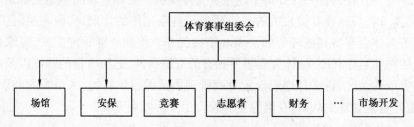

图 9.1 体育赛事组织机构设置示意图

竞赛管理机构的设置根据体育赛事的规模和复杂程度来确定。小型体育赛事的竞赛管理机构可能分工很简单,大型体育赛事的竞赛管理机构的分工则可能非常复杂。以 2008 年北京奥运会为例,其主要负责奥运会各项竞赛相关工作的体育部就下设了综合处、竞赛处、国际联络处、志愿者联络处、场馆管理处等职能处室。此外,还为每一运动项目组建了专门的竞赛管理团队,具体负责各自运动项目的具体组织工作。

9.2.2 体育赛事竞赛管理的运作模式

如前所述,体育赛事竞赛管理工作因体育赛事情况的不同而不同。一般而言,依据体育赛事的规模和复杂程度,体育赛事的竞赛管理机构可分为大型体育赛事的竞赛部和中小型赛事的竞赛处或竞赛办公室。

竞赛管理机构的职能除了做好核心的竞赛组织工作,还要求与体育赛事其他部门充分的沟通协调,既确保了其他部门的工作始终围绕竞赛组织工作来开展,同时也确保了竞赛组织工作与其他各项工作同步协调推进。

因此,体育赛事竞赛管理运作的重点在于建立一套有效的运作模式。这通常是通过制订一套科学合理的管理工作制度文件及相应的工作机制来完成的。

9.2.3 体育赛事竞赛规程的制订

1) 竞赛规程的相关概念

体育赛事竞赛规程是竞赛管理工作核心文件之一。制订一份科学合理的竞赛规程也是竞赛管理工作在早期的重要工作内容之一。

所谓竞赛规程,是指由竞赛组委会根据体育赛事整体目标和计划而制订的具体实施某一项(届)体育赛事或赛会的政策与规定性文件。

竞赛规程容易与竞赛规则混淆,但事实上两者存在显著的差别。虽然在竞赛活动中,竞赛规程和竞赛规则共同协调和制约着竞赛的全过程,但是竞赛规程着重于对特定竞赛活动的组织管理,而竞赛规则主要是对技术规范以及确定成绩和有关场地器材条件的规定。

一般情况下,综合性大型的竞赛,至少要在一年或半年前下达竞赛规程,使参加者能根据规程安排来调整训练计划,为参赛作好充分准备。基层的小型竞赛,也应在数月前印发,使参赛单位能根据竞赛规程的宗旨、内容和要求,组建队伍,确定竞赛和训练目标,积极准备,迎接比赛。

2) 制订竞赛规程的原则

竞赛规程对于竞赛工作乃至整个体育赛事的重要性,使得制订竞赛规程必须非常谨慎。为使竞赛规程制订得科学、合理,保证竞赛的质量,应遵循下述主要原则。

(1) 从实际出发原则

竞赛规程所提出的比赛组织方案和内容,必须从当时的实际出发,做到切实可行。

(2) 公平性原则

竞赛规程是参加者共同遵守和执行的规范与准则,其内容应使全体参加者在客观条件相同的前提下展开竞赛。

(3) 权威性原则

竞赛规程作为竞赛工作的纲领性文件,一经公布,就相对稳定,不能随便更改,以保证规程的严肃性和权威性。

另外,竞赛规程的制订还应注意保持一定的连续性。在综合性运动会竞赛规程总则与单项规程之间、不同单项竞赛规程内容之间,以及年度之间应连续一致,不能前后矛盾。文字表达要简明准确,内容要详尽完整,切忌表达含糊,自相矛盾。

案例 9.1

2016 上海国际马拉松赛竞赛规程

一、主办单位

中国田径协会、上海市体育总会、黄浦区人民政府、静安区人民政府、徐汇区人民政府、上海东浩兰生国际服务贸易(集团)有限公司。

二、承办单位

上海东浩兰生赛事管理有限公司。

三、协办单位

上海市田径协会、上海市路跑协会、黄浦区体育总会、静安区体育总会、徐汇区体育总会、上海东亚体育文化中心有限公司、五星体育、东方卫视。

四、竞赛日期及地点

(一)比赛时间:2016 年 10 月 30 日(星期日)7:00。

(二)起点:外滩金牛广场。

(三)马拉松、半程马拉松终点:上海体育场。

（四）10千米跑终点：复兴公园。

（五）健身跑终点：上海展览中心。

五、报名日期

（一）上马精英及直通上马跑者报名

8月29日上午10:00至9月12日17:00,过时未报名视为放弃上马精英及直通上马资格。

上马精英及直通上马跑者报名并完成缴费后,无须参加抽签,直接获得参赛资格。

（二）个人报名

（1）预报名时间：8月29日上午10:00至9月2日17:00,过时关闭。

（2）公布抽签结果日期：9月9日下午。

（3）付款时间：9月9日下午公布抽签结果后至9月12日17:00,过时未付款视为放弃报名参赛资格。

（三）上马公益·2016上海国际马拉松赛慈善报名

8月29日上午10:00至9月12日17:00,名额500个,额满即止。

（四）报名办法详见《2016上海国际马拉松赛报名须知》

六、比赛项目

（一）马拉松（42.195千米）

（二）半程马拉松（21.097 5千米）

（三）10千米跑

（四）健身跑

七、路线

2016上海国际马拉松赛全程线路方案

外滩（金牛广场）—中山东一路—金陵东路—河南南路—南京东路—湖北路—九江路—南京西路—华山路—常熟路—淮海中路—马当路—兴业路—黄陂南路—自忠路—济南路—湖滨路—黄陂南路—淮海中路—西藏南路—龙华东路—半淞园路—半淞园路外马路（折返）—苗江路—苗江路（近上海儿童艺术中心折返）—苗江路—苗江路半淞园路—半淞园路—龙华东路—打浦路—江滨路—龙华中路—宛平南路—云锦路—丰谷路—龙腾大道—瑞宁路—瑞宁路江滨路（折返）—瑞宁路—龙腾大道—龙水南路（折返）—龙腾大道—丰谷路—云锦路—云锦路龙耀路（折返）—云锦路—宛平南路—龙华路—龙华西路—中山南二路—上海体育场（终点）

半程马拉松

外滩（金牛广场）—中山东一路—金陵东路—河南南路—南京东路—湖北路—九江路—南京西路—华山路—常熟路—淮海中路—西藏南路—高雄路—制造局路—龙华东路—打浦路—江滨路—龙华中路—龙华路—龙华西路—中山南二路—上海体育场（终点）

10千米跑

外滩（金牛广场）—中山东一路—金陵东路—河南南路—南京东路—湖北路—九江路—南京西路—华山路—常熟路—淮海中路—雁荡路—复兴公园（终点）

健身跑

外滩(金牛广场)—中山东一路—金陵东路—河南南路—南京东路—湖北路—九江路—南京西路—上海展览中心(终点)

八、参赛办法

(1)参加马拉松赛比赛者须在比赛当年12月31日前满20周岁,参加半程马拉松、10千米跑比赛者须在比赛当年12月31日前满16周岁坚持长跑锻炼,并经注册医疗机构体格检查(10千米跑除外),证明身体健康,适宜参加该项比赛。

(2)参加健身跑比赛者须在比赛当年12月31日前满10周岁,身体健康者,须征得监护人同意后方可参赛。

以下疾病患者不宜参加上海国际马拉松赛:先天性心脏病和风湿性心脏病患者/高血压和脑血管疾病患者/心肌炎和其他心脏病患者/冠状动脉病患者和严重心律不齐者/糖尿病患者/孕妇/其他不适合运动的疾病患者。

(3)马拉松限报20 000人、半程马拉松限报8 000人、10千米跑限报5 000人、健身跑限报5 000人。

(4)按《报名须知》办理报名手续。

(5)上马精英及直通上马跑者报名。

符合上马精英及直通上马跑者报名资格要求者在要求的时间段内登录上马网或上马APP进行报名,如未报名视为放弃资格。具备上马精英及直通上马跑者报名资格的要求如下:

2015上海国际马拉松赛成绩达到以下要求者:男子全程为3小时25分以内、女子全程为3小时45分以内、男子半程为1小时40分以内、女子半程为1小时55分以内的参赛者。

2016上海国际半程马拉松赛男子半程、女子半程前200名的参赛者。

2016上海国际半程马拉松赛女子8英里跑前200名的参赛者(限报2016上海国际马拉松赛10千米跑或健身跑项目)。

上马系列赛2016元旦迎新跑获得个人竞速、双人组前50名的参赛者(限报2016上海国际马拉松赛10千米跑或健身跑项目)。

第二届市民运动会——路跑运动汇中符合办赛标准并由上海市路跑协会审核通过的半程晋级赛的男女前8名、竞速挑战赛的男女前10名、大众健康跑随机5名的参赛者。

(6)为了帮助弱势群体建造良好的运动环境,让更多人树立全民健身的理念,为了推动群众体育的发展,组委会设立2016上海国际马拉松赛慈善名额,所有报名费都将捐赠上海市体育发展基金会并设立上马专项基金,以此动员社会各界力量筹集资金,倡导体育精神,用于帮助社会弱势群体强身健体,推动群众体育等体育公益事业的发展。

慈善名额报名项目:全程马拉松、半程马拉松。

具体报名方式及慈善福利详见《报名须知》。

(7)关于参赛者参加运动员等级达标活动的事宜。

根据中国田径协会发布的《中国境内马拉松赛事组织标准》规定,仅中国田协主办的锦标赛和冠军赛可进行运动员等级达标,2016上海国际马拉松赛不安排等级达标。

(8)本着互相信任原则,组委会不收取感应计时芯片的押金,赛后运动员必须至相关地点归还芯片。若不归还将取消比赛成绩和明年参赛资格。

九、竞赛办法

(1)采用中国田径协会审定的最新田径竞赛规则和本届国际马拉松赛的竞赛规程。将对参赛运动员进行兴奋剂检查。

(2)运动员参赛号码由组委会统一编发。

(3)参赛运动员必须于10月30日上午6:00到起点按竞赛项目及号码布分类/分区,分别进行排队集结,7:00鸣枪起跑。

(4)关门距离和时间。

为了保证参赛选手比赛安全、顺利,比赛期间比赛路线各段设关门时间,限时对社会交通封闭。关门时间后,相应路段恢复社会交通。在规定的关门时间内,未跑完对应距离的参赛选手须立即停止比赛,退出赛道,以免发生危险。退出比赛的选手可乘坐组委会提供的收容车到相应项目的终点处。

关门时间按自然时间计算:

健身跑	10千米	半程马拉松	30千米	35千米	37千米	马拉松
1小时	1小时30分	3小时	4小时15分	5小时10分	5小时30分	6小时15分
8:00	8:30	10:00	11:15	12:10	12:30	13:15

(5)有关竞赛的具体要求和安排,详见《参赛运动员须知》(在领取号码布和计时芯片时发放)。

十、奖励办法

(一)马拉松项目

(1)名次奖(美元)。

名次	一	二	三	四	五	六	七	八
奖金	45 000	25 000	12 000	6 000	5 000	4 000	3 000	2 000

注:男子马拉松冠军的成绩必须达到2小时9分30秒以内,女子马拉松冠军的成绩必须达到2小时26分以内。
如冠军成绩未达到以上标准,奖金减付50%。所有获奖运动员的成绩在赛事官方网站公示10日后,并确认无兴奋剂问题后再行发放。

(2)破纪录奖。

①破马拉松世界纪录,奖励100 000美元。

②破上海国际马拉松赛会纪录,奖励10 000美元(只奖励第一名)。

③上述奖励只按获得的最高一项奖颁发,不累加。

④中国运动员获上述奖励均发等值的人民币。

(3)上述所有奖金将按照中国税法规定,征收20%个人所得税。

（4）在 6 小时 15 分内跑完马拉松者发给完赛奖牌，成绩证书将于赛后 5 个工作日在上海国际马拉松赛官方网站提供下载，成绩证书下载时效为 90 天，赛后 24 小时可查询比赛成绩。

（二）半程马拉松项目

（1）名次奖（美元）。

名次	一	二	三	四	五	六	七	八
奖金	1 000	700	600	500	400	300	200	100

注：所有获奖运动员的成绩在赛事官方网站公示 10 日后，再进行发放。

（2）破上海国际马拉松赛半程马拉松赛会纪录奖励 1 000 美元（只奖励第一名）。

（3）中国运动员获上述奖励均发放等值的人民币。

（4）上述奖金将按照中国税法规定，征收 20% 个人所得税。

（5）在 3 小时内跑完半程马拉松者发给完赛奖牌，成绩证书将于赛后 5 个工作日在上海国际马拉松赛官方网站提供下载，赛后 24 小时可查询比赛成绩，成绩证书下载时效为 90 天。

（三）10 千米跑及健身跑

不计取成绩和名次，参加者均发给奖牌、参赛纪念证书。

十一、处罚办法

组委会将对起点、全程路线和终点进行录像监控，在比赛期间出现下列问题之一，由组委会视情节轻重分别给予参赛选手取消上海国际马拉松赛比赛资格、禁赛 1~2 年及终身禁赛等处罚，并报请中国田径协会追加处罚：

①以虚假年龄或虚假身份报名。

②一名选手同时携带 2 枚以上（包括 2 枚）芯片参加比赛（包括男选手携带女选手芯片）。

③以接力方式完成比赛。

④不按规定的起跑顺序在非指定区域起跑。

⑤起跑有违反规则行为。

⑥关门时间到后不听劝阻、不停止比赛或退出比赛后又插入赛道。

⑦没有沿规定路线跑完全程，抄近道或乘交通工具途中插入。

⑧不按规定要求重复通过终点、未跑完全程私自通过终点领取完赛物品、完赛奖牌。

⑨私自伪造号码布、利用其他赛事或往届上海国际马拉松赛事号码布或未佩戴号码布或使用非本次比赛芯片通过终点领取完赛物品、完赛奖牌。

⑩私自涂改、遮挡号码布参赛或转让号码布。

⑪不服从赛事工作人员指挥，干扰赛事，聚众闹事、打架斗殴。

⑫其他违反规则规定的行为。

利用虚假信息获取参赛资格或者报名后转让号码布给他人者,比赛发生的一切后果责任自负。

十二、技术官员、技术代表、裁判员由中国田径协会和上海市田径协会负责选派

十三、机构

上海国际马拉松赛组委会。

咨询电话:965365。

上海国际马拉松赛网址:www.shang-ma.com。

上海国际马拉松赛电子邮箱:general@shmarathon.com。

十四、未尽事宜,另行通知

十五、本次赛事最终解释权归上海国际马拉松赛组委会所有

上海国际马拉松赛组委会
2016 年 8 月

资料来源:上海国际马拉松赛组委会.2016 上海国际马拉松赛竞赛规程.

9.2.4 体育赛事竞赛编排工作

体育赛事竞赛编排是关于竞赛活动形式的具体安排,是竞赛工作的重要内容之一。科学合理的竞赛编排是体育赛事进行的基本保证。

竞赛编排工作的主要任务和目的,是在一定时间和空间范围内,按照一定标准对赛事所包含的所有比赛进行科学合理的安排。

竞赛编排的内容主要包括赛制和赛程两部分。

体育赛事的赛制安排,是指按照一定的标准对竞赛的具体组织方式进行规定。赛制的形式多种多样,同样要根据赛事具体情况来具体设定。通常来说,体育赛事竞赛赛制主要有循环赛制、淘汰赛制两大类。循环赛制又可分为单循环、双循环等形式。如中超联赛就是采用主客场双循环赛制。淘汰赛制具体也可分成不同的形式,如单场淘汰赛、交叉淘汰赛等。当前大多数的职业网球赛事均采用单场淘汰赛制。

2016 年上海网球大师赛赛程安排表见表 9.1。

表 9.1 2016 年上海网球大师赛赛程安排表

时 间	项 目	轮 次	场 次	中央赛场	其他赛场
10 月 7 日(周六)	单打	预选赛第一轮	14 场	无比赛	14 场预选赛
10 月 8 日(周日)	单打	预选赛	1 场	4 场正选赛	7 场预选赛
	单打	第一轮	4 场		
10 月 9 日(周一)	单打	第一轮	12 场	4 场	12 场
	双打	第一轮	4 场		

续表

时 间	项 目	轮 次	场 次	中央赛场	其他赛场
10 月 10 日(周二)	单打	第二轮	8 场	4 场	16 场
	单打	第一轮	8 场		
	双打	第一轮	4 场		
10 月 11 日(周三)	单打	第二轮	8 场	4 场	12 场
	双打	第二轮	8 场		
10 月 12 日(周四)	单打	第三轮	8 场	4 场	8 场
	双打	四分之一	4 场		
10 月 13 日(周五)	单打	四分之一	4 场	4 场	1 场
	双打	半决赛	1 场		
10 月 14 日(半决赛)	单打	半决赛	2 场	3 场	无比赛
	双打	半决赛	1 场		
10 月 15 日(决赛)	单打	决赛	1 场	2 场	无比赛
	双打	决赛	1 场		

资料来源:上海网球大师赛官方网站(2017)。2017 上海网球大师赛赛程表,来自互联网.

体育赛事的赛程安排,是关于竞赛日期、时间、地点、赛场以及对阵安排等的具体安排。一般来说,赛程安排可分为总赛程安排和每日赛程安排。

赛程安排应根据赛事整体的规模和目标等来进行设置。简单的赛程可能只涉及一天、一个场馆,而复杂的赛程则可能时间跨度很长,且涉及数量很多的比赛和场地。

赛程安排中最核心的工作是竞赛编排工作。编排工作的好坏直接影响赛事的竞赛质量。因此,需要掌握编排工作的原则,主要包括:①不得违反竞赛规程的相关规定。作为竞赛活动纲领性的文件,竞赛规程一般规定了赛事举办的时间、地点、项目、赛制等基本安排,在具体的竞赛编排工作中应严格遵循竞赛规程的相关规定。②确保公平公正。在竞赛编排过程中,要充分考虑到竞赛的公平性和公正性,避免竞赛安排明显有利于个别参赛者或参赛队。例如,如要连续进行多场比赛,应通过合理编排尽量避免有的运动员需要连续作战,而有的运动员则能得到充分休息的情况发生。③增强比赛观赏性。好的竞赛编排要在保证公平公正的前提下积极考虑观众需求,努力提升赛事的观赏性。④合理利用场地设施。好的编排要提高赛事运行的效率,其中很重要的一点是要充分考虑办赛的场地设施条件,要通过合理编排达到对场地设施的最有效利用。

9.2.5　体育赛事竞赛相关人员管理与服务

体育赛事竞赛工作涉及参赛运动员、教练员、裁判员、技术官员、志愿者等多种不同性质的人员,对这些人员应实行分类管理。

1)体育赛事竞赛运动员管理与服务

运动员是竞赛活动的主体,也是竞赛管理工作的重点关注对象和重点服务人群。对运动员有效的管理和优质的服务,有助于运动员在比赛中竞技水平的发挥,从而提升体育赛事核心产品的质量。

对运动员的管理与服务的内容主要包括下述内容。

①运动员的注册与报名管理与服务。

②运动员的交通管理与服务。

③运动员的食宿管理与服务。

④运动员的竞赛管理。

2)体育赛事裁判员、技术官员管理与服务

体育赛事的裁判员、技术官员是保障竞赛工作顺利进行和比赛公平公正的重要力量。因此,对裁判员和技术官员的良好管理和服务是竞赛管理工作的重要内容之一。

对裁判员、技术官员的管理与服务的内容主要包括下述内容。

①裁判员的选拔、任用和资格审查。

②技术官员的沟通联络。

③裁判员、技术官员的食宿服务。

④裁判员、技术官员的交通和通信服务。

⑤裁判员、技术官员的服装、装备提供服务。

3)体育赛事竞赛志愿者管理与服务

志愿者是体育赛事各项工作顺利开展的重要辅助力量,竞赛工作同样离不开志愿者的协助与支持。体育赛事竞赛志愿者,是由赛事组织者面向社会或特定人群招募的自愿参与体育赛事的竞赛组织管理工作、无偿提供服务的各类人员的总称。

对志愿者的管理与服务的内容主要包括下述内容。

①志愿者的招募与遴选。

②志愿者的分工与培训。

③志愿者的岗位配置与协调。

④志愿者的监督与评估。

⑤志愿者的保障与激励。

⑥志愿者的遣散。

9.2.6 体育赛事竞赛日管理

体育赛事竞赛管理的落脚点是对竞赛当日的管理,即前期所有相关工作计划的实施执行阶段的管理。

对竞赛当日的管理,原则上必须严格按照事先制订的工作计划安排来实施,不能随意变更、增减工作的内容。

竞赛日管理的关键,是要制订竞赛日工作计划安排表,事先对比赛当日的所有相关工作进行责任到人的安排,以确保各项工作的有序开展(表9.2)。

表9.2 竞赛日工作计划安排表(样表)

时 间		任 务	责任部门	责任人	工作内容	备 注
赛前准备阶段						
赛中阶段						
赛后阶段						

9.2.7 体育赛事竞赛风险管理

作为体育赛事竞赛管理工作的完整过程,除了前述各项主体工作以外,还要注意加强相关的保障工作,以确保竞赛工作按照计划顺利开展。其中,竞赛管理的控制与评估是必不可少的内容。

例如,近年来随着参与路跑赛事人数的增多,比赛过程中的安全事件屡有发生,有的赛事由于事前对突发事件缺少应对计划和措施,对竞赛活动的安全顺利进行造成了消极影响,从而降低了赛事整体的质量。其实,很多的突发事件都是可以通过实现计划和控制有效预防或应对的。

对体育赛事竞赛管理的风险控制,是指通过预先审查、分析和计划,对竞赛工作中可能出现的风险进行有效防范的各项工作的总和。风险管理和控制的关键,在于事先尽可能穷尽竞赛工作中可能出现的问题,做到凡事有计划、有预案、有应对措施。

例如,在竞赛过程中出现运动员对裁判判罚不满而罢赛抗议的情况,如果事先没有详细的应对预案,则可能导致比赛无法顺利进行,给赛事的整体推进造成消极影响,甚至会对赛事的社会形象造成破坏。

一般来说,对竞赛工作的风险控制主要有 3 种方法。

一是严格过程控制,在赛事筹备和进行过程中及时发现和解决出现的问题。

二是制订尽可能详细的应急预案,事先将竞赛过程中可能出现的风险情况和导致风险的因素都考虑到位,并制订相应的应对流程和方案。

三是购买相应的保险以应对可能发生的意外情况,为竞赛工作提供必要的保障。

案例 9.2

"要跑·24 小时"城市接力赛广州站圣诞夜开跑

"中国人寿·要跑·24 小时城市接力赛"广州站的比赛 24 日在广州南沙体育馆正式开赛,这是这项团队接力比赛首次在广州举行,而赛事发起人姚明将于 25 日圣诞节当日莅临现场,与广大参赛跑友共度一个以跑步为主题的圣诞派对。

当日,广州下起了蒙蒙细雨,但广大跑友对跑步的热爱完全不受天气的影响,大家有条不紊地进行赛前准备:各跑团团长们带领着团队成员检录、搭建并布置各自的帐篷;为了迎合圣诞节的气氛,帐篷上也挂满各种装饰物。跑团后援团则积极地为亲友家属们准备美味的食物补给,协助做跑前装备检查和防护。比赛开幕式之前,淅淅沥沥的冬雨已经完全停了,天空有了放晴的样子,第一棒的跑友们也都在起跑带前跃跃欲试。

由于本次比赛正值圣诞夜,因此属于"要跑·24 小时"的圣诞大战也孕育而生。为了打造完美圣诞体验,留下愉快参赛回忆,组委会别出心裁地准备了圣诞主题嘉年华活动。除了精心准备的圣诞元素跑道和参赛服,赛场上还有很多意想不到的圣诞惊喜:盛装打扮的圣诞老人将牵着可爱的圣诞小鹿走进露营区和跑友们互动,并送上一份神秘的圣诞礼物;活动的赞助商也分时段为跑友带来节日的祝福和精彩的表演。

诞生于 2014 年的"要跑·24 小时"城市接力赛是由北京众辉国际体育管理有限公司主办的一项面向中高阶精英跑者的团队接力比赛,在 24 小时内持续进行。作为一项团队接力赛事,竞赛中所有参赛团队同时起跑,连续 24 小时后同时结束。竞赛及接力均以圈为单位,团队中每名成员至少完成一圈的跑量,团队成员间通过重复接力的形式,反复上下赛道完成竞赛,但每个参赛团队同一时间只能且必须有一名成员在赛道上进行比赛,最终以每个团队所有跑者在 24 小时内接力的累积跑量决定名次。

不少参赛跑友认为,这样的活动比简单的马拉松比赛更立体、更丰富、更有代入感,同时这样的形式为大家提供了更好体验跑步这项运动,甚至是体育运动本身的机会。而很多和家人朋友一同参赛的跑友纷纷表示:"和亲友一起跑步的感觉是独一无二的,走出平日喧嚣的城市生活圈,到郊区好好放松自己并享受健康生活别有一番风味。"

资料来源:新华社."要跑·24 小时"城市接力赛广州站圣诞夜开跑.

本章小结

- 体育赛事竞赛管理是体育赛事管理的基础和核心作用,对于体育赛事的质量起着决定性作用。
- 体育赛事竞赛管理工作的特征包括:目的性、基础性和协调性。
- 体育赛事竞赛管理的主要任务包括:通过组建竞赛管理团队、制订竞赛管理计划等确保竞赛筹备工作的顺利推进;通过有效的执行竞赛管理计划确保竞赛工作的顺利进行;通过周密的组织安排工作为竞赛活动创造良好的环境;通过创造性的整合资源和管理工作为体育赛事整体质量的提升服务。
- 体育赛事竞赛管理的机构设置,就是根据体育赛事的整体目标和具体的竞赛目标和任务,按照一定的标准对竞赛相关的人员、资源等要素进行划分,形成若干功能互补的工作部门或小组的过程。
- 体育赛事竞赛规程是竞赛管理工作核心的文件之一。制订一份科学合理的竞赛规程也是竞赛管理工作在早期的重要工作内容之一。
- 体育赛事竞赛编排是关于竞赛活动形式的具体安排,是竞赛工作的重要内容之一。科学合理的竞赛编排是体育赛事进行的基本保证。竞赛编排的内容主要包括竞赛赛程和赛制两部分。
- 体育赛事竞赛工作涉及参赛运动员、教练员、裁判员、技术官员和志愿者等多种不同性质的人员,对这些人员应实行分类管理。
- 对体育赛事竞赛管理的风险控制,是指通过预先审查、分析和计划,对竞赛工作中可能出现的风险进行有效防范的各项工作的总和。

复习思考题

1. 体育赛事竞赛管理的概念是什么?
2. 简述体育赛事竞赛管理的特征。
3. 试述体育赛事竞赛管理的主要任务。
4. 试述竞赛相关志愿者管理的主要内容。
5. 思考竞赛期间可能会出现哪些风险,试着给这些风险归类,并制订相应的应急预案。

【补充与提高】

体育竞赛裁判员管理办法

（国家体育总局令第21号,2015年9月23日发布）

第一章 总则

第一条 为保证体育竞赛公平、公正、有序进行,规范体育竞赛裁判员资格认证、培训、考核、注册、选派、处罚等监督管理工作,根据《中华人民共和国体育法》,制定本办法。

第二条 体育竞赛裁判员(以下简称裁判员)实行分级认证、分级注册、分级管理。

第三条 国家体育总局(以下简称体育总局)对在我国(不含香港、澳门特别行政区)正式开展的体育运动项目裁判员的管理工作进行监管。各级政府体育主管部门负责本地区相应等级裁判员的监督管理工作。

第四条 全国单项体育协会(以下简称全国单项协会)、省、自治区、直辖市各级地方单项体育协会(以下简称地方单项协会)负责本项目、本地区相应技术等级裁判员的资格认证、培训、考核、注册、选派、处罚等(以下简称技术等级认证)监督管理工作。

第五条 各体育运动项目裁判员的技术等级分为国家级、一级、二级、三级。获得国际单项体育组织有关裁判技术等级认证者,统称为国际级裁判员。

第六条 全国单项协会负责本项目我国国际级裁判员注册和日常管理工作,并对我国国际级裁判员在国内举办的体育竞赛中的执裁工作进行监管。国际单项体育组织对所属国际级裁判管理有其他规定的按其规定办理。

第七条 全国单项协会负责对本项目各级裁判员的技术等级认证等工作的管理,具体负责对本项目的国家级裁判员进行技术等级认证等管理工作,负责对本项目一级(含)以下裁判员的技术等级认证等工作进行管理和业务指导。

第八条 承接省、自治区、直辖市政府体育主管部门一级裁判员技术等级认证工作职能的省级单项协会,可负责本地区相应运动项目一级(含)以下裁判员的技术等级认证等管理工作。承接地(市)、县级政府体育主管部门二、三级裁判员技术等级认证工作职能的同级地方单项协会,可负责相应运动项目二级、三级裁判员的技术等级认证等管理工作。

第九条 地方有关单项协会组织不健全的,应由相应的地方政府体育主管部门按照本办法的各项规定负责本地区相应项目的裁判员的有关监督管理工作。

第十条 符合相应运动项目一级(含)以下裁判员技术等级认证条件的解放军体育主管部门、全国性行业体育协会和体育专业高等院校可负责本系统、本单位相应运动项目的一级(含)以下裁判员的技术等级认证等管理工作。

第二章 裁判员委员会

第十一条 各全国单项协会应当成立裁判员委员会(以下简称裁委会)。裁委会在各单项协会领导下,具体负责本项目裁判员的技术等级认证等监督管理工作。

第十二条 各全国单项协会裁委会设主任一人,副主任两至四人,常委(或执委)和委员若干人组成。裁委会成员由协会专职人员和注册的国际级、国家级裁判员组成。全国单项协会专职人员在裁委会常委会(或执委会)任职人数不超过常委总数的五分之一。每届裁委会任期不超过四年。

第十三条　各全国单项协会裁委会成员候选人由各省、区、市政府体育主管部门或同级单项体育协会依据相应程序和条件推荐,由全国单项协会审核批准。裁委会常委会(或执委会)成员,由裁委会成员无记名投票选举产生。裁委会主任、副主任由全国单项协会提名推荐候选人,由裁委会常委(或执委)无记名投票,三分之二以上常委表决同意。裁委会主任、副主任、常委(或执委)人选需报经全国单项协会核准,名单须向社会公布。

第十四条　各全国单项协会裁委会负责制定本项目裁判员发展规划;制定裁判员管理的相关规定和实施细则;组织裁判员培训、考核;国家级裁判员技术等级认证、注册;对本项目裁判员的奖惩提出意见;翻译并执行国际单项体育竞赛规则和裁判法,研究制定国内单项竞赛规则和裁判法的补充规定。

第十五条　各省、自治区、直辖市体育主管部门或地方单项协会应当结合本地区运动项目开展情况参照本章的规定成立裁委会。裁委会名单应当向全国单项协会备案,并向社会公布。本级裁委会应由不少于三名国家级或国际级裁判员组成。

进行二级、三级裁判员技术等级认证等管理工作的地(市)、县级地方单项协会也应参照本章规定成立裁委会,裁委会名单向上一级地方单项协会备案,并向社会公布。本级裁委会原则上应由不少于三名一级(含)以上技术等级的裁判员组成。

进行一级(含以下)裁判员技术等级认证等管理工作的解放军体育主管部门、全国性行业体育协会和体育专业高等院校应当参照本章的规定成立裁委会,裁委会应由不少于三名国家级、国际级裁判员组成。裁委会名单须向全国单项协会备案,并向社会公布。

第三章　裁判员技术等级认证

第十六条　裁判员技术等级认证考核内容分别为:竞赛规则、裁判法和临场执裁考核和职业道德的考察。晋升国家级裁判员应当加试英语或该运动项目的国际工作语言,作为资格认证的参考。根据各运动项目裁判工作的需要,晋升国家级、一级裁判员的技术等级认证可增加专项体能的考核内容。

第十七条　三级裁判员技术等级认证标准:年满18周岁中国公民,具备高中以上学历,能够掌握和运用本项目竞赛规则和裁判法,经培训并考核合格者。

第十八条　二级裁判员技术等级认证标准:具有一定的裁判工作经验;任本项目三级裁判员满一定年限,能够掌握和正确运用本项目竞赛规则和裁判法,经培训并考核合格者。

第十九条　一级裁判员技术等级认证标准:具备担任省级体育竞赛裁判员的经历,任本项目二级裁判员满一定年限,能够掌握和准确运用本项目竞赛规则和裁判法,经培训并考核合格者。

第二十条　国家级裁判员技术等级认证标准:具有较高的裁判理论水平和执裁全国性体育竞赛经验,能够独立组织和执裁本项目竞赛的裁判工作;任本项目一级裁判员满一定年限,经全国单项协会培训并考核合格者。

第二十一条　各全国单项协会负责制定本项目各技术等级裁判员培训、考核和技术等级认证的具体标准,以及报考国际裁判员人选的考核推荐办法,具体标准和考核推荐办法须经公布后执行。

第二十二条　各级、各类裁判员技术等级认证的单位,不得跨地区、跨部门、跨运动项目认证裁判员技术等级。裁判员由于工作调动,可持本人注册证明和裁判员证书到所在地方相应的注册单位申请变更注册单位。国家级裁判员变更注册单位,应当报全国单项协会备案。

第二十三条　各全国单项协会、各省、自治区、直辖市政府体育主管部门或同级地方单项协会可根据本项目、本地区开展裁判员技术等级认证的条件,组织一级(含)以下的裁判员技术等级认证等工作。

第二十四条　各级裁判员资格认证单位应当至少每两年举办一次裁判员技术等级认证考核。合格者授予相应的裁判员技术等级称号。

第二十五条　不符合裁判员资格认证条件的各级体育主管部门或各级单项协会不得对相应等级的裁判员进行技术等级认证等工作。

第二十六条　各全国单项协会应当统一制作并发放本项目各技术等级裁判员证书。

第二十七条　对各等级裁判员进行技术等级认证,不得收取费用。

第四章　裁判员注册管理

第二十八条　裁判员实行注册管理制度。各全国单项协会应当根据本项目的特点确定裁判员的注册年龄限制、注册时限、停止注册和取消注册等条件。

第二十九条　国际级、国家级裁判员按年度向各全国单项协会进行注册;各全国单项协会可视本项目裁判员队伍状况对一级裁判员进行注册或备案。一级(含)以下裁判员注册可由各省、自治区、直辖市体育行政部门或地方单项协会做出规定。

第三十条　各全国单项协会、各省、自治区、直辖市政府体育主管部门或地方单项协会应当建立裁判员注册信息库,并公布以下主要信息:

(一)裁判员姓名、年龄、技术等级、注册申报单位;

(二)裁判员获得相应技术等级资格认证的时间以及参加相应等级竞赛裁判工作记录;

(三)裁委会对裁判员裁判工作的考评意见;

(四)参赛单位对注册裁判员的评价意见。

第三十一条　裁判员必须持有注册有效期内的相应裁判员技术等级证书方能参加各级体育竞赛的执裁工作。

第五章　裁判员选派

第三十二条　全国性体育竞赛的临场技术代表、仲裁、裁判长、副裁判长、主裁判员须由国际级、国家级裁判员担任,其他裁判员的技术等级应为一级以上。

第三十三条　在国内举办的国际性体育竞赛,按照国际单项体育组织的要求选派裁判员;国际单项体育组织未对竞赛的裁判员技术等级做出要求的,应当选派国际级、国家级裁判员担任临场裁判。

第三十四条　全国单项体育协会选派裁判员参加全国性、国际性体育竞赛的裁判工作,应向裁判员注册申报单位所在的省级体育行政主管部门或地方单项协会备案。

第三十五条　各省、自治区、直辖市举办的同级以下的各类体育竞赛的临场技术代表、仲裁、裁判长、副裁判长、主裁判员、其他裁判员的选派条件,由各省、自治区、直辖市政府体育主管部门或地方单项协会做出规定。

第三十六条　全国性和地方性体育竞赛的裁判员选派应当遵循以下原则:

(一)公开的原则;

（二）择优的原则；

（三）中立的原则。

第三十七条　全国综合运动会和全国单项体育竞赛的裁判员，由各全国单项协会提出裁判员的选派条件、标准和程序，公开、公正进行选派。全国综合性运动会选派的裁判员，由体育总局统一公示名单。

第三十八条　各全国单项协会应对全国综合运动会和全国单项体育竞赛临场裁判员的选派采取回避、中立或抽签等方式进行。

第六章　裁判员权利和义务

第三十九条　各级裁判员享有以下权利：

（一）参加相应等级的体育竞赛裁判工作；

（二）参加裁判员的学习和培训；

（三）监督本级裁委会的工作开展；对于不良现象进行举报；

（四）享受参加体育竞赛时的相关待遇；

（五）对做出的有关处罚，有申诉的权利。

第四十条　各级裁判员应当承担下列义务：

（一）自觉遵守有关纪律和规定，廉洁自律，公正、公平执法；

（二）主动学习研究并熟练掌握运用本项目竞赛规则和裁判法；

（三）主动参加培训，并服从和指导培训其他裁判员；

（四）主动承担并参加各类裁判工作，主动配合有关部门组织相关情况调查。

（五）主动服从管理，并参加相应技术等级裁判员的注册。

第七章　裁判员考核和处罚

第四十一条　各全国单项协会、各省、自治区、直辖市政府体育主管部门或地方单项协会应至少每两年对本单位注册裁判员进行工作考核。

第四十二条　对违规违纪裁判员的处罚。

处罚分为：警告、取消若干场次裁判执裁资格、取消裁判执裁资格一至两年、降低裁判员技术等级资格、撤销裁判员技术等级资格、终身禁止裁判员执裁资格。

第四十三条　各全国单项协会、各地方单项协会负责对相应等级的违规违纪裁判员做出处罚。地方单项协会不健全的，由当地政府体育主管部门向上级单项协会提出处罚意见，由上级单项协会对违规违纪裁判员进行处罚。

第八章　附则

第四十四条　各全国单项协会、各省、自治区、直辖市政府体育主管部门或地方单项协会应当依据本办法制定相应的裁判员管理办法的实施细则，并向社会公布与实施。

开展全国性职业联赛的全国单项协会可参照本办法制定职业联赛裁判员的管理办法。

第四十五条　本办法自 2016 年 1 月 1 日起施行。原《体育竞赛裁判员管理办法(试行)》(体竞字〔1999〕153 号)废止。

第 10 章
体育赛事现场实施管理

　　体育赛事进入执行阶段,组委会各部门处于高速运转当中,方方面面的问题接踵而至,涉及观众、成本、赛事本身等,此时越发考验执行者的智慧和能力。作为赛事的重要参与者,现场观众的管理直接影响着赛事的关注度及美誉度。不同的观众类别如何开展差异化管理呢? 从赛事组委会角度来说,赛事现场实施除了观众管理之外,更多的是做好赛事现场实施。最后完成赛事收尾阶段工作,本次赛事即告全部结束。本章将细致探讨赛事执行者赛中、赛后管理的理论与实践。

【本章学习目标】

　　1.了解体育赛事现场不同观众的差异化管理方式。
　　2.了解赛中管理组委会各部门的主要工作。
　　3.了解体育赛事现场控制的 3 个原则及其内涵。

【关键术语】

　　观众管理　　现场控制　　赛后管理

体育赛事管理者的困惑——体育赛事进入执行阶段,管理者如何在繁忙中理清头绪?

10.1　现场观众管理

体育观众的概念分广义与狭义。广义角度,是指以体育竞赛表演为欣赏对象,享受和消费体育竞赛表演者提供的精神文化产品的个体或人群聚合体。狭义角度,可以定义为亲临现场观赛的人群聚合体。

一项体育比赛要想取得真正的成功,除了需要运动员的精彩表现之外,更需要赛场观众的支持,可以说,体育赛事观众管理称得上是赛中管理至关重要的一个环节。

10.1.1　赛场观众的分类

1) 一般型观众

一般型观众是为了同其他具有典型特征的观众进行区分而界定的一类观众,此类观众具有普遍性、大众性,但其人群特征较为复杂,因此对该群体的管理不能忽视,应该根据年龄、性别、职业、民俗文化等方面的差异进行管理(图 10.1)。

2) 专业型观众

专业型观众是指期待通过观看赛事汲取赛事专业技术知识的一类观众群体。专业型观众观看比赛的初衷多为观其门道,举例说明,2006 年中国对阵新西兰的一场女子垒球比赛,由于垒球规则相对复杂,看台上人人都为中国女垒在第三局的首次得分而欢呼,但靠近主席台西侧一角出现的北京女垒队队员却在埋头记录赛场上的心得体会。赛事管理者需要对专业型观众提供保障性,避免干扰其获得相关实战知识和经验累积。

3) 家属型观众

家属型观众主要指的是参加赛事运动员或教练员的家人及亲属,他们能通过呐喊、助威等方式鼓舞运动员发挥。但是,运动员除了能从家属型观众身上收获支持,也容易引起见到家人后的激动情绪,因此要有针对性地做好家属型观众管理。网球比赛中,人们会常常看见家属型观众的身影,ATP 系列赛都会为球员准备家属包厢,网球巨星费德勒的妻子米尔卡就常年追随丈夫参加比赛,而每次费德勒夺取冠军,都能看见他第一时间冲向家属包厢庆祝的身影(图 10.2)。

4) 痴迷型观众

痴迷型观众指的是对某项体育赛事疯狂热爱,程度近乎陷入迷失与慌乱的观众群体,他们没有个人经济目的,全身心为喜爱的运动项目及运动员呐喊、欢呼,甚至到了如痴如醉的

图10.1　奥运会开幕式现场高朋满座

图10.2　网球比赛中家属型观众为球员喝彩

境界。对于这类人群,要多采取理解的态度,不能因为其热烈的情感流露而压抑他们。当然其行为若给赛场、社会或他人带来损害,则要做好监管。

5)贵宾型观众

贵宾型观众指的是具有一定身份,经组委会办理过相关手续、佩戴特殊标志且只能在赛场的整个VIP区域活动的观众。贵宾型观众人数受限,但是可以享受到诸如用餐等方面的特殊待遇。尽管贵宾型观众具有特殊的身份、地位,人数也有限,但是赛事管理者也要对其进行适当的管理,以做好现场秩序维护。

6)工作型观众

工作型观众指的是在赛事现场为赛事提供工作及服务的观众,例如,赛事组委会人员、场地服务人员、新闻媒体记者等。为了做好本职工作,观看比赛是该类人群工作的重要内容之一,对该类人群也要做好相应管理,不能让他们对现场其他观众观赛带来消极示范作用。

上述几种类型的观众之间具有不可分割性,同时也具有一定的交叉性一场成功的体育比赛势必包含以上6类观众的参与,对于不同类型的观众特征,赛事组织者要换位思考,立足于为现场观众服务的角度做好观众管理各方面工作。大力提倡那些不违反社会治安、违背社会公德的观众行为,以渲染赛场氛围,增加其精彩性。

10.1.2　观众管理的措施

1)做好赛前宣传工作

竞赛组织者,尤其是组委会新闻宣传部,要充分利用电视、报刊、网络、新媒体等立体化宣传渠道,对赛事的举办进行宣传,让观众了解到赛事的举办信息;通过针对性的宣传策略,激发观众的观赛欲望。赛前的宣传工作也是履行赛事赞助商权益的一项重要途径,吸引观众前来观看赛事,进而对赞助商提供的产品或服务产生认知,或激发其产品购买行为。

2)营造良好的赛场气氛

如今,许多人将前往观看体育比赛视为舒缓精神压力的一种方式,他们除了对赛事本身的竞技水平有较高的要求之外,还希望能享受比赛带来的气氛,以及能参与赛前、赛后的各项活动。为了满足观众的该项需求,赛事组织者可以针对性提供相关服务,例如,组织啦啦队在中场休息时的文艺表演等。因此,塑造良好的赛场气氛可以大大吸引这批人的消费(图 10.3)。

图 10.3 足球比赛中球迷热情高涨

3) 提高运动员的个人素质

当今,体育领域的明星更加具有个性和可塑性,很多观众前往赛场观看比赛,目的其实是一睹自己喜爱的运动员的风采。如果个别运动员在赛场上表现出道德败坏的行为,将极大地影响观众上座率及满意度。运动员积极向上的拼搏姿态对青少年的激励作用很大,如果运动员言行负面作用较多,则会导致父母禁止儿女观看比赛,青少年是体育比赛观众的重要组成部分,失去青少年的支持,体育的魅力大打折扣。因此,赛事管理还要将塑造运动员个人素质提升到重要高度。

4) 注重以高水平的比赛吸引观众

归根到底,体育比赛的质量才是体育赛事的生命线,如果不注重质量,任何形式的体育赛事开发都仅仅是短期行为,不能可持续发展。从国外一些成熟的职业体育运作经验看,一些大牌俱乐部不惜大血本购买大牌运动员和教练员,做好本俱乐部体育设施的建设,以提高体育迷俱乐部忠诚度。一些商业比赛的运作,还会根据市场和观众的需求,对比赛的规则进行适当更改,从而提升赛事水平,更多地吸引观众。

5) 制订合理的门票价格

体育赛事市场开发首要是以质量为基础,同时,合理的门票定价也至关重要,门票价格过高观众的积极性势必被打压;相反,门票价格也不应该过低,因为过低的门票定价会导致观众不认可该赛事的质量,也不易吸引优质观众。一个合理的门票定价才是一项赛事得以获得长期举办、长期盈利的保障。

6) 发展观众会员组织

从职业体育俱乐部角度看,发展观众会员是其培养市场的重要手段之一。从举措上看,有些俱乐部会为会员观众提供门票优惠,并且为异地观战提供导游、食宿等服务,力图稳定现有观众,吸引潜在观众。会员观众管理的方式多有:会员登记、享受优惠、举办讲座、资助群众性的比赛,培养内行的观众和忠实的追随者等。

7) 建立与观众现场交流机制

有一部分痴迷型观众,前往赛场观看赛事的一大目的就是想亲眼看看心中的体育偶像,获得与体育明星面对面交流的机会,同时体验赛场氛围。因此,赛事组织者可以有针对性地组织一些明星运动员召开观众见面活动,例如,安排明星运动员与观众的签名、竞技切磋、进社区等活动,这也是提高赛事知名度,提升上座率的重要手段。

10.2 现场赛事控制

10.2.1 现场赛事的控制原则

1)成本控制原则

赛事成本控制是指赛事组织为保证在变化的条件下,按照事先拟订的计划和标准,通过采用检查、监督、引导等各种方法,使赛事的实际成本控制在计划和预算范围内的管理过程。随着赛事的进展,实际成本也在发生变化,需要不断修正预算安排,并对最终成本进行预测和控制。

成本控制包括下述内容。

①识别可能引起赛事成本基准计划发生变动的因素,并对这些因素施加影响,以使赛事成本控制在预算范围内。

②成本控制应从最基层的工作单位开始,监督成本的实施情况,当实际成本与预算成本出现偏差时,要找出原因,做好实际成本的分析评估工作。

③对发生成本偏差的相关部门进行有针对性的纠正措施,必要的话,可以依据当前实际情况对赛事成本基准计划进行调整和修改。

④将核准的成本变更和调整后的成本基准计划通知相关部门或人员。

⑤应杜绝在变动发生中将不合理及未授权的费用列入赛事成本预算之中。

⑥在进行成本控制时,要注重将赛事进度变化、赛事质量控制和赛事获得调整等紧密结合,防止因单纯控制成本而引起赛事进度、质量、内容等方面的问题。

2)进度控制原则

赛事进度控制是指在赛事各阶段的工作内容、工作程序、持续时间和衔接关系上,在实际进度与计划进度出现偏差时进行的纠正,并控制整个计划的实施。进度控制在赛事实施中与质量控制、成本控制相互依存、相互影响、相互制约。在进度控制中,首先要编制总进度计划和工作实施细则,审核各个部门工作进度计划。其次,要对赛事筹备、举办、赛后的全过程进行进度控制,这是赛事总进度计划能否付诸实现的关键(温阳,2012)。一旦发现实际进度与计划进度偏离,要及时采取措施进行纠正。再次,整个赛事结束后要及时组织评估工作,整理赛事进度控制的有关资料,并进行归类、编目和建档,完成进度控制的分析报告。

3) 质量控制原则

赛事质量控制是通过制订控制标准、确定控制对象、运用控制方法等措施,调整实际与标准之间的差异,以满足赛事质量要求的过程。

赛事质量是伴随着赛事实施全过程而形成的。因此,赛事质量控制也贯穿赛事筹备和举办的全过程。质量控制的范围涉及赛事的各个阶段和各个环节,任一阶段、任一环节的工作出现偏差,都会使赛事质量受到影响。质量控制的重点是根据赛事的特点和需要,制订赛事各阶段、各环节的工作流程,并由所需专业素质和技能的人员具体实施,从而满足赛事质量的要求。

10.2.2　各部门的主要任务

竞赛阶段是赛事的主要阶段,即从开幕式至闭幕式结束。在此阶段,各职能部门必须紧紧围绕竞赛工作这个中心,协调有序地开展各项工作,高质量保证竞赛顺利进行(图10.4)。

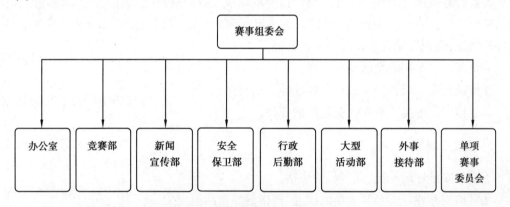

图 10.4　赛事组委会部门结构图

1) 组委会办公室

完成大会的各种票证的分配工作;开闭幕式临时指挥部办公室的值班和通信工作;负责邀请有关领导和其他人士参加大会各项重大活动;做好对各代表团的联络服务工作;负责各部门工作情况反馈,按时印发大会情况简报;组织安排好各代表团的迎送仪式;负责协调各职能部门的工作等。

2) 竞赛部

①提供各项运动最高纪录。

②做好成绩公告和统计工作。每天比赛结束后,各单项竞委会除及时公布当天比赛成绩和印发单项成绩公告外,还必须立即将比赛成绩向大会竞赛部报告,由竞赛部汇总当天各项目比赛成绩,迅速、准确地印发成绩公告,以便各参赛队知晓赛果,各相关宣传媒体更好地进行报道。此外,每天每场比赛结束,还应及时将比赛成绩登记和统计,以便当日公布和汇

编成绩册(图 10.5)。

③协助各单项竞委会处理和解决比赛过程中出现的重大问题。

3)新闻宣传部

①采取各种形式做好对参赛运动队、裁判员、工作人员和观众的宣传教育工作,大力进行遵纪守法的宣传教育,同时鼓励运动员(队)赛出风格、赛出水平,宣传比赛中的正能量事件。

②做好记者采访的组织工作,为记者采访提供服务。

③搞好驻地和赛场的环境布置。

④组织开展"体育道德风尚奖"的评选活动。

4)安全保卫部

①做好大会驻地的安全保卫工作。

②要做好维持赛场秩序工作。要严格控制观众人数,不得超过场馆容量。做好进、退场时的疏导工作,防止"一拥而入(退)"。如果出现观众哄场、围哄运动员、裁判员等扰乱赛场秩序的情况,要积极配合主管部门妥善处理。

③负责大会车辆的交通安全工作。

④保证出席大会各种仪式的各级领导人的安全。

⑤制作发放各类人员在大会期间的证件。

5)行政后勤部

①妥善安排好运动员、裁判员的住宿。

②要切实办好各类参赛人员的伙食,严格把好食品卫生关。

③根据各项活动和比赛的需要,认真做好交通车辆的安排和管理。

④监督各职能部门的经费使用情况。

⑤做好比赛期间的医疗急救工作。

6)大型活动部

(1)组织开幕式

开幕式是整个竞赛活动中非常重要的一个环节。因为成功的开幕式不仅可以扩大社会宣传,提高体育在社会生活中的地位,而且还可以对运动员产生良好的心理影响。因此,开幕式一定要开得庄严隆重、主题鲜明、气氛热烈和紧凑精练。大型比赛和运动会应组织团体操或文体表演。当然,开幕式一定要注意节俭,防止铺张浪费。不同规模、不同特点和任务的比赛或运动会,其开幕式的程序也不尽相同。一般包括以下几个步骤,主持人宣布大会开始,裁判员、运动员入场;升国旗、奏国歌或其他仪式;领导致开幕词;运动员、裁判员代表讲话;运动员裁判员退场;团体操、文艺表演(图 10.6)。

图 10.5　高尔夫比赛期间实时公布选手成绩

图 10.6　大型赛事开幕式现场

（2）组织闭幕式

闭幕式是将运动会推向高潮的又一重要仪式。开幕式结束后，大型活动部的工作人员应立即投入运动会闭幕式节目的组织；安排、布置会场，准备表演道具；进行会场工作人员培训等。闭幕式可以单独进行，也可以在决赛场次之后进行。它常常和发奖仪式同时进行。其一般程序是：运动员、裁判员入场；宣布比赛结果；发奖；致闭幕词；文艺演出。

7）外事接待部

①负责组织对外部的迎送招待会、宴会和会见等礼仪性活动。
②负责安排外宾参加开、闭幕式和发奖仪式等活动。
③配合竞赛部门做好外国体育团队参加比赛的工作。
④安排外宾参加游览活动。
⑤负责对外宾的日常服务管理，以及购物、庆祝生日、伤病处理等。

8）单项竞赛委员会

①做好每日成绩公告，并按大会组委会规定及时汇报当日比赛结果。
②严格控制比赛进度，防止比赛出现脱节、漏洞和误差，及时处理竞赛中发生的一切重大问题，并向组委会有关部门汇报。
③做好颁发奖品、纪念品工作。
④加强对裁判员的管理。

裁判员的组织工作是运动竞赛活动中的关键环节。比赛顺利与否，与裁判员队伍水平高低有着密切的关系。由于裁判员水平低下，出现明显的错判、漏判，甚至有意偏袒一方，执法不公，不仅会挫伤运动员的积极性，而且可能引起竞赛纠纷，导致比赛秩序混乱，出现竞赛管理失控的局面。因此，不仅要在赛前组织裁判员认真学习竞赛规则、规程，统一认识、统一尺度，研究赛中可能出现的问题和处理办法，组织必要的考核和实习，而且在比赛中也要加强对裁判员的管理，每场比赛后要及时组织裁判员进行总结，虚心听取运动队的意见，不断提高裁判员工作水平。在裁判员分工上，对于对抗性强的项目和评分项目，要尽量安排与参赛队无关的裁判员，使其公正准确地做好裁判工作。同时，应加强对裁判员的教育管理，杜绝"私下交易""本位主义"等不良现象，对于这些问题一经查出，要严肃处理。

10.2.3　分级做好运动员的管理

为使管理切实有效,落到实处,比较正规的运动会宜采取对运动员的分级管理办法。

①大会抓各队,组委会提出统一要求和具体规定,并协调好各队之间的相关工作,定期召开各队联席会议,发现问题、处理问题,推进工作。

②领队抓队员,领队负责全队运动员的管理,确保各队、每个运动员都能遵守各项规章制度,圆满地完成比赛任务。

10.2.4　加强竞赛期间赛风管理

运动竞赛是传播精神文明的一个窗口,广大观众不仅可以通过比赛欣赏高超的运动技艺,而且可以通过运动员的体育道德、精神风貌,受到精神文明的陶冶和感染,并从中受到教育。因此,对于竞赛中出现的违章报名、违反比赛纪律、不尊重裁判、不尊重对方、搞"君子协定",打关系球以及裁判员的故意偏袒一方等不良现象,必须严格加强管理,以树立健康、文明的比赛风气。加强赛风管理应注意下述几个方面。

①竞赛组织与承办部门要严格把关。严格做好运动员参赛资格的审查,对竞赛组织的成员,特别是仲裁委员会及裁判队伍的成员要加强管理教育和监督检查,发现问题应严肃处理,绝不姑息迁就。

②建立领队、教练员责任制。对于获得精神文明、优秀赛风赛纪运动队的领队和教练要实行奖励,对于出现赛风问题的运动队,在严肃处理运动员和教练员的同时,还要追究领队的责任,使运动队领队从思想上重视运动队的赛风问题。

③不断提高教练员和运动员的文化素养,这对于改善比赛赛风有重大意义。

④贯彻落实体育法规,通过法律手段维护良好的竞赛秩序,保证体育竞赛健康发展。

各单项竞委会其他职能部门的主要任务可参见组织委员会各职能部门的主要任务。

10.3　现场结束管理及清理

体育赛事收尾阶段是指按申办报告和总体工作方案完成全部竞赛组织工作后,对赛事进行总结,并完成赛事全部剩余的工作,直至提交出总结报告和审计(财务)报告为止的阶段。通常当赛事比赛全部结束,闭幕式举行完毕,即标志着赛事进入了收尾阶段。赛事收尾阶段的主要工作包括向相关机构及人员致谢、举行表彰活动、做好文件物件归档、财务结算、财务处置以及赛事经验教训的评估与总结等。这一阶段工作完成后,本次赛事即告全部结束。

10.3.1　致谢与表彰

在体育赛事收尾阶段,应该由赛事组织者向体育赛事运作管理的外部机构及人员致谢,而对赛事运作内部机构及人员也应表示感谢并予以表彰。这样做的意义在于:维系与外部利益相关者的良好关系,保持运作管理机构的良好形象,肯定内部工作人员的价值与成就,激励他们在将来的工作中更加努力。

致谢的对象通常包括主办单位、政府部门、媒体记者、赞助商、捐赠者、志愿者等为赛事提供了支持与帮助的个人、组织和机构等。表彰的对象包括直接参与赛事运作的机构及个人(图 10.7)。

图 10.7　北京奥运会残奥会志愿者总结表彰大会

致谢与表彰的方式多种多样,并非一定要有过度花费,应该从赛事的规模、规格、预算以及致谢与表彰的对象等多方面进行权衡和考虑,加以选择和创新。比如,对志愿者的表彰更倾向于荣誉而非物质,设计独特、制作精美,并且有赛事主办单位高层领导签名的致谢信或者奖状便是一种向志愿者表达衷心谢意的良好方式;对于赞助商不妨举行一次有主办方高层领导及当地政府官员出席的隆重的商务酒会或者宴会,在致谢的同时也有利于增进彼此的关系,为将来可能的合作打下基础;对于工作人员来说,轻松的聚餐或者晚会有利于消除长期以来紧张工作的压力,赛事组织者给予工作人员正面、积极的工作鉴定、表彰决定以及适当的物质奖励,能更好地激励他们投入下一阶段的工作中。无论是何种方式的致谢或表彰,要想达到预期的良好效果,关键在于致谢及表彰对象感到自身有价值、被认可、受重视、公平。

10.3.2　文件归档

世界上每个国家都重视从历史特别是现代历史中寻求可资借鉴的经验教训。人类历史的发展具有延续性,档案在历史发展中起着传媒、承载信息的纽带作用,档案是历史文化的积淀。档案是人类历史活动的真实记录,是人类文件的载体,是人类社会的宝贵财富。

对于体育赛事来说,档案管理同样是赛事运作中一项基础性的工作,也是一项重要的保障性的工作。在赛事结束阶段,对赛事整体运作的各类文件进行整理、归档,不仅是体育赛事运作管理机构未来运营的需要,而且是我国体育赛事乃至整个体育事业发展的需要。这里所说的需要归纳的文件是指在赛事筹备和举行全过程中形成的具有保存利用价值的各种文字、图表、账册、音像、电子文件、实物等不同形式的历史记录。

无论是何等规模、何种类型的赛事,都应该对文件归档范围及要求作出明确规定,以便于各工作部门及人员在收集、整理、移交文件时有章可循。在制订文件归档有关规定时,需要依据《中华人民共和国档案法》及国家体育总局于1999年制订的《文书档案管理办法》,参考其他赛事归档方法,同时要注意结合赛事自身特点。

文件归档的基本要求至少应该包括下述几点。

①归档的各类文件应该齐全完整。针对不同类型的文件定出归档范围,如会计档案的归档范围一般包括会计凭证类、会计账簿类、财务报告类。

②归档的各类文件应签署完备,保证归档文件的合法性、有效性。

③归档的各类文件应该真实可靠,数据不得擅自涂改。

④归档的各类文件盒的制作材料应有益于长期保存。书写材料不得使用圆珠笔、纯蓝和红墨水等易于褪色的书写材料,对已形成的字迹模糊或者易褪色的归档文件应进行复制。

⑤电子文件应与对应的其他载体形式的文件材料一起归档;音像材料(包括照片、底片、录音带、录像带等)和实物应与文字说明一起归档。

⑥归纳文件的整理应系统、规范,应针对文书、音像、实物、会计、工程等不同类型与性质的文件制订不同归纳规则及制度。

⑦配备适宜的档案用房和设施,应该符合防盗、防光、防高温、防火防尘、防鼠、防虫等标准及要求。大型综合性赛事的档案,可交给举办地政府档案馆。同时另外上交一套给主办单位。一般小型赛事或单项赛事档案则由承办单位自行保管。

10.3.3　财务处置及财务报告

赛事结束后,应尽快对设备、器材、办公用品进行妥善处置。所有登记在册的固定资产,赛事结束后,应按照"谁发放、谁回收"的原则负责清点回收,回收的固定资产应妥善保管。发现固定资产损坏、遗失应注明原因,报管理层批准并根据财务程序办理销账手续。回收的固定资产由使用部门提出处理意见报管理层审批后调拨有关部门使用。赛事结束后,赛事运作管理机构各部门负责经管物资的人员,必须在统一规定的时间内办理分管财产物资的交接手续(刘清早,2009)。

同时,在赛事收尾阶段,对应收应付款项应及时清理结算,避免经济损失或纠纷。在做好财务结算的基础上,编制赛事运作管理期间的全面财务报告,以使赛事运作管理机构及赛事主办单位了解整个赛事运作的收支及盈利情况。要达到这个目标不能只依靠最后几天的加班加点,其有赖于赛事运作管理机构日常健全的财务管理制度,以保证财务报表的定期更新,这样才能在比赛结束的最短时间内得出准确详尽的财务报告。财务报告中不仅应该包含财务报表,也应该包括相关的非财务信息。其中财务报表一般包括资产负债表、收益表和现金流量表,而非财务信息则包括对各种与财务报告有关的重要因素的介绍。

尽管财务报告中的主要内容是财务报表,但要注意财务信息只是用来了解赛事运作实际情况的工具之一,而并非最终目的,因此要避免"就数据论数据",应该将财务信息与非财务信息结合起来。在具体分析过程中,要善于静态与动态结合、过去与未来结合、财务与业务结合、微观与宏观结合、时间与空间结合、赛事与体育行业整体结合,使财务报告能为赛事运作管理机构、赛事主办单位、政府机构及其他相关利益者提供更多有关赛事运作的信息,为他们未来的决策提供参考和帮助。比如,对赛事运作收入结构进行财务分析时可从多种角度着手,既可以与上一届赛事进行纵向对比,也可以与同性质或者同规模的赛事作横向比较,分析收入结构的特点、产生原因、有何优势或者劣势。

财务报告对于体育赛事运作管理机构而言是一项管理与决策的工具,对于政府、投资者、公众而言则是一种监督与控制的方式,无论是编制赛事运作的财务报告,还是对财务报告进行分析,都必须遵循"合理合法"的原则,要遵守《中华人民共和国会计法》《企业会计制度》《企业财务会计报告条例》等相关法规条例,要遵循公认的会计原则。财务报告编制完毕后,经同级审计部门审核后,需报主办单位、体育行政管理部门、举办地政府备案。全国性大型综合性运动会后,要由专门的审计部门进行审计,并向举办地政府及人大常委会提交审计报告(刘清早,2009)。

10.3.4　评估总结

对赛事运作管理工作进行全面评估总结,是体育赛事收尾阶段中的重要的工作之一,既是对体育赛事运作管理各方面工作的整体回顾,也是对取得的成绩的肯定、对经验的探讨以及对教训的剖析,其最终目的是促进运作机构及机构成员素质的提升,使下一届赛事或者其他相似活动组织工作更上一层楼。

体育赛事评估总结工作通常采取自下而上的方式,首先由赛事运作管理机构所属的各职能部门进行部门工作的评估总结。比如,由竞赛管理部门对竞赛组织水平,技术官员的工作水平、业务能力、执法和监督水平,场馆器材等竞赛物质条件的质量,竞赛管理的科技含量,竞赛工作和其他方面的协调、配合能力及水平等进行总结;由市场开发部门对赛事市场开发工作总体计划及方案的执行情况、人员配置、经费管理、后勤保障等各方面进行全面系统的总结,总结教训和传授经验。再由各部门逐级上报汇总,实施多层面、全方位、立体式的分析,最后形成赛事的整体总结报告。赛事总结过程中能量化的尽可能要量化,以数据说明问题,避免流于形式,同时也要注意定量与定性的结合,要从数据中发现问题、分析问题,要遵循"实事求是、就事论事"的原则,既要表彰先进,也要鞭策后进;既要肯定成绩,又要找出不足;既要分析原因,也要提出对策。真正通过总结工作做到总结经验、汲取教训,使将来体育赛事的运作管理更加科学、综合效益更好。

案例10.1

××国际马拉松赛赛时运行指挥体系框架图

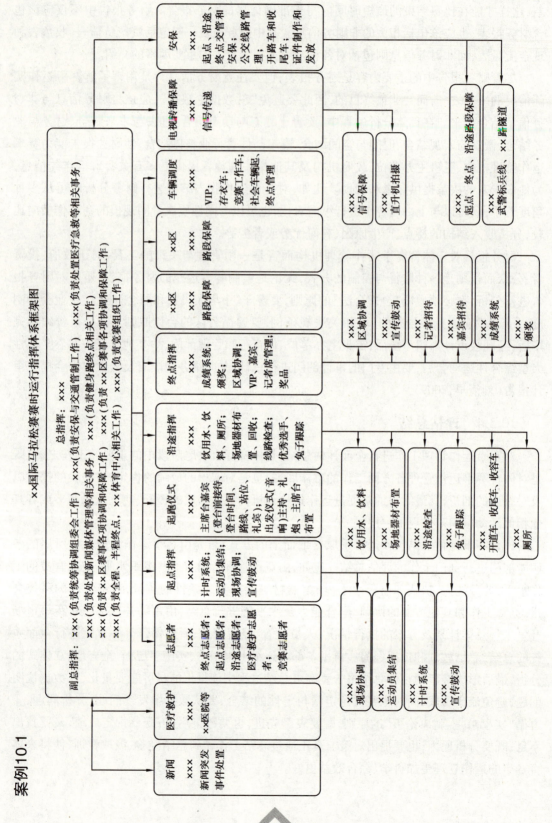

本章小结

- 体育观众的概念分广义与狭义。广义角度,是指以体育竞赛表演为欣赏对象,享受和消费体育竞赛表演者提供的精神文化产品的个体或人群聚合体。狭义角度,可以定义为亲临现场观赛的人群聚合体。

- 体育观众可分为一般型观众、专业型观众、家属型观众、痴迷型观众、贵宾型观众、工作型观众,不同的观众类型有着不同的管理特点。

- 体育赛事观众管理的措施主要有做好赛前宣传工作、营造良好的赛场气氛、提高运动员的个人素质、注重以高水平的比赛吸引观众、制订合理的门票价格、发展观众会员组织及建立与观众现场交流机制。

- 现场赛事的控制原则主要包含成本控制原则、进度控制原则和质量控制原则。

- 竞赛阶段是赛事的主要阶段,即从开幕式至闭幕式结束。在此阶段,各职能部门必须紧紧围绕竞赛工作这个中心,协调有序地开展各项工作,高质量保证竞赛顺利进行。本章介绍了组委会办公室、竞赛部、新闻宣传部、安全保卫部、行政后勤部、大型活动部、外事接待部和单项竞赛委员会的赛中管理主要职责。

- 体育赛事收尾阶段是指按申办报告和总体工作方案完成全部竞赛组织工作后,对赛事进行总结,并完成赛事全部剩余的工作,直至提交出总结报告和审计(财务)报告为止的阶段。

- 通常当赛事比赛全部结束,闭幕式举行完毕,即标志着赛事进入了收尾阶段。赛事收尾阶段的主要工作包括向相关机构及人员致谢、举行表彰活动、做好文件物件归档、财务结算、财务处置以及赛事经验教训的评估与总结等。

复习思考题

1.针对不同类别的赛场观众,如何进行差异化管理?

2.从人本管理视角下分析赛场观众管理的策略。

3.根据赛事现场控制理论学习,请拟订一个校际篮球赛赛中管理方案。

【补充与提高】

全国综合性运动会组织管理办法

（体竞字〔2017〕12 号　2017 年 2 月 3 日）

第一章　总则

第一条　为进一步规范全国综合性运动会组织工作,加强指导、管理、监督力度,根据《中华人民共和国体育法》,制定本办法。

第二条　全国综合性运动会(以下简称运动会)是指由国家体育总局主办,省、自治区、直辖市人民政府承办,根据竞赛规程和规则,在规定期间内举行的全国运动会、全国冬季运动会和全国青年运动会。

第三条　组织运动会要以协调推进"四个全面"战略布局为引领,坚持绿色、共享、开放、廉洁办赛的基本原则,充分发挥运动会在推动"健康中国"建设,促进我国竞技体育、群众体育、体育文化和体育产业发展等方面的综合功能与多元价值。

第四条　主办单位和承办单位应当全面落实运动会组织工作的主体责任和监督责任,加强党风廉政建设和反腐败工作,将其作为政治思想建设、组织制度建设、纪律作风建设的重要内容,建立并完善廉洁办赛的机制和制度,严格执行党纪党规和国家各项法律法规,实现风清气正的办赛目标。

第五条　主办单位根据体育事业发展需要,确定运动会总体目标和主要规划。承办单位在主办单位的指导下,具体负责运动会的组织工作。

第六条　运动会组织工作应当遵循运动会规律,以运动员为中心,节俭高效、惠民利民、管理科学、标准规范、程序严谨,注重遗产规划。

第七条　本办法适用于运动会组织过程中的工作和活动。

第二章　组织机构

第八条　运动会应当设置组织委员会(以下简称组委会)、纪律检查委员会(以下简称纪委会)和各项目竞赛委员会(以下简称竞委会)等组织机构。

承办单位根据场馆布局和工作需要确定是否成立赛区组委会,并向主办单位备案。

第九条　承办单位应当于运动会开幕前 24 个月成立组委会和纪委会,于开幕前 18 个月成立各项目竞委会。

因特殊情况无法按时成立的,承办单位应当与主办单位协商确定。

第十条　各组织机构由主办单位和承办单位人员共同组成。

第十一条　组委会根据组织工作需要,设置内部机构,确定工作人员职责、岗位和数量。

第三章　场馆

第十二条　承办单位应当提供符合国际单项体育组织或全国单项体育协会技术标准和规则要求的比赛和训练场馆。

第十三条　鼓励承办单位采用对现有场馆维修、改造、扩建,不同项目共用场馆等方式,提高场馆使用效益。

确需新建场馆的,应当与当地经济社会发展和城市总体规划相结合,并充分考虑绿色环保和赛后综合利用。

提倡建设临时性场馆和设施。

第十四条　经主办单位同意,承办单位可以将不具备办赛条件的项目比赛安排在其他省、自治区、直辖市举行。

第十五条　组委会应当以竞赛为核心,合理规划和确定场馆内外功能空间以及人员和车辆流线。

第四章　运动会规模

第十六条　运动会每四年举办一届。

全国运动会、全国冬季运动会和全国青年运动会会期(包括开闭幕式)原则上分别不超过 13 天、11 天和 10 天。

运动会举办日期由主办单位根据承办单位的地理位置、气候特点和比赛项目设置等综合因素统筹确定。

第十七条　主办单位根据体育事业发展和奥运会比赛项目调整情况,确定、调整运动会项目设置。

运动会同期举办群众喜闻乐见、普及程度高的体育项目比赛,鼓励群众参赛,实现全社会参与、全人群共享的发展目标。

主办单位于运动会开幕前 36 个月确定本届运动会项目设置,包括大项、分项和小项。

第十八条　全国运动会主要以省、自治区、直辖市、新疆生产建设兵团,中国人民解放军为参赛单位。

第十九条　符合以下条件的行业体育协会,经主办单位同意,可以组成代表团参加全国运动会:

(一)有专门的体育管理机构和专职工作人员;

(二)有专业运动队建制和一定数量的教练员、运动员编制;

(三)有运动队训练基地和教学、科研设施;

(四)有运动队年度专项训练经费;

(五)参加全国单项体育协会举办的年度全国比赛;

(六)有 3 个项目(分项)或 12 名运动员参加全国运动会资格赛。

第二十条　全国冬季运动会主要以省、自治区、直辖市、新疆生产建设兵团,中国人民解放军,或省、自治区所辖市(地、州、盟)、直辖市所辖区(县)、新疆生产建设兵团所辖师级单位以及行业体育协会为参赛单位。

第二十一条　全国青年运动会主要以省会城市、自治区首府、直辖市所辖区(县)、计划单列市、新疆生产建设兵团所辖师级单位以及符合主办单位规定条件的市(地、州、盟)级单位为参赛单位。

全国青年运动会参赛单位报名报项由各省、自治区、直辖市、新疆生产建设兵团体育行政部门统一组织实施。

第二十二条　推动竞技体育和群众体育全面发展,鼓励企业、俱乐部等参加运动会。

第二十三条　运动会参赛单位应当按照《全国运动员注册与交流管理办法》和当届运动会代表资格规定,组成参赛代表团。

第二十四条　参赛代表团运动员由相应体育项目资格赛成绩确定。

主办单位于运动会开幕前12个月审定并公布资格赛举办方式和录取人数。

第二十五条　参赛代表团官员人数不超过运动员人数的40%。

第五章　竞赛组织

第二十六条　主办单位根据项目设置、竞赛办法和场馆条件等因素,确定竞赛日程。

各项目比赛原则上在开幕式和闭幕式之间举行。

第二十七条　主办单位制定运动会竞赛规程总则,审定并公布各项目竞赛规程。

第二十八条　运动会比赛和训练器材应当符合国际单项体育组织或全国单项体育协会标准。

鼓励承办单位通过市场开发、借用或租用等方式配置器材。

第二十九条　组委会应当根据项目特点,科学、统筹安排参赛运动队训练。

第三十条　组委会应当在运动会开幕前,适时在运动会比赛场馆举行测试,检测场馆设施设备和人员水平。

举办测试赛的,可以单独举办,也可以与全国性或区域性比赛结合举行。

第三十一条　主办单位根据《体育竞赛裁判员管理办法》《全国体育竞赛裁判员选派与监督工作管理办法(试行)》以及各项目相关规定,公平、公正、公开地选派裁判员参与运动会执裁。

在符合竞赛规程规则和有关规定的情况下,优先安排承办单位本地或邻近地区裁判员参与执裁。

第三十二条　主办单位应当健全临场仲裁机制,规范仲裁委员会人员资质,完善工作制度,公平、公正、高效解决比赛争议。

第三十三条　体育竞赛前3名颁发奖牌,举行颁奖仪式。奖牌分为金牌、银牌、铜牌,只颁发给运动员。

颁奖仪式应当庄重、简朴,体现仪式感。

第三十四条　运动会使用的竞赛规程、秩序册和成绩册等出版物应当体现指导性、专业性、规范性,语言精练、格式统一,纸质版和电子版相结合,节约开支。

第六章　体育文化活动

第三十五条　开闭幕式应当遵循隆重、热烈、节俭的原则,控制成本,突出体育文化特色。

开幕式文艺表演不超过50分钟,闭幕式文艺表演不超过40分钟。控制声光电的使用,不燃放大型烟花焰火,突出体育主题和全民健身活动展示。

开闭幕式总体方案由承办单位提出建议方案,报主办单位审定。

第三十六条　组委会应当严格控制火炬传递规模、时间和路线。点火仪式和火炬传递在承办单位当地举行。火炬传递活动采取实体与网络相结合,传递活动从简进行。

第三十七条　组委会应当根据公开、公平、公正原则,开展火炬手选拔工作。火炬手应当具有广泛的代表性和影响力,以承办单位为主。

第三十八条　组委会应当在运动会组织过程中积极开展主题突出、形式多样的全民健身活动,营造全民健身氛围,弘扬体育精神,倡导积极健康的生活理念和生活方式,推动群众性体育工作深入开展。

第七章　服务保障

第三十九条　组委会应当充分利用现有住宿条件和设施,或通过市场化方式安排参赛代表团、裁判员、媒体人员等住宿,并为以上人员提供餐饮和交通服务。

第四十条　运动会安全保卫工作应当以人为本,措施得当,反应迅速,保障运动会平安进行。减少对训练比赛和城市生产生活的影响。

第四十一条　运动会实行身份注册制度。组委会应当合理确定身份注册卡通行权限,保障各类人员履职需要。

第四十二条　组委会应当选择具有资质的医院作为运动会指定医院,并在场馆和住地等场所提供专业、及时、高效的医疗服务。

第四十三条　运动会信息系统工作应当遵循必需、必要、实用原则。承办单位负责信息系统建设工作,满足赛时基本运行需求。

第四十四条　承办单位应当为注册人员在开闭幕式和比赛场馆预留座席,为运动员观看非本项目比赛以及青少年观赛预留门票。

预留座席和门票的具体数量根据场馆可用座席数由主办单位和承办单位协商确定。

第四十五条　组委会应当广泛动员社会各界志愿参与、服务和保障运动会组织工作,合理安排运动会志愿者招募、培训、保障和激励计划。

第四十六条　组委会应当严格控制邀请境内外贵宾观摩的规模和规格。根据工作需要,合理确定活动日程。

第四十七条　运动会期间组委会不举行欢迎宴会和答谢宴会,不举行与运动会无关的论坛、庆典、展览和研讨会等活动。严禁公款宴请,严禁发放纪念品和礼品。

第四十八条　承办单位应当于运动会结束后 6 个月内将组织运动会的所有文件、音视频、实物等资料物品移交主办单位。

当届运动会承办单位应当积极与下届运动会承办单位分享运动会举办经验。

第八章　反兴奋剂

第四十九条　组委会应当全面贯彻落实《反兴奋剂条例》和《反兴奋剂管理办法》,严格执行"严令禁止、严格检查、严肃处理"的反兴奋剂工作方针。

第五十条　组委会根据项目特点和竞赛日程,制订兴奋剂检查计划,开展兴奋剂检查和反兴奋剂宣传教育。

第五十一条　主办单位和承办单位应当共同开展食源和药源性兴奋剂综合治理工作。承办单位要充分利用当地食品药品监管工作资源和渠道,保证比赛期间各类注册人员食品安全和当地药品销售的规范性。

第九章　新闻宣传

第五十二条　新闻宣传坚持团结稳定鼓劲、正面宣传为主的方针,遵循新闻规律,围绕各类重大活动和赛事节点逐渐升温,展现运动会的综合功能与作用。

第五十三条　组委会应当建立和完善新闻发布机制和新闻发言人制度,及时传播运动会信息。

第五十四条　组委会根据宣传报道工作需要,科学合理确定参与运动会报道的新闻媒体和记者数量。

第五十五条　组委会根据媒体需求,依托现有条件,确定媒体服务标准和内容,为其工作提供便利。

第五十六条　运动会会徽、吉祥物、主题口号等由承办单位经征集后提出建议方案,报主办单位审定。

第十章　市场开发

第五十七条　运动会市场开发权归主办单位所有。主办单位可以授权组委会进行当届运动会的市场开发,并对此项工作进行指导和监督。

承办单位确定后6个月内,主办单位和承办单位协商确定运动会市场开发权利义务等内容。

第五十八条　组委会应当健全制度,规范使用运动会名称、会徽、吉祥物、主题口号等标志。

组委会可以通过商标注册、版权登记、专利申请、特殊标识登记等手段加强对运动会标志的保护。

第五十九条　鼓励整合市场资源,通过赞助、特许经营等方式吸引社会资本为运动会组织工作提供资金、技术和服务支持。

组委会应当注重赞助企业投资回报,防范隐性市场营销,维护赞助企业权益。

第六十条　组委会应当保证运动会比赛和活动在电视、广播、网络媒体等进行播出和报道。

第六十一条　门票销售体现公开、公正、惠民原则,销售门票应当占场馆座席总数的45%以上。

门票价格应当充分考虑承办单位经济社会发展状况和人民生活消费水平。

第十一章　监督和处罚

第六十二条　纪委会对组委会和竞委会人员廉洁自律及参赛代表团赛风赛纪和反兴奋剂工作进行监督、检查、问责。

第六十三条　组委会执行预算制度,直接用于运动会组织运行的经费应当向同级人民代表大会报告并及时向社会公布。

第六十四条　组委会加强纪检监察监督,重点对运动会组织过程中高风险领域和环节进行监督检查,及时发现和处理违规违法行为。

第六十五条　组委会加强全面审计监督,采取内部审计和专项审计相结合的方式,对经济活动和财务管理的合法性、真实性、效益性进行全过程的审计和监督。

第六十六条　违反党规党纪、赛风赛纪、反兴奋剂及其他违规违法行为的,依规依法进行追责和处罚。

第十二章　附则

第六十七条　主办单位邀请香港特别行政区、澳门特别行政区、台湾地区参加运动会的办法另行制定。

第六十八条　其他全国综合性运动会及省、自治区、直辖市人民政府在本行政区域内举办的综合性运动会,组织工作可以参照本办法执行。

第六十九条　《全国综合性运动会技术指南》是本办法的具体规范和标准,主办单位可以根据工作需要进行修订。

第七十条　本办法自发布之日起施行。

第 11 章
体育赛事风险

　　每项体育赛事都会涉及风险,而风险的类型和级别则取决于很多变量,例如赛事级别、赛场位置、参赛者级别、赛事时间和观众的数量等。但无论是什么样的赛事,作为赛事组织者均需做好赛事的风险管理。有效的风险管理可以最小化潜在成本,使体育赛事成为安全、愉快的体验。

【本章学习目标】

　　1.了解体育赛事风险的概念及识别。
　　2.掌握体育赛事风险评估和控制的方法。

【关键术语】

　　风险　风险识别　风险评估　风险控制

体育赛事管理者的困惑——管理者如何预防体育赛事中的风险?

11.1　体育赛事风险的概念及识别

11.1.1　体育赛事风险的概念

1) 风险

"风险"在《辞海》中的释义为：自然界和社会上所发生的自然灾害和意外事故。又称危险。风险大体有下列两种分类法：①从风险的性质或形态来分，有不稳定风险(或称动的风险)和纯粹风险(或称静止风险)两种。不稳定风险是指具有财务盈亏性质的危险，如企业的经济效益受制于该企业的经营状况。纯粹风险是指那种不可能有财务盈利而只有损失的危险，如火灾、地震、台风和洪水等自然灾害和事故。②从风险产生的原因来分，有自然风险、政治风险和经济风险。自然风险是指因自然因素和物理现象所造成的物资风险，例如，雷电、火灾、洪水、地震、崖崩等造成财产损毁的风险损失等。政治风险是指因政治局势的变动所引起的风险。政治风险主要有罢工民变、敌对行动、政府更迭、国家政策的变更等。经济风险是指在生产或商业销售过程中，由于经营管理或市场情况变化等因素而造成的产品数量减少，质量不佳，或者市价涨落引起的风险损失。保险人只承担纯粹风险，而不承担不稳定风险。

2) 体育赛事风险

根据《辞海》中对风险的解释可以发现，风险存在于各个环境中，且涉及的内容繁多。而体育赛事由于其自身与外界的关联密切，因此所涉及的风险也遍布赛事的各个环节。在本书中，体育赛事风险指的是那些在体育赛事举办过程中出现的自然界和社会上所发生的自然灾害和意外事故。

3) 体育赛事风险管理

加拉格尔于 1950 年在其调查报告《风险管理——成本控制的新阶段》中最早提出了"风险管理"这个概念。美国学者威廉姆斯和汉斯认为：风险管理是对由于突发的、非预期的特殊事件或故意侵权事件所造成的人员、财务的风险进行控制；是经济单位通过对风险的识别和衡量，采用合理的经济和技术手段对风险进行处理，以可确定的管理成本替代不确定的风险成本，并以最小的经济代价获得最大安全保障的一种管理活动(刘东波，2010)。美国不仅是研究风险管理最早的国家，也是实践风险管理最早且最深入的国家，20 世纪 50 年代美国的企业就开始引入风险管理，后被欧洲及其他国家效仿。

体育赛事风险管理指的是对体育赛事各类突发的风险进行识别和处理，将风险和损失降到最低限度的过程。近年来，风险管理被运用于体育赛事，尤其是奥运会、足球世界杯等大型体育赛事中,这对于提升体育赛事管理工作的质量,预防和降低体育赛事的损失起到了巨大的作用。体育风险管理已受到越来越多国家奥委会、体育政府部门、国际国内体育协会组织的重视,成为举办体育赛事,尤其是大型体育赛事必备的工作程序。

11.1.2　体育赛事风险识别

要进行体育赛事风险的管理,首先要对体育赛事风险进行识别。然而不同的赛事所面临的内、外部环境各不相同,因此,要进行体育赛事的风险识别必须要明确体育赛事可能面临的主要风险,对这些风险的掌握有助于高效地识别具体赛事面临的风险。

根据体育赛事的举办流程,体育赛事风险可从下述几个方面入手进行识别。

1) 体育赛事政治风险

体育赛事涉及的政治风险指的是由于政治因素所产生的威胁到体育赛事的风险。这类政治因素包括冲突、战争、恐怖活动、示威游行等。以下列举几个典型案例。

案例 11.1

1972 年慕尼黑奥运会惨案

1972 年 9 月 5 日,奥运会出现了残酷杀戮的一幕,有些不明身份的人持枪袭击了运动员村,当场杀害两名以色列运动员,劫持 9 名人质,比赛全部停止,奥运村一片混乱。当恐怖分子行凶时,世界各大电视台向全世界直播,加重了恐怖气氛。整个事件的全部人质没有一人获救,5 名恐怖分子和 1 名德国警察死亡。在奥运会期间,德国警方自始至终没有得到恐怖分子的详细资料和图像。他们不知道恐怖分子长什么样,到底有几个人,以至于最后狙击手在机场埋伏狙击恐怖分子时,把恐怖分子的人数少算了两个人,形成了与恐怖分子对垒的局面,最后以彻底失败告终。

资料来源:腾讯体育.慕尼黑:流血的奥运 慕尼黑惨案玷污五环旗.

案例 11.2

巴西爆发反世界杯游行

圣保罗市不仅是巴西第一大城市,也是 2016 世界杯开幕式举办城市。在世界杯举办前夕,该市却爆发反世界杯游行,数千民众走上街头,打着"FIFA go home(国际足联离开)"这样的标语,抗议巴西举行本届世界杯。尽管当地警方作出了严密预案,并且派出大批警力维持治安,可还是有一些人趁乱生事,不少银行、汽车被砸毁,甚至一些生活垃圾被愤怒的人群扔在马路中央焚烧。整个游行示威现场,场面一度非常混乱。此次示威活动的组织者蒂亚戈-阿吉亚尔表示:"尽管我也非常喜欢足球,但举办世界杯却和我们的生活发生了矛盾。政府将大量资金投向场馆建设,但医疗、住房和教育等民生问题,却被忽略。世界杯仅仅是给赞助商和官员们带来了福祉,与普通民众无关。"这不是巴西第一次爆发反世界杯游行示威活动,早在 2015 年以及 2016 年年初,巴西都爆发了全国性的游行示威活动,巴西民众非常不满政府在世界杯上的巨额花费。

资料来源:腾讯体育.巴西爆发反世界杯游行 银行汽车被砸场面混乱.

2)体育赛事经济类风险

体育赛事经济保障是体育赛事举办的基础,若没有稳定的经济基础,体育赛事的举办就缺少了核心的支柱。体育赛事,尤其是大型体育赛事的举办除了需要运营经费外,赛事配套基础设施建设也需要投入大量的资金。因此体育赛事面临的经济风险主要分为两类:一是经营风险;二是财务风险。

营利是赛事可持续发展的基础。赛事的收入主要来源于赞助、转播权、门票、特许产品。若某一环节无法获得预期收入将给赛事经营带来巨大的风险。

案例 11.3

中超冠名裸奔

2004 年,"甲 A"改制为"中超"。当时负责运作的福特宝公司定下一个雄心勃勃的计划:冠名金额为 2004 年 8 000 万元、2005 年 9 000 万元、2006 年 1 亿元。

不曾想,中超元年闹剧不断,罢赛、球场暴力、赌球等丑恶现象,令球迷伤心欲绝,当年联赛最后一轮 6 场比赛观众总人数仅相当于十年甲 A 联赛平均一场比赛的观众人数,一些俱乐部的门票收入甚至还不够印刷成本。最终导致西门子公司以未满足合同要求为由,在未全额支付 8 100 万元冠名费的情况下宣布退出,原本制订的 1+2 合同也自动作废。以致2005 年中超临时推迟一个月开赛,最终仍难寻商家接手,只得"裸奔"。

《2013 中超商业价值报告》显示,2008 年,中超公司收入 1.68 亿元;2009 年,由于反赌扫黑风暴的出现,当年中超公司的赞助收入锐减,收入为 1.3 亿元,这一相对疲软的态势一直延续到 2012 年。

资料来源:环球网.中超冠名进入亿元时代 新赛季平安或 1.5 亿赞助.

除经营风险外,财务风险也是赛事面临的又一个重要的经济风险。财务风险主要由预算与支出两部分组成。准确的预算和合理的支出是减少赛事财务风险的有效方法。

案例 11.4

巴西奥运会花费超支

当第 31 届夏季奥林匹克运动会在里约热内卢开幕时,巴西政府在新的体育场、奥运村、转播厅、交通、管理、人力资源等各个方面上花费超过 45 亿美元。这一数字比 2009 年巴西赢取主办奥运会的权利时所提出的预算超出 50%。

2016 年 6 月 17 日,里约热内卢州宣布进入"紧急财政状态",为了给奥运"让路",政府决定对支出进行调整,紧急削减预算,暂停工程招投标、推迟公务员工资发放。与当初申奥时相比,7 年后的巴西正遭遇 25 年来最严重的经济衰退,2015 年经济萎缩 3.8%;国际货币基金组织预测,巴西 2016 年经济下滑幅度将与去年相若。里约州政府近 1/3 财政收入来自当地的油气产业,国际原油价格低迷让里约州财政吃紧。受经济危机影响,里约州政府负债累累,再加斥巨资支持奥运会的举办,财政赤字大增,里约州政府已拖欠在职公务员、退休人员的部分工资。

资料来源:新浪财经.里约奥运花费 46 亿美元 超支五成.

3)体育赛事自然灾害风险

体育赛事自然灾害风险指的是在赛事举办周期内发生的各类自然灾害从而影响赛事的顺利举办。与其他风险不同,自然灾害是不可抗拒和预测的,大大增加了赛事举办的不确定性。

案例 11.5

温网首日遭雨袭　近 30 场比赛被取消

进入第 125 个年头的温布尔登网球锦标赛在蓝天白云的映衬下揭幕,但晚上却遭受连绵雨袭,导致近 30 场比赛被迫延期。

比赛首日充沛的雨水降临温布尔登。在各个场地比拼的选手们纷纷撤回休息室,工作人员则迅速用塑料布遮起草场。眼见雨没有停下的意思,中央球场的顶棚在 20 min 后缓缓合起,又经过一阵等待,激战至决胜盘的意大利女将斯基亚沃内和澳大利亚姑娘多基奇重回中心场开战,其他球场则只能保持"沉寂"。随后,温网裁判办公室发布通知,取消了安排在各个场地进行的第四场比赛,西班牙名将贝达斯科、塞尔维亚高手扬科维奇、斯洛伐克美女汉图霍娃等人都只能收拾球包回去等待新赛程。雨还没有下够。大约一小时后,温网裁判办公室又取消了多场安排在第三场进行的比赛。此时,美国"大炮"罗迪克、阿根廷的前美网冠军德尔波特罗等人也注定无缘 20 日登场。再加上两场尚未比拼出结果的第二场比赛,当天总共有 29 场比赛受到牵连。

资料来源:新华网.温网首日遭雨袭 近 30 场比赛被取消.

4)体育赛事运行风险

体育赛事运行风险指的是赛事举办期间发生的相关风险,主要包括人为灾害风险、人员风险、日程安排风险、媒体转播风险、卫生风险、场地器材风险等。

人为灾害风险指的是由于人为造成的灾害,例如,纵火、抢劫、盗窃等灾害事件。

人员风险指的是赛事相关人员,包括工作人员、志愿者和现场观众带来的风险。例如,现场工作人员渎职、志愿者岗位大量空缺、现场观众人数暴增等。

赛事日程安排风险指的是在突发情况下赛事日程安排存在的风险,例如,自然灾害天气下的赛事日程调整,既要保证赛事正常进行,又要预防观众暴增带来的疏导问题。

转播风险指的是媒体转播给赛事带来的负面效应,例如,赛事转播中出现的负面词汇、信号中断、停播等情况。

卫生风险指的是赛事举办期间带来的疾控风险。

场地器材风险指的是赛事举办期间产生的场地器材故障、场地器材意外伤害风险。

案例 11.6

巴西奥运会志愿者罢工

根据加拿大媒体 CBC 的报道,已经有 15 000 名里约奥运会志愿者选择罢工或退出,这一数字几乎是全部志愿者数量(5 万)的 1/3。

根据报道,由于较长的工作时间、不稳定的日程安排,以及食物保障方面的欠缺,已经有 15 000 名志愿者选择退出里约奥运会的志愿工作。

一位里约奥运会志愿者在接受采访时说:"很多志愿者都要退出,因为他们需要连续工作两周,日程安排很混乱,很多人因为食物的问题退出,他们每天都要工作 8~9 个小时,然后只被供给一些小吃。"

据悉,这些奥运志愿者都没有报酬,外国的志愿者还需要自己承担机票和住宿的费用。

资料来源:新浪体育.曝 15 000 名奥运志愿者罢工 工作时间长+不管饭.

案例 11.7

2015 年 F1 中国大奖赛关于 B 看台退换票公告

根据各级安全管理部门关于进一步从严执行安全管理标准,对人员密集场所和大型群众活动进一步加强安全监管的要求,经专业部门严格的安全检测,上海国际赛车场 B 看台存有一定的安全风险。为切实落实各项安全制度和措施,确保广大观众的人身安全,现决定 F1 赛事期间暂停使用 B 看台,待相关整改措施落实后再行开放使用。

为了保证车迷利益不受损失,根据您所持赛票背面约定的第 10 条及《F1 中国大奖赛观赛条款》第 4.1 条,我们推出以下措施:

第一,凭有效 B 看台票张,不必补付差价,免费升级同样张数主看台赛票。具体升级方案如下:

A.B1—B4 看台票置换主上看台票。

B.B5—B8 看台票置换主下看台票。

第二,如果不接受换票,则按赛票零售价退回全额票款。

资料来源:F1 官网.2015 年 F1 中国大奖赛关于 B 看台退换票公告.

除以上列举的体育赛事风险外,体育赛事还有很多风险,包括交通风险、兴奋剂风险等。体育赛事的风险涉及范围较广,在对体育赛事存在的风险进行识别外,各个部门还应进行合理的分工(表 11.1),根据各自职责进行风险识别,以提高应对风险的效率。

表 11.1　赛事主要部门风险识别分工

部　门	风险识别分工
竞赛办公室	政治风险、经济风险、自然灾害风险
竞赛部	赛事风险、器材风险、兴奋剂风险、日程风险、观众风险
财务部	经济风险
媒体部	媒体风险
人力资源部	工作人员风险、志愿者风险
后勤部	交通风险、卫生风险

11.2　体育赛事风险评估与控制

11.2.1　体育赛事风险评估

1) 风险评估

风险评估(Risk Assessment)是指在对于风险造成的各个方面的影响和损失进行定量化的判断和评估。风险评估贯穿项目的事前、事中和事后。

风险评估包括下述内容。

①对风险自身情况评估。主要评估的内容包括:风险发生的可能性、风险自身的强度、风险持续的时间长度、可能发生风险的地点和范围。

②对风险性质评估。例如,是直接风险还是间接风险,是一次性风险还是连带多次风险,以及范围广度评估。

③对风险带来的影响和损失的评估。例如,风险会带来多大的影响? 造成多少的损失? 为避免影响和损失,将要付出多少的代价? 等等。

现有通用的风险评估有3种途径,包括基线风险评估、详细风险评估和组合风险评估3种。

①基线风险评估。基线风险评估(Baseline Risk Assessment)的特点在于采用普遍且标准化的模式进行风险评估,能够直接而简单地实现基本的安全评估。实际操作中,ISO 13335—4、德国联邦安全局IT基线保护手册这类就属于基线风险评估。基线风险评估所需的资源少、周期短、操作简单,但对于基线设立的标准要求较高,基线设立过高或过低均不利于风险的控制。

②详细风险评估。详细风险评估的特点如其名称所示,即对可能发生的风险进行详细的识别和评估,根据详细的识别和评估结果来设置安全措施。其优势在于对于每个风险都能有准确的认识及措施,但所耗费的人力、物力、财力均较多,且对评估的要求也较高。

③组合风险评估。由于基线风险评估和详细风险评估各有利弊和适用性,而评估所面临的环境多变,因此将两种评估结合在一起的组合风险评估能取长补短,适用于更多的环境。将基线风险评估用于一般环境的评估,而将详细风险评估用于要求较高的较小范围内的评估,针对性更强,效率也更高。

2)体育赛事风险评估

体育赛事风险评估指的是在体育赛事的各个阶段,对可能或已发生的风险进行识别,并对其所造成的影响和损失进行定量的评估。体育赛事的级别、类型多样,这些特征决定着赛事面临风险的类型和风险的等级(表 11.2)。因此,对风险、风险造成的影响和损失的评级是体育赛事风险评估的重要内容。目前常用的评估方法包括:知识分析法、模型分析法、定量分析法和定性分析法 4 种。

表 11.2　体育赛事风险发生概率

发生可能性	发生概率	等　级
极高:几乎无法避免	90%及以上	10
很高:经常发生	70%~89%	9
高:多次发生	50%~69%	8
高:多次发生	30%~49%	7
中等:偶尔发生	20%~29%	6
中等:偶尔发生	10%~19%	5
低:极少发生	5%~9%	4
低:极少发生	1%~4%	3
很低:一般不发生	1‰	2
极低:几乎不发生	1/10 000	1

(1)知识分析法

这种方法常常用于基线风险评估,通过常年积累的经验,找到最佳的安全基线惯例。这种方法的优点在于节约人力、物力、财力,较为简单。但这种方法运用的关键还在于对经验的掌握。对于体育赛事而言,要采用知识分析法必须掌握丰富的相关信息,这些信息可通过专门的会议、文件整理、问卷调查、人员访谈、实地调查等方式进行。

(2)模型分析法

与知识分析不同,模型分析采用的是建模的方式,通过合理的模型进行风险评估。模型评估的优点在于提高了评价的精确性,改善了分析结果的质量,但难点在于开发模型有较大难度,时间、精力、财力、物力有较大消耗。在体育赛事领域,还未有一个成熟的国际公认的通用模型。

（3）定量分析法

定量分析法是在详细评估中较为常见的评估方法。定量分析的核心是对构成体育赛事风险的各个要素和潜在损失的水平赋予数值或货币金额，即通过分级的方式对风险进行评估。

例如，风险发生的可能性等级评估，即对体育赛事所可能发生的风险按照发生的概率进行评价。在对于体育赛事风险发生概率进行评估的同时，为高效、及时应对风险，还应对体育赛事风险进行分级，并根据不同的等级确定应对方式（表 11.3）。

表 11.3　体育赛事 4 级风险等级表

等　级	标　示	风险应对
一级	红色	极端严重风险，必须消除
二级	橙色	严重风险，必须降低风险
三级	黄色	中等风险，采取措施降低风险，但考虑代价与利益
四级	蓝色	低等风险，条件允许时采取措施降低风险

定量分析可较为准确和直观地进行，通过定量分析可以对安全风险进行准确的分级，但前提是这个定量的依据是准确的。但由于体育赛事较为复杂，且内外部环境的变化，定量分级依据的可靠性较难保证。

（4）定性分析法

定性分析法主要靠分析者的主观进行判断，包括分析者的经验、行业惯例等。这种方法较为直观也易于理解和操作，但定性分析往往缺乏统一的标准，单纯的定性评估存在风险。

以上 4 种方法是风险评估中的主要方法，也是体育赛事风险评估可供参考和使用的方法。但这些方法各有利弊，需要根据体育赛事的特点、风险评估的种类进行选择和综合。

案例 11.8

国际奥委会发布 2020 年奥运会申办城市风险评估报告

为找出最合适的奥运会举办国家，国际奥运会专门对申报城市进行风险评估。2013 年国际奥委会对当时申办 2020 年奥运会的东京（日本）、伊斯坦布尔（土耳其）、马德里（西班牙）3 个城市进行了专门的风险评估。这份 110 页的报告是用来评估各申办城市的承办风险，并没有对这 3 个城市进行排名，但各城市的优劣势在其间一览无遗。报告称每个申办城市都用自己"独一无二的方式"展示将如何承办奥运会。报告也涉及了各申办城市现有的承办风险，如马德里现在面临的财政危机、日本如何使用 1964 年东京奥运会的 3 处场馆以及土耳其的交通堵塞问题等。

资料来源：新华网. 国际奥委会发布 2020 年奥运会申办城市风险评估报告.

11.2.2 体育赛事风险控制

1) 风险控制

风险控制指的是体育赛事的管理者对可能或已发生的风险进行干预,采用各种方法和手段消灭风险,或降低、消灭风险造成的影响和损失。

风险控制主要有 3 种方法,包括风险回避、风险转移和风险保留。

(1) 风险回避

风险回避是较为消极的处理方式,即用放弃的方式规避风险。一般只有在极端情况下才会进行风险回避,例如,无法消除风险、无力承担风险带来的损失、极端厌恶风险等。

(2) 风险转移

风险转移指的是通过契约形式,将风险转移给受让人。常见的形式包括合同和保险。

(3) 风险保留

风险保留即承担风险及所造成的损失。为了要保留风险,则需要准备支付损失的费用。这种支付有两种形式:一是无计划自留,即从收入中支付,而不预留资金;二是有计划自我保险,即预先留出一部分资金用于支付风险带来的损失。

2) 体育赛事风险控制

体育赛事的风险贯穿于赛事的全程,因此对于体育赛事的风险控制也包括事前、事中和事后。

(1) 体育赛事事前风险控制——建立预警机制

在体育赛事还未举办前,对可能发生的风险进行评估,并建立预警机制是赛事事前风险控制的关键。建立预警机制包括下述内容。

①制订应急预案。国务院在 2006 年颁布了《国家突发公共事件总体应急预案》,体育赛事属于公共事件,因此必须建立相应的应急预案。且体育赛事设立的部门众多,除设立总体应急预案外,各部门还应设立各自的应急预案。

②编制各类手册。文字性指导手册能帮助各部门执行和协调相关工作,有利于降低风险。

③培训、演习。事前对于各岗位人员进行培训,并根据风险等级安排各类演习,这样有利于发现风险防范中的漏洞,同时妥善处理未来发生的各种风险。

④试运行。试运行是对体育赛事的全面检验,对于大型体育赛事尤为重要。

(2) 体育赛事事中风险控制——实时控制应对

体育赛事事中的风险控制主要体现在对于体育赛事风险的实时控制和应对,主要的措施包括下述内容。

①建立干预机制。对体育赛事发生的风险按照干预程度进行分类,当风险发生时按照干预等级进行实时控制(表 11.4)。

表 11.4　干预等级及对应的干预手段

干预等级	干预手段
一级	取消、改期、异地举办
二级	采用一切措施干预风险
三级	多种干预手段综合运用
四级	常规干预

②建立实时控制的指挥机制和执行机制。实时控制不但需要有干预等级,还需要建立高效的指挥和执行机制。当风险发生时有专门机构负责决策指挥,相应的部门、人员负责执行操作。由于体育赛事涉及面较广,除了体育赛事工作人员外,指挥和执行机构还应包括公安、消防、卫生、宣传等相关部门。

(3)体育赛事赛后风险控制——风险善后和保险

赛后的风险控制主要体现在对风险造成的损失和影响,进行善后及保险干预。

①善后工作。在风险干预完成后,对风险的发生进行调查和分析,进行舆论引导,发布总结报告。及时、客观、准确的善后工作不但能提高风险干预的效果,还能降低由于风险、风险干预带来的二次损失。

②保险干预。作为公共事件,保险是体育赛事必备的一项风险控制手段。赛后通过保险,转移和降低带来的影响和损失是赛后干预的重要工作。

案例 11.9

重重保险下的奥运会

2012 年伦敦奥运会

伦敦奥运会保额超 2 亿美元,其中奥运赛事取消险达 1 亿美元,伦敦奥运会取消的风险损失预估为近 50 亿美元。保费由国际奥委会、各国际单项体育联合会、国家和地区奥委会及其他体育组织分担。

伦敦奥运会主要承保的项目包括针对建筑工程、固定场馆等的财产保险,针对观众、志愿者等的责任保险,以及运动员、观众等的人身意外保险等。此外,电视转播权、广告投放,以及纪念品经销商也都进行了投保。但出席率减少、合同纠纷、缺少财务支持等均为保险除外责任。

2008 年北京奥运会

北京奥运会一直是中国人的骄傲。除了宏大的开幕式和精彩的比赛之外,保险保障也是非常全面完善的。

中国人民财产保险股份有限公司作为北京2008年奥运会的保险合作伙伴,提供了包括奥运综合责任保险、奥运赛事机动车辆保险、奥运财产保险、奥运团体人身意外伤害保险和奥运志愿者保险五大保单,保障包括奥林匹克大家庭在内的大约15万相关人员,近8 000辆机动车,北京和京外的所有奥运场馆。保费投入3亿元人民币,其中鸟巢单价最高保额是34.5亿元,为鸟巢造价的1.5倍。各赛区的分公司还根据分赛区的要求提供了一些个性化的保险,对奥运会的火炬接力传递以及开闭幕式也提供了相应的保险。同时,"奥运期间紧急医疗救援联盟"在37个相关城市为奥运持票观众提供价值6 000元的免费紧急医疗救援保障。

在北京奥运会保险方案设计过程中,对北京奥组委面临的风险进行了全面的评估,对每一份合同、每一个场馆、每一项赛事以及在北京奥组委工作的所有人员进行认真科学的评估,确保方案的针对性和有效性。

人身险方面,按照国际惯例,团体人身保险单每名运动员可获30万元的保额,但北京奥运会上的中国军团额外增加了70万元,这样中国运动员就可以获得每人100万元的保额。

2004年雅典奥运会

雅典奥运会各项保险总保额高达10亿美元。雅典奥组委支付了大约3 000万美元的奥运保险费;会前国际奥委会还首次购买了价值1.7亿美元的事件取消保险,主要承担奥运会因战争、恐怖袭击、地震或者洪水而被迫推迟的风险损失,为此支付了680万美元的奥运保险费。

在雅典奥运会中,承保奥运保险的是希腊农业保险公司,参与接受分保的再保险公司则包括劳合社、慕尼黑再保险、瑞士再保险公司等。

2000年悉尼奥运会

悉尼奥运会独家承保商澳大利亚安保集团(AMP)为悉尼奥运会提供的保险方案包括:

被保险人:悉尼奥组委、悉尼残奥会组委、澳大利亚奥委会、新南威尔士公共事业部、奥运会统筹部、奥运会道路与交通部。

特殊风险的考虑:设定责任限额为20亿美元。

志愿者个人意外伤害保险计划:责任限额为1 000万美元,志愿者人数约为49 000人。

公众责任保险计划:赔偿限额为7.5亿美元,承保责任包括保险地点内观众滑倒或滑落、保险地点内风险事故造成的他人财物损毁等。

团体旅行意外伤害保险计划:责任限额为2 000万美元,承保由悉尼奥组委组织的雇员和其他旅行订约人在旅行中的风险。

1996年亚特兰大奥运会

亚特兰大奥运会保费开支为3 000万美元,其中包括600万美元的赛事取消保险,保额达2亿美元,以保险为主的风险分散手段增强了组织者应付各种突发事件的能力。

亚特兰大奥运会期间发生了"奥林匹克公园"爆炸案,足见安全问题在奥运会举行期间的核心地位,也使人们充分认识到赛事完全或部分取消风险的可能性,以及保险产品创新的必要性。

　　资料来源：新浪财经.历届奥运会投保及理赔情况一览.

本章小结

- "风险"在《辞海》中的释义为：自然界和社会上所发生的自然灾害和意外事故，又称危险。
- 体育赛事风险指的是那些在体育赛事举办过程中出现的自然界和社会上所发生的自然灾害和意外事故。
- 体育赛事风险管理指的是对体育赛事各类突发的风险进行识别和处理，将风险和损失降到最低限度的过程。
- 体育赛事的风险包括：政治风险、经济风险、自然灾害风险、运行风险。
- 体育赛事涉及的政治风险指的是由于政治因素所产生的威胁到体育赛事的风险。这类政治因素包括冲突、战争、恐怖活动、示威游行等。
- 体育赛事面临的经济风险主要分为两类：一是经营风险；二是财务风险。
- 体育赛事自然灾害类风险指的是在赛事举办周期内发生的各类自然灾害从而影响赛事的顺利举办。
- 体育赛事运行风险指的是赛事举办期间发生的相关风险，主要包括人为灾害风险、人员风险、日程安排风险、媒体转播风险、卫生风险、场地器材风险等。
- 风险评估是指在对于风险造成的各个方面的影响和损失进行定量化的判断和评估。风险评估贯穿项目的事前、事中和事后。
- 体育赛事风险评估指的是在体育赛事的各个阶段，对可能或已发生的风险进行识别，并对其所造成的影响和损失进行定量的评估。
- 风险控制指的是体育赛事的管理者对可能或已发生的风险进行干预，采用各种方法和手段消灭风险，或降低、消灭风险造成的影响和损失。
- 风险控制主要有 3 种方法，包括风险回避、风险转移和风险保留。
- 体育赛事的风险贯穿于赛事的全程，因此对于体育赛事的风险控制也包括事前、事中和事后。

复习思考题

1.体育赛事面临的风险有哪几种？

2.简述体育赛事的风险管理。

第 12 章
体育赛事评估

　　作为一个项目,体育赛事有明显的阶段划分,赛前、赛中和赛后。同时,作为一个项目,体育赛事也必须进行项目评估,这是体育赛事管理中的必备环节,也是国际通用的体育赛事管理内容。按照体育赛事的阶段,体育赛事评估分为赛前评估、赛中评估和赛后评估。不同阶段体育赛事的需求不同,因此不同阶段体育赛事评估的目标和内容也不同。掌握正确的体育赛事评估目标和内容能帮助管理者更好地进行赛事管理,促进赛事的可持续发展。

【本章学习目标】

　　1.了解体育赛事事前、事中、事后评估目标。
　　2.掌握体育赛事事前、事中、事后评估内容。

【关键术语】

　　评估　体育赛事评估　赛事赛前评估　赛后评估　赛中过程评估

　　体育赛事管理者的困惑——管理者如何评估一项体育赛事是否成功?

12.1 体育赛事赛前评估

12.1.1 项目事前评估

项目事前评估指的是在项目投资决策之前,对项目的必要性和项目备选方案的技术、经济、运行条件和社会与环境影响等方面所进行的评估。

项目事前评估有先行性、预测性和决策性 3 个特点。

第一,先行性。项目事前评估是在项目投资决策还未启动时就开始的评估,因此这种评估具有先于项目启动的先行性特征。也正是因为这种先行性,为项目决策提供了充足的时间,为决策的正确性提供了保障。

第二,预测性。由于项目事前评估先于项目开展,因此对项目各项影响的评估结果是预测性的评估结果。预测与未来实际产生的结果有一定误差,一方面需要正确看待误差,另一方面也要通过科学、合理的预测方式尽量减小误差。

第三,决策性。事前评估的结果关系到项目投资决策,因此事前评估具有决策性的特点,评估结果往往直接决定了项目是否启动。

项目事前评估没有统一的阶段,但无论是联合国工业发展组织(UNIDO)编写的《工业项目可行性分析手册》,还是我国原国家计委 2002 年颁布的《投资项目可行性研究分析指南》,以及有关著作或项目评估的实践,均认为从确定需要投资,并在投资方向(包括行业、地区、项目)均不知的条件下,通过评估最后到确定选择一个投资项目进行投资的整个过程,可以分为 4 个评估阶段:①机会分析;②初步可行性分析;③详细可行性分析;④评估与决策。

12.1.2 体育赛事赛前评估

体育赛事赛前评估指的是在体育赛事举办决策还未确定前,对体育赛事的经济、社会、环境影响进行评估。

1)体育赛事事前评估阶段划分

体育赛事赛前评估可分为机会分析和可行性分析两个阶段。

第一,关于机会分析阶段。投资项目的机会分析通常又分为两个阶段:一个是一般机会分析;另一个是特定项目机会分析。其目的是鉴定投资机会,提出投资设想。特定项目机会分析是在一般机会分析已确定项目发展方向或领域后所进行的调查分析,经方案筛选后,可将项目发展方向或投资领域变为概括的项目提案或项目建议。

从体育赛事赛前评估的角度,行业方向已经确定,是体育产业中的体育赛事,无须再进行论证,评估的目的是在此范围内确定准备举办的赛事方向,是选择国际性赛事还是本土赛事,是大型还是中、小型赛事,是综合型赛事还是单项赛事,单项赛事又可选择不同的运动项目。由于赛事方向的决定不是某一主办方可选择的,而必须站在举办地整个社会的角度来考虑,因此赛事的一般机会研究也应是政府或非营利性组织从编制举办地赛事规划和计划的角度进行。而特定赛事的机会分析则是在此基础上初步提出选择某一项目的建议,故可以由赛事主办方提出。比如政府通过一般机会研究选择了篮球竞技项目的赛事方向,则赛事承办方可选择其中的某一赛事,如 NBA 季前赛、邀请赛等,此时必须考虑到引进这一赛事的具体条件作为特定赛事的机会分析。

第二,可行性分析。可行性分析阶段又可分为初步可行性分析和详细可行性分析两个阶段。可行性分析是在机会分析之后进行的,因此可行性分析的前提是评估的对象——项目已经明确,在机会分析的基础上针对明确的项目再搜集更详细的资料,进行更详细的评估,直到作出项目是否可行的决策,如有多个方案还必须进行可行方案的比较,编制初步可行性分析报告和可行性分析报告,供投资人决策使用。可行性分析相对于特定项目的机会分析的本质区别在于目的不同,机会分析的目的是引起投资者的注意,刺激投资人作出反映。初步可行性分析和详细可行性分析的主要区别也主要是目的和搜集资料的差异。初步可行性分析是介于特定项目机会分析和详细可行性分析中的一个阶段,也可根据特定项目机会分析的程度不同,不再进行初步可行性分析,而直接进行详细可行性分析。

2)体育赛事赛前经济评估

作为体育赛事的利益相关主体,主办方、社会(或国家)、地方政府的 3 个常规目标,财务可行性、经济效益、财政收入增量,是赛事可行性分析经济评价目标模块中的较为主要的 3 个组成。如果仅从经济评价的角度,评价的顺序对于所有的赛事应该先是进行财务分析,如果是大、中型体育赛事还需进行国民经济评价(经济分析)。小型赛事财务可行的,该赛事经济上就是可行的;大、中型赛事需要财务分析和经济分析同时可行该项目才是可行的;如果经济分析可行,而财务可行性存在一定问题的,需要作财政可行性分析,根据财政可行性分析的结果,结合财务分析,才能最终判断赛事经济上是否可行(表 12.1)。

表 12.1　体育赛事经济评价的常规目标和评价方法

赛事类别	模块目标/方法
小型赛事	财务可行性/财务分析 财政可行性/财政收支分析
大、中型赛事	财务可行性/财务分析 经济可行性/经济分析 财政可行性/财政收支分析

3)体育赛事赛前环境评价

我国 2002 年颁布了《中华人民共和国环境影响评价法》(2016 年对其进行了修正),该法称环境影响评价（EIA）"是指对规划和建设项目实施后可能造成的环境影响进行分析、预测和评估，提出预防或减轻不良环境影响的对策或措施，进行跟踪监测的方法与制度。"并认为"在中华人民共和国领域和中华人民共和国管辖的其他海域内建设对环境有影响的项目，应当依照本法进行环境影响评价"。《关于执行建设项目环境影响评价制度有关问题的通知》（1999）在关于建设项目的规定中特别指出"对环境可能造成影响的饮食、娱乐、服务行业，也属条例（指《建设项目环境保护管理条例》）管理范围。"

环境影响评价又可分为"环境质量评价（主要是环境现状质量评价）、环境影响预测与评价以及环境影响后评价"。环境影响预测与评价可包括项目对环境影响的程度，实行分类管理。第一类是对环境可能造成重大影响的，应当编制环境影响报告书，对环境的影响进行全面、详细的评价；第二类是对环境可能造成轻度影响的应当编制环境影响报告表，对产生的污染和对环境的影响进行分析或专项评价；第三类是对环境影响很小，不需要进行环境影响评价的，应当填报环境影响登记表。

由于体育场馆建设设计的环境评价主要与建设项目的环境评价有关，本书中将场馆建设剥离，体育赛事不再作为一项投资项目进行，而是作为一个活动项目进行评价。因此建设项目的环境评价法并不能完全套用，但可参照执行。根据环境评价法的分类管理原则，体育赛事环境评价的任务主要如下所述。

①有场馆建设的等同于建设项目进行环境评估。

②对没有场馆（地）建设或场馆建设已剥离的体育赛事，自行或聘请环境评价专业人员识别该项目属于哪个类别。本章称为类别识别。

③对于属于第一、二类的项目，聘请相应资质的环境评价机构进行评估。属于第三类项目的自行填写环境影响登记表。

④对于第一、二类环境影响的体育赛事，将环评数据并入（国民）经济分析共同进行国民经济评价。

根据环境影响评价法的要求，体育场馆建设属于建设项目中第一类的环境评价项目，必须由有资质的环境影响评价机构进行评估，并编制环境影响报告书，因此有场馆建设的体育赛事必须进行环评。对于本教材而言，前期的研究已经表明，为简便，且建设项目的评估已经成熟，故本教材是将场馆建设评估排除在赛事评估研究之外，作为本教材所称的体育赛事环境评估不包括对场馆的环评。此外因不属于建设项目，赛事环评是参照建设项目的规定执行。

针对体育赛事而言可分为在场馆内进行的和在非场馆内进行的赛事，如帆船赛、航模赛、越野赛、汽车拉力赛等。场馆内进行的赛事一则场馆已经进行过环评，二则对自然环境没有直接的、长期的、较大的影响。故除特别赛事外，均可归于第三类项目，无须进行专门的环评。非场馆内进行的赛事则需进行类别识别，根据类别，归于第一、二类的应专门委托有环评资质的机构进行。

影响赛事环评类别的因素很多,可参照相应的环评要求进行。大体上有以下一些因素:①生态环境影响:如赛事范围内是否有区域敏感环境保护目标、生物多样性目标、重要生境(如原始生林、森林公园、天然海岸、滩涂、湿地、无污染天然溪流、河道、草原、草山等),同时注意影响程度和面积,以及是否为不可逆的影响;②大气环境影响;③地面水、地下水环境影响;④海洋环境影响;⑤固体废物影响;⑥环境噪声影响;⑦环境健康影响等。

4)体育赛事赛前社会评价

赛事整体有关的利益相关者——主办方、政府、社会所具有的社会评价的常规内容是指所有赛事都具有的,所有赛事整体的主要利益相关者:主办方、政府、社会需要的,社会常规目标相对应的社会评价的内容,具体包括以下7点(李南筑、李海霞和姚芹,2012)。

①体育的属性,人的身体健康的需要。即通过观赏和参与让大众认同了体育活动能强身健体,从而形成体育运动的意识和形成良好的体育生活方式。

②运动的属性,人们选择运动项目的需要,通过赛事的运动项目促进人们对运动项目的选择,促进了该运动项目的发展。

③人们临时性聚集的属性。人们突破原有的交往范围,赛事活动中形成新的人际交往或在新环境下的人际交往的需要(交往和爱的需要)。

④组织和事件的属性,人们能较快地证实自己能办成某件事或活动的需要(自我实现,成功的需要)。

⑤事件的属性,社会多元化需求,除日常活动和工作活动外,需要有一次性休闲活动的需要。

⑥体育赛事的基本特征与举办地社会环境相容性的需要。包括:a.体育赛事形象与举办地形象的相容性(一致性)。b.体育赛事观众特征与传播对象特征的相容性。c.体育赛事间的相容性和集聚效应。

⑦比赛的属性,事件的属性,体育新闻的需要。

非常规评价内容并不是所有的赛事都需要的评价内容,它们会随着赛事的不同,价值主体不同,以及运作的环境不同而不同。对于特大型体育赛事,例如,奥运会、世界杯这类公认的特大型赛事;还有的是相对的特大型赛事,如相对于举办城市而言从未举行过的大型赛事,如F1,在上海已举办过,再举办F1对上海而言就不是特大型赛事,而如果放到其他城市,可能就是特大型赛事。这类赛事的特点是其对公共设施的要求是目前城市的现状所难以承受的,一旦需要举办就必须对原有的公共设施进行大量的改扩建,如2008年的奥运会对于北京,2010年的世博会对于上海。正由于有上述特征,因此超大型赛事能够加快城市公共设施建设,会产生超前建设和后期的运行风险问题,需要对此进行评价。又如一些特殊的赛事,如少数民族运动会、特殊奥林匹克运动会,在边远、生态环境相对脆弱的地方举办的运动会等都会有一些非常规的评价。

12.2　体育赛事赛中评估

12.2.1　过程评估

过程评估是对每个节点进行质量评估,通过对每个过程细节进行评估,从而达到全面质量管理。过程评估有助于提高整体的协调性和系统性。

过程评估的基本思想是:从"横向"视角把企业看作为一个由产品研发、生产、销售、采购、计划管理、质量管理、成本管理、客户管理和人事管理等业务过程按一定方式组成的过程网络系统;根据企业经营目标对每个横向的各个业务过程进行评估。

过程评估包括以下几个步骤:

第一,设置经营目标并建立企业经营目标体系。

第二,确定每个业务环节及相关内容。

第三,按照经营目标体系进行过程评估。

12.2.2　体育赛事赛中评估

体育赛事的赛中指的是从赛事筹办至赛事结束这个过程,因此体育赛事的赛中评估涉及的时长较长,涉及的内容也较为广泛。

1) 体育赛事赛中评估的目标

与赛前评估不同,体育赛事赛中是在赛事筹备至赛事结束的过程中按照相关时间节点对各项业务进行评估,因此体育赛事赛中评估的目标是确保各项业务按照各自目标和进度安排执行,并为优化过程管理提供依据。

2) 体育赛事赛中评估的步骤和内容

第一步,梳理相关业务部门。要对赛中范围内所涉及的赛事业务进行系统梳理。体育赛事从筹备到运作将设立多个部门,例如,竞赛部、媒体部、票务部、市场营销部等。

第二步,梳理各业务部门业务。赛事涉及的部门众多,而各部门在不同赛事阶段有不同的业务内容,因此赛中评估需要对各部门的业务进行梳理,尤其是核心业务。

案例 12.1

某赛事核心部门核心业务

竞赛部门:运动员、裁判招募、赛事各项竞赛规程制订、赛事竞赛当天竞赛事务管理。

媒体部门:赛事新闻发布会、赛事媒体宣传转播、赛事公关活动。

票务部门：赛事票价制订、赛事开票、赛事票务营销、赛事票务销售。

市场营销部：赛事赞助商营销、赛事赞助商服务。

第三步，梳理业务的目标和时间节点。事中评估的核心是确保各项业务顺利执行，因此在业务梳理的基础上，对各项业务的机构目标、时间节点进行梳理是赛中评估的第三步。

案例 12.2

某赛事市场营销部门核心业务目标及关键时间节点

赛事赞助商营销目标：完成赛事赞助招商方案中的各级赞助商招募。

赛事冠名赞助商招募时间节点：赛事招商方案确定后启动招募，赛事举办前 6 个月基本确定冠名赞助商，赛事举办前 3 个月冠名赞助商落实，并进行相关发布。

第四步，实际进行赛中评估和反馈。

3) 体育赛事赛中评估实际操作

第一，确立评估任务。体育赛事评价的内容往往涉及很多方面，因此首先需要做的是确定评估任务，只有确立起具体的、有操作性的评估任务才能够使评估有的放矢。

第二，开展评估设计。要有效地完成评估任务，首先要有周密的设计。

第三，准备评估条件。体育赛事评价除了考虑体育赛事的实际情况外，还必须准备一系列的条件以作为保证，因此准备评估条件也是筹划准备阶段的一项重要工作。评估条件主要涉及 3 个方面：一是人员条件。评估人员的调查不仅包括数量要求，而且包括知识、能力、素质等方面的质量要求。评估组织者需要根据评估的具体要求，有针对性地开展评估人员培训。二是经费条件。评估活动的顺利开展需要经费的支持，要做好经费的预算，保证经费的到位。三是物质条件。评估往往需要一些物质条件的支持。

第四，实际收集资料。根据评估方案的要求，采用各种方法来实际收集各种资料进行评估。

第五，整理和分析评估资料。评估收集的材料要根据评估业务、目的进行分类和梳理，并根据目标和时间节点要求评估各项业务执行情况。

第六，根据评估结果进行反馈和控制。赛中评估的结果将用于对各业务的指导，保障赛事主办方和各业务部门了解各业务的进展，确保赛事按照既定的目标和时间节点进行。

12.3　体育赛事赛后评估

体育赛事赛后评估的内容较为广泛，其中经济效益和社会效益评估又是赛后评估的重要内容。因此，在体育赛事赛后评估中综合了经济评估和社会评估的综合效益评估成为赛后评估的主要方式。

12.3.1　综合效益的概念

"综合"在辞海中的解释有两种：一是把分析过的对象或现象的各个部分、各属性联合成一个统一的整体，如综合有关资料；二是把各种不同而有关联的事物组合在一起，如综合的研究。本研究中的"综合"一词应该是第二种解释，即将体育赛事不同而有关联的各种效益组合在一起。

关于综合效益的研究并不是只有体育赛事才有，许多领域都开展了综合效益的研究，有些领域已经就综合效益出台了相应的法规。目前，开展综合效益研究（评估）的范围主要有：自然保护区的综合效益评估、土地整理综合效益评价、水利项目综合效益评价（研究）、医院综合效益评价、城市（地区）综合效益研究、林业综合效益研究等。这些项目虽然各有不同，但是它们却有一个共同的特点——都属于公共的项目，但它们的综合效益评价所包含的内容却有所不同，有些从经济、社会角度对综合效益进行评价，如水利项目、城市综合效益等；还有一些项目则是从评价的对象上来进行区分，如将综合效益分为主体评价、本位评价、行业评价和社会评价。如何对综合效益进行统一是本章首先要解决的问题，本章认为必须从权威的文献中寻找答案，尤其是具有法律效力的文献。卫生部早在 1990 年 9 月 11 日颁布了《关于开展卫生事业综合效益评价工作的意见》，其指出：卫生事业综合效益是社会效益和经济效益的统一。社会效益是卫生部门为满足社会需要提供的医疗卫生保健服务的数量和质量；经济效益是指用最少的卫生资源消耗，提供更多、有效、优质、适合人民群众需要的医疗卫生保健服务，是投入和产出的比例关系。

根据上面对效益的界定，结合综合效益的定义，本书中的体育赛事综合效益指的是体育赛事的社会效益和经济效益。体育赛事综合效益评价即是对体育赛事的社会效益和经济效益的评价。在体育赛事赛后评价的体系中，体育赛事综合效益评价属于对体育赛事赛后经济和社会方面的收益评价，即指对产生的利益进行评价，而不去考虑成本和经济上的可行性。

12.3.2　综合效益评价内容

1) 经济效益评价

体育赛事赛后经济评价根据目标分为常规目标和非常规目标评价，本研究也将经济效益评价分为常规目标和非常规目标。首先介绍经济效益评价中的常规目标评价。

（1）体育赛事财务效益

体育赛事财务效益评价是站在主办方的角度，对所取得的赛事收益进行评价。赛事收益主要包括：体育赛事门票收入、体育赛事电视转播权收入、体育赛事赞助收入、体育赛事纪念品销售收入、体育赛事其他收入。

（2）体育赛事国民经济效益

体育赛事国民经济效益则是站在政府的角度对体育赛事为国民经济带来的收益进行评

价。建设部和发改委 2006 年颁布的《建设项目经济评价方法与参数(第三版)》中详细介绍了经济净现值中经济效益流量,根据这些介绍便可获得国民经济收益评价的内容。

(3)当地政府财政效益

举办地地方政府财政效益评价,即地方政府因赛事所获得的财政收入。地方财政收入是指地方财政年度收入,包括地方本级收入、中央税收返还和转移支付。地方财政收入包括地方财政预算收入和预算外收入。体育赛事的政府财政收入指的是因体育赛事的举办,体育赛事和其他相关行业获得收入的增加而向政府缴纳的这部分税收收入。

需要指出的是,同经济评价一样,以上的经济效益常规目标评价也不是都需要列入评价范围,而是根据评价角度的不同进行选择,但综合效益评估中的财务效益是综合效益的必备评估项目。接下来将分析的是非常规目标的评价内容。非常规目标的利益主体有很多,因此所涉及的利益分布也非常广泛,本教材将对主要利益相关者的经济效益进行分析。非常规目标中的相关行业收入为综合效益评估中的必备项目,包括直接收入和间接收入。

(4)体育赛事相关行业的直接收入

体育赛事相关行业的直接收入指的是由于体育赛事的举办而给体育赛事相关的行业,如餐饮、住宿、市内交通运输、长途交通运输、零售、旅游等行业所带来的收入。这部分收入主要来自前来观看体育赛事的观众,尤其是举办地以外的观众。

(5)体育赛事相关行业的间接收入

体育赛事相关行业的间接收入是由于赛事相关人员的直接消费刺激所获得的引致消费,在经济学上用乘数对这种引致消费进行计算,间接消费也是体育赛事所带来的重要收入之一。

(6)体育赛事相关人员的收入

体育赛事相关人员的收入主要包括:赛事运动员奖金收入、赛事工作人员收入、赛事裁判员收入、赛事志愿者收入、赛事相关行业的人员收入。这部分内容通过调查即可得出。

(7)体育赛事赞助商效益

体育赛事的赞助商虽然是主要支出方,但从体育赛事赞助回报的角度,赛事赞助商在支出赞助金额的同时,也获得了相应的回报,这部分回报主要包括:实物回报、赞助商品牌曝光、品牌认知,因此从赞助回报的角度同样需要对赞助商所获得的收益进行评估。

2)社会效益评价

与经济效益可以直接量化不同,社会效益中的很多效益并不能直接进行量化,而需要通过定性方法来分析体育赛事所取得的社会效益。体育赛事赛后评价中的社会评价同样采用的是常规目标和非常规目标相结合的方式,本教材中仍将采用这种分析方式。由于社会效益指的是所获得的有利效果,因此本教材在表述体育赛事社会效益中,也是以所取得的好的收益为前提条件,而不考虑负面的影响。首先,是常规目标。同经济评价一样,社会评价常规目标中的就业影响、主办方赛事质量(美誉度、满意度和忠诚度的其中一项)是综合效益评估中必备的项目。

（1）就业影响

就业影响指的是体育赛事的举办所带来的就业岗位的增加，这些就业岗位可以是体育赛事本身的就业岗位，也可以是体育赛事相关行业的就业岗位，可以是长期性的就业岗位，也可以是临时性的就业岗位。

（2）其他社会角度的收益

除了就业影响是站在社会角度对体育赛事的社会效益进行评价外，其他社会角度的收益还包括体育精神和体育伦理的收益、体育意识和体育行为的收益及运动项目推广和技术提高方面的收益。由于这种收益都是关于体育方面的收益，因此将它们并在一起进行分析。

①体育精神与体育伦理。体育精神和体育伦理方面的收益主要指的是通过体育赛事对于宣传和弘扬体育精神和体育伦理道德的作用。即不但是要评价体育赛事自身对于体育精神和体育伦理道德的体现和尊重，还要评价其在宣传和弘扬体育精神和体育伦理道德中对于社会所产生的作用。

②体育意识和体育行为。体育意识和体育行为则是比体育精神和体育伦理更进了一步，表现为人们通过体育赛事对于体育的认识、价值观念及在体育活动中所表现出来的精神、思维活动等思想观念提升，并将这种观念体现在为追求体育目标而进行与他人产生交互关系的行为。

③运动项目推广和技术提高。运动项目推广和技术的提高是指体育赛事对相对应的运动项目在推广和技术方面的影响。运动项目的影响可以是从竞技比赛角度进行评价，也可以从运动项目对于社会大众的影响进行评价。

（3）主办方赛事质量

主办方赛事质量指的是现场观众对于赛事的美誉度、忠诚度和满意度的评价，当然这些评价基本都是现场观众对于赛事质量的肯定评价。

这些常规目标也并不是每一个都需要进行评价，根据评价角度的不同和评价需求的变化进行选择，对于没有产生效益的方面也就不需要进行评价。

其次，非常规目标。社会评价的非常规目标非常多，因此相应的社会效益评价目标也较多。对于非常规目标的评价同样可以进行选择，并受到是否产生效益的限制，但媒体价值为综合效益必备项目，没有产生效益的方面不列入评价范围中。

（4）媒体价值

媒体价值指的是各类媒体对于赛事各个方面的宣传的价值，这些价值可以通过媒体的级别、发行量、报告和广告的篇幅等进行计算获得，其中对于体育赛事举办地的媒体宣传是媒体价值中重要的一个部分。需要指出的是，媒体价值也是社会效益评价中唯一可以对应成价值的评价。

（5）城市影响

城市影响评价指的是由于体育赛事的举办对于举办地城市所带来的影响的评价，包括城市知名度、城市美誉度、城市与赛事的相容性、赛事对城市交通、基础建设、旅游、再发展等的影响。

（6）居民影响评价

居民影响评价是指由于体育赛事的举办对于举办地居民所带来的影响评价，其中既有正面影响，也有负面影响，包括居民对于体育赛事的评价、赛事对于居民居住的影响等。

（7）赛事赞助商影响

赛事赞助商也是体育赛事的利益相关者之一，除了获得赞助回报外，体育赛事赞助商通过赞助体育赛事所获得的知名度、美誉度及与所赞助的体育赛事品牌的契合度。

（8）赛事品牌影响

体育赛事，尤其是连续性的体育赛事不仅需要考虑赛事的收益，对于赛事品牌拥有者而言，体育赛事的品牌是体育赛事带来的社会效益又一个重要方面，包括品牌的知名度、美誉度。

（9）赛事承办方影响

体育赛事的举办不仅会对体育赛事的拥有者产生影响，对于希望建立自己品牌的体育赛事承办方也会产生影响，具体表现在对于赛事承办方品牌的知名度、美誉度的评价。

（10）赛事爱好者影响

体育赛事，尤其是国际性的体育赛事不仅有高水平的运动员参加，更会有该运动项目的明星参与。这些明星的参与不仅会对赛事的精彩程度带来影响，而且对于赛事的爱好者也将产生较大的影响。

案例 12.3

2004 年 F1 中国大奖赛调查

1. 经济效益

由于评估的目的是想要了解 F1 赛事对上海的贡献，所以经济效益评估主要以相关行业的直接和间接经济收入为评估内容。

AC 尼尔森公司所调查的相关行业包括：酒店业、旅游业、餐饮业与零售业、运输业（出租与航空）、展览/会议业、房地产业、广告业。

评估的方法采用了定性和定量相结合的评估方法。对于相关的 6 个行业共进行了 32 个销售总监至总经理级别的行业专家访问。所访问的企业均为各行业的代表企业，分布如下：四至五星级酒店 10 家（扬子江万丽大酒店、花园饭店、新锦江、富豪环球东亚、虹桥迎宾馆、威士汀、虹桥宾馆、美华、金茂凯悦、香格里拉），出租车行业 3 家（巴士、大众、锦江），航空公司 3 家（上航、东航、南航），旅游业 5 家（中青旅、上航国旅、锦江旅行社、春秋国旅、旅委酒店管理处），会展业 4 家（国际会议中心、上海科技馆、上海展览中心、光大会展中心），广告公司 4 家（盛世长城、赛车场广告公司、电通广告、mindshare），房地产业 3 家（加州花园、绿洲房地产、嘉定区房地产交易中心）。

9 月 26 日前往上海赛车场观看 F1 赛事的观众共有 15 万人，9 月 24 与 25 日的观众各为

4万与7万,共计观众人次26万。其中,26日赛事的15万观众中5万为上海本地居民,5万来自国内其他地区,其余5万为境外观众。境外观众游客多数入住四至五星级酒店,而国内其他地区观众多数入住三星级酒店。国内其他地区游客人均餐饮与零售消费为200～500元/天,在上海逗留3天;境外观众人均消费为500～1000元/天,共在上海逗留5天。此消费额包括在沪期间在酒店外用餐、宴会、娱乐、通信、购买纪念品以及其他商品和服务估算。

所调查的与F1紧密相关的6个行业在F1期间业务量增额的当期效益为15.3亿～17.3亿元,而房地产业的长期效应可达7.8亿～15.5亿元。

(1)F1对上海星级酒店的客房与餐饮收入的增额

预计为2.8亿元人民币,酒店客房收入增额约为2.4亿元。受访的9家五星级与一家四星级酒店对客房收入增额的估计均值为2亿元。5万来自国内其他地区的观众多数入住三星级酒店,以平均房价增幅250元/天计算,3天的客房收入增额约为3750万元。10家酒店所估计F1对上海四至五星级酒店的餐饮收入增幅的均值为4000万元。

(2)F1期间上海星级酒店的客房与餐饮收入

酒店客房收入为4.9亿～5.8亿元。受访的9家五星级酒店在F1期间的客房业务量为1.25亿元,占四星及以上酒店协会成员份额的31%。受访的9家五星级酒店与1家四星级酒店中有9家估计上海整个四至五星级酒店在此期间的业务量为5亿～6亿元。5万来自国内其他地区的观众多数入住三星级酒店,以平均房价600元/天计算,3天的客房收入约为9000万元。

酒店餐饮收入为1.6亿～2.0亿元。调查的9家五星级酒店在F1期间的餐饮业务量为4573万元,占四星及以上酒店份额的28%。8家五星及四星级酒店估计上海四至五星级酒店在F1期间的餐饮业务量为2.0亿元。

(3)F1对旅游业来沪包团业务的增额

预计为1500万～2000万元。4家大型旅行社在F1期间的业务增量为390万元,自估份额为26%,推算整个旅游业包团来沪业务增额约为1500万元。中青旅与春秋国旅估计整个旅游业务量增额为2000万元。

(4)F1所在周上海旅游业务量

中青旅与春秋国旅F1期间的来沪包团业务量各为500万元,其份额为10%,因此整个旅游业F1期间来沪包团业务量为5000万元。调查的4家大型旅行社为与F1业务联系最紧密的组团社(即兼售门票业务之旅行社),其包团业务量共为1350万元。上海共有大型旅行社11家,中型旅行社17家;假设其他大型社F1相关系数为0.8,中型社相关系数为0.5,F1期间上海所有旅行社的业务量可达5839万元。

(5)境外游客的餐饮与零售业消费

为1.25亿～2.5亿元。估计5万境外游客每天消费为400～1000元,此消费额包括在沪期间在酒店外用餐、宴会、娱乐、通信、购买纪念品以及其他商品和服务估算。估计平均共在上海停留5天(赛事3天外前后各有一天的中转逗留期)。

（6）国内其他地区的观众餐饮与零售消费

共计 3 000 万~7 500 万元。估计 5 万国内其他省市到沪观众每天消费为 200~500 元，共在上海停留 3 天（赛事所在期间）。由于赛事在周五到周日举行，推断不少外省市游客在 26 日当天晚上或翌日离开上海，返回岗位上班。

（7）F1 对航线经营与包机收入的增额

预计为 7 300 万~8 500 万元，航线经营增额为 7 000 万~8 000 万元，3 家受访航空公司 F1 期间的上海航线业务量增额为 4 700 万~5 300 万元。3 家航空公司总计自估市场份额为 66%~67%。

商务包机与包机业务增额为 300 万~500 万元。3 家受访航空公司 F1 期间的上海航线增额为 157.7 万元，而 3 家航空公司总计自估市场份额 60%。上航估计 F1 对整个包机业务增额的贡献为 500 万元。

F1 期间来往上海航线经营与包机收入：航线经营收入为 6.0 亿~8.1 亿元。东航 F1 期间业务量为 2.3 亿元，其自估市场份额为 38%。上航业务量为 1.5 亿元，自估市场份额 18%~19%。商务机包机业务量为 1 809 万~3 014 万元。3 家航空公司在 F1 期间包机业务量总和为 1 808.6 万元。3 家航空公司总计自估市场份额为 60%，所以整个包机业务容量可达 3 014 万元。

（8）F1 对出租车业务量的增额

F1 对出租车业务量的增额为 2 000 万~2 100 万元。比赛 3 日乘坐班车的 25.9 万元（3 天乘坐班车前往赛场的乘客共 28.9 万人次，含观众、工作人员、媒体与志愿者等服务人员）。假设赛事 3 天共计 3 万人次自行开车前往赛场，每人次平均交通费用为 60~65 元（班车往返 40 元，往返班车乘坐地点 20~25 元），则交通费总额为：25.9 万元×（60~65）元＝1 554 万~1 684 万元。

来自境外的观众在赛事外的两天逗留期内按人均每天 30 元的市内通勤费而产生的出租车业务量为 5 万×20 元＝100 万元。

F1 期间上海出租车业务量为：巴士公司 F1 期间租车业务量为 2 000 万元，占市场份额的 60%~70%，大众公司赛事 3 天的租车业务量为 300 万元，份额约为 9%。

（9）F1 对上海会展业务的增额

估计为 1 500 万~2 000 万元。调查的 4 家展览中心与 F1 相关的会展业务量为 1 200 万~1 400 万元。约占 F1 当月总体会展业务量的 1/3。上海展览中心估计 F1 对整个会展业业务增额的贡献为 1 500 万元。因此，推测 F1 对上海会展业务的影响可能集中在少数会展场地。考虑其他展览会议中心的业务，预计业务增额应可达到 2 000 万元。

调查的 4 家大型会展中心 F1 当月（9 月）业务量共计 3 750 元。

（10）媒体广告费用

2004 年 9 月上海汽车及相关产品的电视/报纸/杂志广告花费较去年同期增长 4.7 亿元；此外，户外/赛场广告费用达 5 000 万元。

（11）对房价的影响

随着 F1 项目的建设、周边交通环境的改善及 F1 赛事的如期顺利举行，嘉定区房产销售同比增长 7.8 亿~15.5 亿元。嘉定区统计局数据显示前三季度共销售了 77.7 万 m^2 的期房/现房;此外,加州花园与绿洲房产公司提供的房价增幅为 1 000~2 000 元/m^2。嘉定区房地产交易中心提供的数据显示房屋销售量为 10 500 套,以平均每套房 75 m^2,增幅 1 000~2 000 元/m^2 计算。

2004 年一至三季度嘉定区现房与期房的销售形势乐观。根据嘉定区统计局的数据显示,前三季度的现房销售面积为 11.2 万 m^2,销售额为 3.5 亿元。期房销售面积为 66.5 万 m^2,销售额为 29.9 亿元。此外,嘉定区地价增值潜力更为瞩目。嘉定区房地产交易中心指出地价较去年每亩增值 100 万元,以赛场周边约 20 km^2(约合 13 334 亩)计算,F1 对嘉定土地的增值潜力至少为 133.3 亿元。

2.社会效益

(1)市民调查

为验证和量化目标消费者对 F1 赛事的认知和支持情况,以及对上海地位的看法,AC 尼尔森于 2004 年 10 月 25—31 日对 18—54 岁的 500 位上海居民进行了问卷调查。

①赛事认知度与认知渠道。F1 在国际体育赛事中的认知度仅次于奥运会、NBA 与世界杯这些世界性体育赛事。而对 F1 中国站的认知情况则超越了所有其他国内体育赛事。除 F1 之外,MOTO-GP 与雷诺方程式是认知度较高的世界级车赛。这对于其他国际性赛车赛事,提供有利的社会基础。电视与报纸是市民认知 F1 中国站与追踪赛事相关报道的最主要渠道;但网络也是另一重要渠道,尤其是对于认知与关注度均较高的男性与高收入人群而言。

②对 F1 的支持度与相关形象。超过半数的受访上海市民同意 F1 中国站证明了上海的经济实力与举办大规模国际活动的能力,提升了上海的知名度与地位。市民对于 F1 中国站的支持度也明显超越国内其他重要的体育赛事。

③F1 的社会效应超越金钱上的短期和长期利益。F1 的经济效益可用钱来衡量,社会影响却很难精确估量。一场中国站大奖赛,全球有 200 多个国家和地区的上万家电视台直播或转播,全球数亿人次收看。赛事期间以及此后一段时间,F1 中国站成为人们谈到中国、上海时一个津津乐道的话题。CNN 在赛事前曾播放了 5 min 的介绍上海国际赛车场的节目,这样通过在全球权威媒体播放而造成的影响力也无法以数字来衡量。

F1 中国大奖赛进一步检验和提高了上海承办国际大型活动的能力,为上海举办 2010 年世博会积累了宝贵的经验。

F1 中国大奖赛充分展示了中国和上海改革开放取得的巨大成就,极大地提升了我国和上海的国际形象。F1 大大提升了上海在国际上的形象,辐射周边地区,促进经济发展;为中国、上海的经济更上一层楼创造了良好的发展环境,搭建了腾飞的平台。

(2)企业调查

了解相关行业企业(酒店、运输、旅游、展览/会议、广告与房地产)对 F1 赛事的了解,关注与参与度,以及对上海经济与就业环境的影响。

访问于 2004 年 11 月 8—11 日进行,访问对象为上述企业市场部/企划部,公关部/宣传部,公司管理层/总经理办公室的经理或负责人,样本量为 50。

①认知度、了解程度、参与率与关注度。受访的上海市企业对F1中国站的认知度高达96%,但是由于是第一次在中国举办,大部分企业对赛事仍不是非常了解,因此对赛事的宣传推广工作仍有较大空间。约两成的企业组织员工或客户观看了本次赛事。超过四成的受访企业表示将继续关注F1中国站赛事。

②企业商务活动。超过两成的受访企业进行了与F1有关的企业商务活动。

旅游业开展F1相关主题的组团参观业务。

零售业、餐饮业、广告业与汽车相关行业也利用F1影响力进行相关广告宣传和促销活动。

F1相关商务活动的开展潜力仍很大,但可能由于与F1相关的商务活动所带来的收益还没有确定,仅有10%的企业明确表示将继续开展与F1有关的商务或广告促销活动,而上述活动的形式将更多样化。

③对经济与就业环境的影响。绝大多数企业认可F1对上海的经济,尤其是旅游、宾馆与餐饮业的发展有积极的促进作用。超过六成的企业认为F1可增加上海的就业机会,进一步改善就业环境。

资料来源:AC尼尔森(2004)。2004年F1中国大奖赛调查。

本章小结

- 项目前评估指的是在项目投资决策之前,对项目的必要性和项目备选方案的技术、经济、运行条件和社会与环境影响等方面所进行评估。项目事前评估有先行性、预测性和决策性3个特点。
- 体育赛事事前评估指的是在体育赛事举办决策还未确定前,对体育赛事的经济、社会、环境影响进行评估。
- 体育赛事事前评估可分为机会分析和可行性分析两个阶段。
- 作为体育赛事的利益相关主体,主办方、社会(或国家)、地方政府的3个常规目标,财务可行性、经济效益、财政收入增量,是赛事可行性分析经济评价目标模块中的3个主要组成部分。
- 过程评估是对每个节点进行质量评估,通过每个过程细节进行评估,从而达到全面质量管理。过程评估有助于提高整体的协调性和系统性。
- 体育赛事赛中是在赛事筹备至赛事结束的过程中按照相关时间节点对各项业务进行评估,因此,体育赛事赛中评估的目标是确保各项业务按照各自目标和进度安排执行,并为优化过程管理提供依据。
- 体育赛事赛后评估的内容较为广泛,其中经济效益和社会效益评估又是赛后评估的重要内容。因此,在体育赛事赛后评估中综合了经济评估和社会评估的综合效益评估成为赛后评估的主要方式。
- 体育赛事综合效益指的是:体育赛事的社会效益和经济效益。体育赛事综合效益评价即是对体育赛事的社会效益和经济效益的评价。

- 体育赛事赛后经济评价根据目标分成常规目标和非常规目标评价,本教材也将经济效益评价分为常规目标和非常规目标。

复习思考题

1. 体育赛事评估包含哪些内容?

2. 简述体育赛事赛前评估的目标和内容。

3. 试述体育赛事赛中评估有哪些步骤。

4. 试述如何进行赛事综合效益评估。

参考文献

［1］David C. Watt. Event Management in Leisure and Tourism［M］. Boston：Addsion Wesley Longman Ltd,1998（2）.

［2］Getz, D. Event Management and Event Tourism［M］. New York：Cognizant Commnunication Corporation,1997.

［3］Getz, D. Event Studies：Theory, Research and Policy for Planned Events［M］. Oxford, UK：Elsevier,2007.

［4］Johnny Allen. Festival and special event management［M］. New York：John Wily and Sons Ltd,2002.

［5］埃德加·E.彼得斯.复杂性风险与金融市场［M］.北京：中国人民大学出版社,2004.

［6］埃里克·赫尔弗特.财务分析技术——价值创造指南［M］.11版.北京：人民邮电出版社,2010.

［7］白敬锋,胡洁.都灵奥组委组织结构"场馆化"研究［J］.北京体育大学学报,2007,30（8）：1016-1018.

［8］鲍明晓.体育产业——新的经济增长点［M］.北京：人民体育出版社,2000.

［9］蔡治东,汤际澜,虞荣娟.中国大众体育政策的历史变迁与特征［J］.体育学刊,2016（4）：35-39.

［10］陈存志,刘苹.大型体育赛事利益相关者管理理论及其框架构建［J］.武汉体育学院学报,2011（4）：14-20.

［11］陈宏洋,李泽,王莉莉.大型活动中大学生志愿者管理机制研究——以张家口申奥志愿服务为例［J］.经营管理者,2015（28）：393.

［12］陈帅.我国大学生体育赛事项目管理研究［D］.长春：东北师范大学,2012.

［13］陈锡尧.国际体育大赛申办特点、形式与成功申办的基本要素［J］.上海体育学院学报,2004,28（5）：14-23.

［14］陈锡尧.申办重大国际体育赛事及基本策略的研究［J］.广州体育学院学报.2007,27（3）：65-68.

［15］陈云开.现代体育组织经营管理赛事的基本模式［J］.上海体育学院学报,2003,27（1）：5-9.

［16］房晓勇.上海体育赛事产业核心竞争力的研究［D］.上海：华东师范大学,2009.

[17] 弗里曼.战略管理:一种利益相关者方法[M].波士顿:皮德曼出版社,1984.

[18] 黄宝军,陈阳.体育赞助效益评估的探索[J].商场现代化,2010(5):86-87.

[19] 黄海燕,楼诗予.国内外体育赛事产业发展[J].体育科研,2010(1):18-20.

[20] 黄海燕,张林,陈元欣,等."十三五"我国体育产业战略目标与实施路径[J].上海体育学院学报,2016(2):13-18.

[21] 黄海燕,张林.体育赛事的基本理论研究——论体育赛事的历史沿革、定义、分类及特征[J].武汉体育学院学报,2011(2):22-27.

[22] 黄海燕,张林.体育赛事利益相关者分析[J].体育科研,2008(5):25-28.

[23] 黄海燕.体育赛事管理[M].北京:人民体育出版社,2012.

[24] 霍炎.我国体育赞助发展现状分析[J].解放军体育学院学报,2005(2):19-21.

[25] 加里·阿姆斯特朗,菲利普·科特勒.市场营销学[M].12版.北京:机械工业出版社,2016.

[26] 杰克·L.金.运作风险量度与建模[M].北京:中国人民大学出版社,2005.

[27] 靳英华,原玉杰.北京国际马拉松赛的社会效益和经济效益分析[J].北京体育大学学报,2008,31(11):1445-1447.

[28] 李洪梅.我国竞技体育赛事利益相关者协同治理研究[D].沈阳:沈阳体育学院,2011.

[29] 李南筑,李海霞,姚芹.体育赛事评估[M].北京:人民体育出版社,2012.

[30] 李南筑,袁刚.体育赛事经济学[M].上海:复旦大学出版社,2006.

[31] 李南筑.体育赛事运作效益评估系统研究[M].北京:人民体育出版社,2011.

[32] 李南筑,姚芹.体育赛事评价[J].上海体育学院学报,2009(5):7-11.

[33] 李艳翎,郭恒涛.体育竞赛的组织与管理[M].长沙:湖南师范大学出版社,2013.

[34] 李燕燕,祝杨.体育赛事的历史起源与演进过程探析[J].当代体育科技,2015(6):15-16.

[35] 李颖川.体育赛事经营管理[M].北京:人民体育出版社,2013.

[36] 林涛.疯狂的体育.[EB/OL].[2009-08-12].http://www.globrand.com/2009/267072.shtml.

[37] 刘东波.我国承办大型体育赛事风险管理机制的研究[D].北京:北京师范大学,2010.

[38] 刘礼国.我国体育竞赛体制改革的研究[D].武汉:武汉体育学院,2006.

[39] 刘清早.体育赛事运作实务[M].北京:人民体育出版社,2011.

[40] 刘清早.体育赛事市场开发[M].上海:复旦大学出版社,2013.

[41] 刘清早.体育赛事运作管理实务[M].北京:人民体育出版社,2011.

[42] 刘清早.体育赛事运作管理手册[M].北京:人民体育出版社,2009.

[43] 刘清早.体育赛事主题活动运作管理[M].北京:人民体育出版社,2013.

[44] 刘铁光,张路路.体育赛事的权利配置及其法律选择——基于体育赛事产业发展的充分保障[J].体育科学,2016(2):72-79.

[45] 骆雷,黄海燕,张林.体育赛事利益相关者的利益诉求与利益协调[J].体育文化导刊,2013(2):10-13.

[46] 吕德忠.高校奥林匹克运动与文化[M].北京:体育大学出版社,2008.

[47] 马斯特曼·G.体育赛事的组织管理与营销[M].沈阳:辽宁科学技术出版社,2006.

[48] 苗润生,陈洁.财务分析[M].北京:清华大学出版社,2010.

[49] 史国生,邹国忠.体育竞赛组织与管理[M].南京:南京师范大学出版社,2008.

[50] 宋娜梅,梁建平,寿在勇.体育赛事产业对经济发展贡献的评价方法探讨[J].体育与科学,2011(5):23-25.

[51] 田麦久.运动训练学词解[M].北京:北京体育大学运动训练学教研室,2002.

[52] 王嵘海,刘爱华.球类竞赛理论与方法[M].北京:中国农业科学技术出版社,2005.

[53] 王守恒,叶庆晖.体育赛事的界定及分类[J].首都体育学院学报,2005(2).1-3

[54] 王雪峰,宋金美,肖锋.体育观众研究现状及发展趋势[J].体育文化导刊,2008(8):54-57.

[55] 温阳.大型体育赛事场馆运行风险识别与评估研究[D].上海:上海体育学院,2012.

[56] 吴亚娟.2008奥运对我国体育赞助商权益保护的启示[J].体育与科学,2010,31(1):27-29.

[57] 邢尊明.我国地方政府体育产业政策行为研究——基于政策扩散理论的省(级)际政策实践调查与实证分析[J].体育科学,2016(1):27-37.

[58] 颜天民.体育概论 体育史 奥林匹克运动 体育法规[M].桂林:广西师范大学出版社,2000.

[59] 杨介帅.试论体育赞助的发展空间与后赞助时代的发展策略[J].科教文汇,2011:144-145.

[60] 杨涛.中国职业篮球联赛供应链利益相关群体关系研究[J].天津体育学院学报,2011(5):422-426.

[61] 杨志军.体育赛事的项目管理研究[D].兰州:兰州大学,2007.

[62] 姚颂平.体育赛事原理和市场[M].北京:北京体育大学出版社,2015.

[63] 姚颂平.体育运动概论[M].北京:高等教育出版社,2006.

[64] 叶庆晖.体育赛事运作研究[D].北京:北京体育大学,2003.

[65] 易剑东.中国体育产业的现状、机遇与挑战[J].武汉体育学院学报,2016(7):5-12.

[66] 余守文.体育赛事产业对城市竞争力的影响[D].上海:复旦大学,2007.

[67] 约翰·艾伦.大型活动项目管理[M].2版.北京:机械工业出版社,2002.

[68] 张德军,杜少辉.我国体育政策执行效果的影响因素探索[J].广州体育学院学报,2016(5):1-4.

[69] 张登峰.马拉松赛对城市发展的影响[J].体育文化导刊,2011(11):12-14.

[70] 张林.体育赛事事前评估[M].北京:人民体育出版社,2011.

[71] 张颖慧,姚芹,李南筑.体育赛事赞助的概念分析与界定[J].上海体育学院学报,2010,34(2):19-23.

[72] 张玉超.我国体育赛事产业的法律保护研究[J].体育科学,2016(10):10-17.

[73] 朱亚成.关于《体育发展"十三五"规划》的解读与思考[J].武汉生物工程学院学报,2016(2):130-138.

[74] 邹公明,范兴华.风险理论[M].上海:上海财经大学出版社,2006.